思 维 至 上

——高中“五思”学科思维教学案例

主　编　齐学军　杨　红　谭立新
副主编　齐国亮　胡进军　赵群龙
　　　　胡来星　胡　星　马文亮

湘潭大学出版社

编 委 会

前　言

百年大计，教育为本。教育决定一个国家和民族的未来，是民族振兴和社会进步的基石。进入新时代，人才越来越成为社会发展的第一资源，教育已成为综合国力竞争的根本性因素。当今世界面临百年未有之大变局，世界多极化加速推进，大国关系深入调整，新一轮科技革命和产业变革正在孕育兴起，重大科技创新成为引领社会深层变革和重构国际竞争秩序的关键力量。我们国家比以往任何时候都需要加强创新型和创造型人才的培养，这是实现教育强国和中华民族伟大复兴的源头活水。习近平总书记强调“‘两个一百年’奋斗目标的实现、中华民族伟大复兴中国梦的实现，归根到底靠人才、靠教育。”2019 年 6 月 23 日，《中共中央国务院关于深化教育教学改革全面提高义务教育质量的意见》中提到，坚持“立德树人”“五育”并举、强化课堂主阵地作用、切实提高课堂教学质量、按照“四有好教师”标准，建设高素质专业化教学队伍。新时代的教育纲要和文件，对广大教育工作者提出了殷切的期望与迫切的要求。

纵观历史，由于知识的条件性和情境性，人类社会在相当长的一段时间里，知识积累的速度比较缓慢，在一个人的一生中，知识的总量与结构不会发生明显的变化，因此，教师可以用相对稳定的方法将相对固化的知识传递给下一代，由此确立了“知识本位”的教育观——传授知识等于教育本身。但当人类进入 21 世纪之后，我们突然发现知识更新的速度与方式发生了史无前例的变化，知识数量急剧增加、知识更新速度日新月异、知识结构不断分化和重组。浩如烟海的知识使得人类总想尽可能多地获取知识和掌握知识的传统梦想变得不太可能，我们固守的“知识本位”教育观受到了严重冲击。

在传统的“知识本位”教育观的主导下，我们的教学中过分重视学生积累和获得知识资料，学生的主要学习目的是理解、记忆知识。一部分教师在课堂上片面强调课堂密度、知识容量，追求“高效”课堂，追求知识传递的“有用”“高效”，“满堂灌”现象比较严重。尽管学校教育一直在进行教学改革，不断地在完善教学方法与教学理念，但这种对知识点的传递灌输的教学传统根深蒂固。在这种教学中，学生学习的过程完全是被动的，学生知识的获得越来越依赖于教师的讲授，而不是自己的思考，学生理解的、掌握的是教师“喂”给的反复“咀嚼”过的知识碎片。在这种教学模式下，学生无法深度思考，无法体会学习尤其是思考的快乐，更无从理解学习的意义与价值。

部分教师还以“熟能生巧”为理由，在课后盲目地给学生布置过量机械、重复的作业。这些作业不但占用学生休息时间，影响学生身体健康，给学生带来巨大的负担，导致学生把学习仅仅变成了“解答题目”。一部分学生在大量“解题”“刷题”的过程中完全丧失了学习的好奇心、成就感、创造性，最终导致学习内驱力从强到弱，从弱到无，对学习的消极、抵触情绪与日俱增。在面临成绩排名靠后、家长期望落空、自我价值受到否认等外界压力后，学习成了他们人生中最痛苦的事情。

显然，原有的以知识获得为目标的模仿型学习方式已经完全不能适应新时代人才强国的战略要求。我们国家比以往任何时候都更加需要强大的自主创新和原创性能力，打破传统的以知识为唯一目标的教育模式，提升学生思维品质，培养学生高阶思维能力，是建立创新型人才培养模式的必由之路。

为适应新时代的教育形势，2014 年，教育部印发的《关于全面深化课程改革落实立德树人根本任务的意见》中首次提出“核心素养体系”概念，并作出详细阐述：“研制各学段学生发展核心素养体系，明确学生应具备的适应终身发展和社会发展需要的必备品格和关键能力，突出强调个人修养、社会关爱、家国情怀，更加注重自主发展、合作参与、创新实践。”2016 年，中国教育学会公布的《中国学生发展核心素养》总体框架正式发布，再次掀起了教育界一股研究“核心素养”的热潮。在《中国学生发展核心素养》中，“核心素养”被定义为“学生应具备的适应终身发展和社会发展需要的必备品格和关键能力。”核心素养的提出，是新时代教育强国战略的要求，符合当代我国经济高质量发展的战略转型期的需要，是我国新课程改革的必然产物。它是学生发展之根基，将人放在教育关注的第一本位，坚持“现实的人、具体的人”的马克思主义哲学观，以培养全面发展的人为核心，全面关注学生学习的过程、变化，从学生切身利益出发，有其无可替代的时代意义。

核心素养旨在勾勒新时代新型人才的形象，规约学校教育的方向。其根本问题是“培养什么样的人？怎样培养人?”核心素养下学生的发展不是注重知识的累积，而是关注学生在具体问题情境中解决问题的实际能力、在解决问题过程中的情感培育，是思维品质的提升和能力的建构。作为教育工作者，我们一定要认识到我们的学校教育不能归结为知识的堆积、技能的训练，应该关注培养学生终身有益的人格品质和关键能力。“核心素养”的界定意味着学校课程与教学从“知识本位”转向了“素养本位”，开启了新时代的知识观与学习观。这种教育观的转变，是党交给处于改革前线的教师的时代命题，是推动我国人才培养战略转型的重要举措。

杜威在《我们如何思维》一书中写道：“智育的全部和唯一目的就是要养成细心、警觉和透彻的思维习惯。”“学习就是要学会思维”。钱学森提出：“教育最终的机理在于思维过程的训练。”我国著名教育心理学家林崇德等认为；“思维活动是课堂教学中师生的核心活动。”思维决定一个人的言语与行为，学习的本质是思维，思维素养是核心素养的核心，是核心素养中的“关键能力”的核心和基础。因此，核心素养的培养最应该聚焦的是思维素养。高中生已具备一定的逻辑思维和分析问题的能力，其高阶思维能力的培养值得重点关注。综合的高阶思维素养对于学生来说，能够打开学生想象、发散思维的空间，有利于创造性地思考问题、解决问题。一个具备良好思维素养的学生能更有效地筛选并处理信息、培养优良的人文气质，且思维素养的养成具有稳定性，可伴随学生的终身。

《普通高中课程标准（2017 版）》根据“学生发展核心素养体系”，提出了各学科的核心素养。学科核心素养具体而言是指进入高等学校的学习者在面对生活实践或学习探索问题情境时，能够在正确的思想价值观念指导下，合理运用科学的思维方法，有效整合学科相关知识，运用学科相关能力解决问题的综合品质。学生学科核心素养是学生核心素养的育人功能与学科价值的有机结合，是核心素养在特定学科的具体化、操作化呈现。其中思维方法、思维素养不约而同地成为众学科素养的灵魂，成为众学科课程的内在品质。

作为教育者要全面解读本学科的核心素养，深刻理解学科思维素养，将新课标卓有成效地贯穿落实到课堂教学中，尊重学生，发现学生，引导学生，培养其本学科思维素养。良好的思维素养只有在具体的实践活动中才能得以培养，每一门学科都是思维训练的工具，每一堂课都可以是思维训练的场景。我们只有改变“知识本位”的教学观，树立“为思维而教”的理念，核心素养的培养才能落地。

那么，如何在培养学生核心素养这个大教育背景下重点培养学生的学科思维素养呢？育人目标解决“培养什么人”的问题，办学理念回答“怎样培养人”的问题。湘潭县一中作为一所长期领跑湘潭高中教育的省级示范性高中，湖南省同时荣膺清华、北大直荐学生资质的六所高级中学之一，全国百强名校，它应该有自己的思考和回答。

基于以上认识，2017 年，我担任湘潭县一中校长后开始思考如何在全校逐步推进学科思维教学。我们组织了部分优秀教师进行了基于核心素养的学科思维教学的理论研究并进行了大量的教学实践，不断总结、提炼、优化。

在这个过程中，也曾有过短暂的困惑。从国家利益出发，教育要培养全面发展的高素质公民，促进人的全面发展；从家长的利益出发，考试分数却是实实在在的，能够兑现教育利益的，是个体的现实利益；从学校的生存出发，“知识本位”教学观有其现实性和合理性，骄人的高考升学率才能赢来学校的生存。如何调和矛盾又引领进步？

2019 年上学期，我和往常一样推门听课。这是一节语文课，语文老师设计了一道情境拓展题让同学们思考。“有人说，农民工搬砖月入 1 万，可许多大学生月薪 3000 元，因此读书是没有用的，你怎么看？”学生在小组讨论后纷纷举手回答问题，他们大胆而自信，发言精彩纷呈，角度不一，令人赞叹不已，其中让我印象最深刻的是，有一个学生跑到讲台，在黑板上画了一个数学图形（如图 1），非常简洁而有力的阐述了自己的观点。

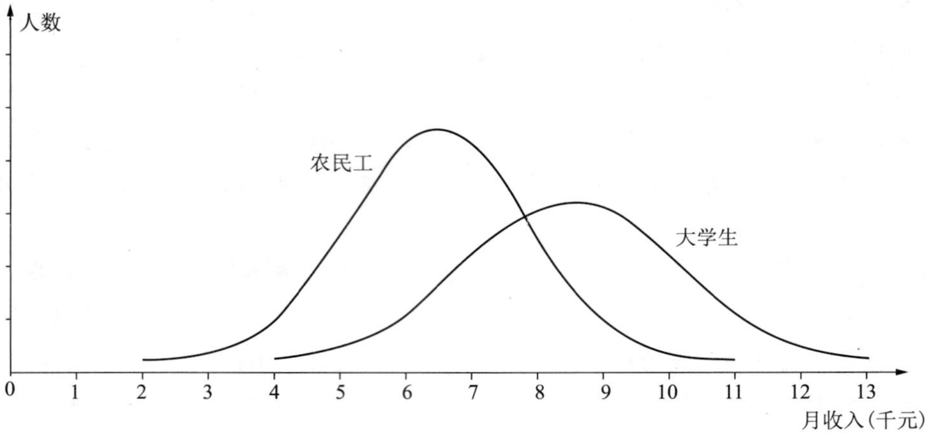

图 1　农民工与大学生月薪数学图形

“在某个地区，搬砖月入 1 万的农民工属于农民工这个群体中的极少数，劳动强度是很大的，工作环境是异常恶劣的，而大学生月薪 3000 元是大学生群体中的少数，并且从事的是没有多少知识含量的工作。农民工中收入最高的 5%的人群是可能比大学生中收入最低的 5%的人群的收入要高，但是农民工群体的整体平均工资收入一定是比大学生群体的平均工资收入要低的，月入 1 万的农民工与月入 3000 元的大学生两者之间并没有可比性。因此，这个现象根本不能说明知识无用论。”我很惊诧这个学生的思考能力，他能迅速透过现象看到本质，具有极强的分析能力，并且还能跨学科思维，用数学思维来解决语文老师的问题，把一个复杂问题通过约简、转化、仿真等方法重新阐述成一个简单数理问题，这不就是未来信息时代创新型人才必须具备的思维能力吗？这样的学生将来进入社会才能真正拥有分析、解决实际问题的能力。

这个班级的学生呈现出来的思维品质让我感到欣喜，这是一个课题实验班。之所以这个班级的学生表现出良好的思维品质、表达能力以及积极进取的精神面貌与该班教师长期坚持思维教学，注重培养学生的思维能力，尤其是注重培养学生的概括能力是分不开的。在长期的教学实践中，我们发现同样学习层次的班级，在强化学科思维教学的班级中，学生在课堂上表现出来的思维品质、表达能力、精神面貌普遍优于没有强化思维教学的班级的学生。

坚持思维教学初见成效，我们看到了学生在课堂中绽放的思维火花；看到了学生在学习过程中的动态成长与和谐发展；看到了思想自由、生命自由的美好图景，这给了我们信心，也坚定了我们的决心。教育最应关注学生的生命发展，引领学生完整的生命成长，建构以人为本的学校教育体系。我们追求升学率，但绝不唯分数论。在矛盾和对立中，我们应该把握教育的本质，有破有立，既立足现实的土壤，又心向理想的蓝天，努力探索和完成时代赋予的教育使命是每一个新时代教育工作者应有的追求。从 2018 年上半年开始，我们本着“激扬生命、奠基人生、成就梦想”的教育理念，注重学生的生命成长、终身发展，坚持了学科思维教学的研究，并推广到了更多的班级更多的学科当中。

随着时间的推移，我们坚持学科思维教学研究越来越有底气，也越来越有信心。2020年，我国开启了高考综合改革实践。党中央、国务院、教育部相继出台了一系列重量级的核心性文件，为新高考综合改革指明了方向，也为高中的各科教学指明了努力方向。

2020年1月，教育部正式发布了《中国高考评价体系》，成为深化新时代高考改革的基础工程、理论支撑和实践指南。它集中回答了“为什么考、考什么、怎么考”的关键问题，并明确了“一核”“四层”“四翼”的核心内容。《中国高考评价体系》指出能力和素养考核是未来高考的主要内容、主要特征。特别值得注意的是，《中国高考评价体系》中的考试内容层面的“四层”中的学科素养融汇了国家课程标准中的核心素养，学科素养指标体系中极为重要的组成部分——思维方法是思维的品质、方式和能力的综合，包括科学思维、人文思维、创新思维，是个体高质量地完成生活实践和学习探索问题情境的基础。“四层”中的关键能力包括以认识世界为核心的知识获取能力、以解决实际问题为核心的实践操作能力以及涵盖了各种关键思维能力的思维认知能力。思维认知能力又主要包括形象思维能力、抽象思维能力、归纳概括能力、演绎推理能力、批判性思维能力、辩证思维能力等。由此可见，实现从“考知识”到“考能力”、从“解答题目”到“解决问题”的转变，重视对以思维方法为核心的学科素养、以批判性思维为代表的高阶思维能力的考察，将是高考命题改革的基本方向。

2020年10月，中共中央、国务院共同印发了《深化新时代教育评价改革总体方案》。这是新中国第一个以党中央的名义发布的关于教育评价系统性改革的文件，也是指导深化新时代教育评价改革的纲领性文件。《总体方案》明确提出：“扭转不科学的教育评价导向，坚决克服唯分数、唯升学、唯文凭、唯论文、唯帽子的顽瘴痼疾，提高教育治理能力和水平，加快推进教育现代化、建设教育强国，办好人民满意的教育。”“坚决纠正片面追求升学率倾向。”“改革学生评价，促进德智体美劳全面发展。树立科学成才观念，坚持以德为先、能力为重、全面发展，坚持面向人人、因材施教、知行合一，坚决改变用分数给学生贴标签的做法，创新德智体美劳过程性评价办法，完善综合素质体系。”《总体方案》开篇强调，“教育评价事关教育发展方向，有什么样的评价指挥棒，就有什么样的办学导向”，《总体方案》的发布与实施，对深化新时代教育改革有着里程碑的意义，打响了我国教育领域综合改革的“关键一役”。

在我国，“引导教学”一直是高考的核心功能。突出对学生创新与批判性思维等高阶思维能力的考察要求是新高考综合改革的核心理念。“它必将深刻影响中国的基础教育改革，也必将深刻影响高中学校的‘教与学’”。《中国高考报告（2021年）》冲破“知识本位”教学观的围栏，汇入“素养本位”教学的时代洪流，培养学生的核心素养、提升学生的思维品质是新高考综合改革背景下教学改革的首要任务，这也与培养具有创造性的高水平人才的国家人才战略紧密相关。

对于广大一线教师而言，走出“死记硬背”和“解题套路”的传统教学模式，提升学生的学科思维品质，培养学生的高阶思维能力，是未来高中各科教学的主要努力方向。而这也是我们学科思维教学一直在探索和实践的内容，是我们多年来课题研究的核心。经过长期的优化与提炼，我校形成了具有自己特色的思维教学——“五思”学科思维教学。我们在“为思维而教”的总体指导思想下，不仅探讨、研究学科教学中要培养、发展的一般性思维，即注重逻辑思维、辩证思维、批判性思维、元认知思维、创造性思维，还注重探讨、研究如何培养、发展学生的学科思维，将两类思维训练融合起来，培养学生的高阶思维，让学生进入深度学习状态。在我校的“五思”学科思维教学中突出“学科教育”、强调“学科价值”，一种学科对学生发展的价值，不仅在于这个学科领域的知识，更重要的是教给学生认识世界和解决问题的学科视角、学科思维方法和特有的逻辑。

我们每个学科都选拔了优秀教师展开学科思维的理论探究与教学实践。因为我本人从事数学科教学的关系，数学组率先在全校进行了“五思”学科思维教学的研讨与实践，我们成立了湘潭市数学名师工作室，我本人担任名师工作室主持人，重点研讨高中数学学科思维教育，并且出版了专著《高中数学思维教学研究》，赢得了广泛好评。

高考指挥棒的变革必将带来新时代教学改革的春天，必将有力推动我国基础教育改革的纵深发展，必将积极引导创新型和创造性人才的培养。我们将用更高的热情投入到“五思”学科思维教学实践中，不忘初心，砥砺前行，相信它在我校会越来越深入人心，遍地开花结果。

为呈现我们的课题研究成果，以便在全校范围内继续大力推广“五思”思维教学，也为了能够给每一个有志于学科思维教学研究的老师提供一个可以交流和批评的样本，我们组织我校优秀教师精心选择了10篇呈现了“五思”学科思维教学特点的教学案例结集出版。书中的每个教学案例均包含教学设计、设计说明、教学实录、教学反思、专家点评五个部分（每堂课都可以通过扫描二维码来观看课堂实录），希望能够从学科思维教学的角度，呈现出“五思”教学的特点以及课堂研究的真实状态，这其中肯定有许多纰漏与错误，希望各位同仁不吝赐教，提出批评与修改意见，让我们的“五思”学科思维教学能够走得更远更好。

齐学军

2021年10月

目　录

1　基于核心素养的高中“五思”学科思维教学 …… 1

2　《雷雨》教学案例　江　腾　曹　莉

教学设计 …… 16
设计依据 …… 24
教学实录 …… 27
专家点评 …… 34
教学反思 …… 40

3　《幂函数》教学案例　周章金　胡　星

教学设计 …… 45
设计依据 …… 50
教学实录 …… 52
专家点评 …… 55
教学反思 …… 56

4　《无理指数幂》教学案例　李　贵　马文亮

教学设计 …… 61
设计依据 …… 65
教学实录 …… 67
专家点评 …… 71
教学反思 …… 73

5 B2U1 Extended reading *Forrest Gump*（Excerpt）教学案例 吴朝菊 姜爱军

教学设计 …… 78
设计依据 …… 84
教学实录 …… 86
专家点评 …… 94
教学反思 …… 97

6 《实验：探究加速度与力、质量的关系》教学案例 胡 鹏

教学设计 …… 104
设计依据 …… 108
教学实录 …… 110
专家点评 …… 114
教学反思 …… 116

7 《乙烯与有机高分子材料》教学案例 姚 胜 丁益民

教学设计 …… 122
设计依据 …… 128
教学实录 …… 130
专家点评 …… 133
教学反思 …… 135

8 《酶的作用与本质》教学案例 欧璐萍 罗放粮

教学设计 …… 140
设计依据 …… 146
教学实录 …… 148
专家点评 …… 151
教学反思 …… 153

9 《我国法治建设的历程》教学案例 马洪亮

教学设计 …… 157
设计依据 …… 161
教学实录 …… 163
专家点评 …… 168

教学反思…… 169

10 《人口普查引发的思考》教学案例 喻雄辉

教学设计…… 174
设计依据…… 178
教学实录…… 181
专家点评…… 184
教学反思…… 186

11 《热力环流》教学案例 章 平

教学设计…… 191
设计依据…… 194
教学实录…… 201
专家点评…… 204
教学反思…… 205

后记 …… 210

1　基于核心素养的高中“五思”学科思维教学

“五思”学科思维教学是培养学生核心素养背景下的一种学科思维教学理念，它强调教学的核心是思维能力的培养，一切为思维而教，师生的核心活动是思维活动，在教学的每一个环节，以提升学生的核心素养为归依，以落实思维训练、培养学生高阶思维能力作为贯穿课堂的主线。“五思”教学中的“五思”是指课堂教学中的五条基本教学策略，下面，谈谈“五思”学科思维教学（以下简称“五思”教学）的具体内容。

一、“自学存思”重预习

凡事预则立，不预则废。预习作为一种元认知策略，历来为广大学者所重视。在“五思”学科思维教学中，我们倡导前置学习，变“课后作业”为“课前检测”，教师授课前的学生自主预习在“五思”教学中占有极为重要的地位。

建构主义学习理论认为：学习是学习者在一定情境下主动建构内部心理表征的过程。预习是思维习惯形成的助推器，在预习的过程中，学生只有通过自己的感知、理解、分析、判断、想象等心智活动才能弄清思路、抓住要点、解决难点，以实现“有效预习”，从而提升思维品质。

严羽的《沧浪诗话》中提到“大抵禅道惟在妙悟，诗道亦在妙悟……然悟有浅深、有分限、有透彻之悟，有但得一知半解之悟”，或可类比“自学存思”中的三种情况。

第一种情况：透彻全知型。这是指通过真正调动学生学习的主动性，使学生自觉探究、相互启发、质疑反思的学习过程，并且通过有效的评价检测机制，让学生通过自己的努力掌握大部分知识。苏霍姆林斯基曾说：“在人的心灵深处，都有一种根深蒂固的需要，这就是希望自己是一个发现者、研究者、探索者。”在学生的精神世界中，这种需要更为强烈。一次成功的预习就是一个以学生为主的学习过程，在预习中弄懂问题，学生会感到这是自己的努力成果，他能体会到主动学习的快乐。

第二种情况：有限半知型。在预习的过程中，学生可能会存在一些疑惑，这时“思考体会”就显得尤为重要，通过预习清单，让学生将自己的预习情况，如发掘问题的深度、新知识的预先感知程度、经验与教训等方面写下心得体会，学生对于新知识便有了疑惑和初步思考，从而可以让学生得到思维能力的提升。亚里士多德认为“思维是从疑问和惊奇开始的”，有疑问才有思考，有思考才会有创新，培养学生的思维习惯首先要从培养学生的质疑问难习惯开始。这些疑难问题在听课的时候会让学生受好奇心驱使格外留心，一旦理解了，思想上豁然开朗，印象就特别深。带着问题带着思考来学习的学生能够成为学习的主动者，上课的时候更有目标性、自主性，在课上合作讨论的时候，也更能提出问题，更能听取别人的意见，更能积极发表自己的见解，更能热烈地进行讨论。

第三种情况：似知非知型。即对于新知识知道得不全面，理解得也不透彻。通过课堂上对于预习内容的检测机制，学生会发现，有些预习时以为自己已经掌握的内容，可能理解得比较肤浅甚至存在错误，这无疑会引起他们进一步的探索与思考。在这一层面上，原本陌生或枯燥的知识变得“开放并具有价值”，学生对于知识产生了“个性化解读”，即能在调动自己原有的学习经验上，反思自己的预习成果，形成自己独到的见解，甚至发现新的不理解的问题，这也能够促使学生的深入思考，有利于培养其大胆质疑的勇气与能力，对学习的深化十分有好处。

在我校生源较好学生素质较高的情况下，学生学习新知识并不都要靠老师讲解，我校高中生完全可以凭借自学来理解百分之七十左右的内容。如果学生能在课前（也包含课中）进行充分自由地预习，那么课堂上教师需要传授、讲解的内容大大减少。学生在充分预习的基础上，会有思考并产生问题，而这些才是教师在课堂上需要集中精力解决的疑难问题。更为重要的是学生在充分预习的过程中会慢慢地培养自学能力，会有自由意志与自主思考，是一种能动学习而不是被动学习，从而能有效激发学生的学习内驱力。

虽然我们以前的教学也有预习这个环节，但是被严重弱化了。课前预习之所以被弱化的主要原因有三个。首先因为我们大部分教师对“前置学习”的重要性认识不够，其教学方式是“后置学习”。有时，学生对当天所学内容几乎一无所知，更有甚者，猜都猜不到。其次是教师布置了大量的低水平的作业，导致学生课后必须花大量时间来完成老师的作业而很难有精力和时间进行预习，学生的时间都用在做教师布置的作业了。再次是因为教师虽然布置了学生预习，但没有对预习进行精心指导，布置的预习要求不明确，过于笼统，没有精细化落实导致预习内容不精准、缺少趣味性和挑战性，学生不会预习。上述原因导致学生无法真正做到有效预习，再加上缺少必要的监督评价机制，长此以往磨灭了学生学习的愿望，也就起不到提高学科素养、激发学生思考的目的。教师在课堂上用大量时间来讲解本应该通过学生自主学生、独立思考掌握的知识，造成了不必要的时间浪费，还导致学生学习自主性的丧失，更不利于学生良好思维习惯的培养。

为确保前置学习的落实，“五思”教学首先要求教师精心设计预习内容。学生的预习能力、学习水平有个体差异，因此，根据分层教学理论，“五思”教学要求把预习任务分为三个层次、四个任务。把学生通过自学就可以基本掌握的课内知识、课外拓展以及补充的知识（可以由教师提供辅助学习材料）设计为基础性预习清单，要求全体学生完成。根据不同学科的核心素养要求把每节课将要学习的学科核心概念、重点问题、关键知识设计为提高性预习清单，要求百分之八十的学生完成。把难度较大的重点问题、开放性问题以及将要完成的情境性任务、迁移性运用任务、项目式设计任务等设计为拓展性预习清单，允许学生自主选择，不要求全做。特别要指出的是拓展性预习清单强调预习目标设计的情境性与现实性，拓展性预习目标应多设计为教师正式授课前学生要完成的项目化、情境化、专题式、设计式任务，以任务、项目为核心激发、驱动学生自主学习的热情与动力。最后，在预习清单中还有一个重要的内容，就是设置“我的问题”一栏，鼓励学生记录、提交自己在预习中遇到的疑难问题。

需要强调的是，教师在设计自主预习清单的时候，应依据布鲁姆目标分类学的识记、理解、应用、分析、评价、创造六个层次的认知分类目标理论来设计预习清单，目标表述时要明确规范。“学习目标的核心是动词与名词的组合，动词界定学生所要达到的认知程度，名词指向具体的知识点和能力，如‘陈述《辛丑条约》的主要内容’‘归纳二元一次方程的特征’”。教师在设计学习目标时不能以知识点、教学重难点来代替预习目标，一定要精准描述。比如以记忆与理解为主的预习目标应明确具体到“陈述、列举、解释、识别、背诵、归纳、概括、评价、收集、整理”等动词；以应用和创造为主的预习目标应明确具体到“运用、解决、设计、撰写、验证、推广、预测、制定、组织、总结”等动词。

与预习清单配套的是预习检测。预习检测题分为基础性检测与提高性检测两部分。教师应提前两天将预习检测发下去，让学生完成，然后及时批阅检查，并做好数据统计、学情分析。只有小部分同学没有解决的问题，可以通过课前的小组讨论在组内迅速解决，教师应把教学的重点放在大部分同学未能掌握的知识、未能解决的问题上，并结合预习清单上学生“我的问题”确定好教学内容。

教师课后除了布置必要的评价检测性作业以外，原则上不留作业或少留作业，通过学生自己选择作业进行课后巩固。对所有参与课题实验的班级由教务处对教师的作业布置进行定期督导、检查落实，使教师们把时间花在课前预习清单、检测性练习的精心设计与预习检测作业的及时批阅检查、学情反馈上。

二、“问题导思”重设计

问题是最好的学习诱因，是点燃学生思维的火把，从根本上来说，教学设计就是问题设计。

实践证明，疑问、矛盾、问题是思维的“启发剂”，能使学生的求知欲由潜伏状态转入活跃状态，有力地调动学生思维的积极性和主动性，是开启学生思维的钥匙。杜威在《我们如何思维》中指出：“思维就是探究、调查、深思、探索和钻研，以求发现新事物或对已知事物有新的理解。总之思维就是疑问。”教学中，无论是观察事物、阅读书籍、作业答题、创设情境，都要尽可能地让学生有所体悟并产生怀疑、发现反常之处，引发学生认识上的矛盾冲突，让学生在问题中“多待一会儿”“多想一会儿”，思维活动便产生了。在这个过程中，学生会动用自己的认识、理解、分析和比较等思维手段，使用综合、概括 、抽象和具象这些思维工具，甚至还会经历从概念、判断、推理到结论的逻辑思维全过程。

教材的知识点应以问题的形式呈现在学生的面前，让学生在寻求、探索解决问题的思维活动中，掌握知识、发展智力、培养技能。“问题教学”为学生提供了一个交流、合作、探索、发展的平台。设疑不是让学生马上回答，教师通过“问题”情境设法造成思维上的悬念，使学生处于暂时的困惑状态。在这个设疑、释疑过程中，学习知识的过程变成了学生自主探究思考的“再发现”“再创造”的过程，感受到思考的快乐，进而养成自主学习的内驱力和自主学习的习惯。以问题为中心，教师设计问题和学生自主提出问题相辅相成；以思维活动为主线，使其贯穿课堂中的“提出问题”“分析问题”“解决问题”的教学环节，这是中学课堂教学落实核心素养、提升学生思维品质的应有对策。

教师在备课前首要的教学任务是收集、整合学生在预习中通过自己的思考产生的疑问。但是，每个学生思考的问题、产生的疑惑是不一样的，课前的疑问会有很多；学生的每一次思考并不都一定会有高质量的问题产生，学生毕竟不能站在很高的层次上思考问题，在自学的时候有较大的局限性。这就要求教师一定要站在学科核心素养要求的高度上，对学生的问题有所取舍，有所补益，有所拓展，在学生问题的基础上，精心设计课堂的主问题。

教师在运用“问题导思”教学策略组织课堂教学的时候应该注意以下情况：

一是杜绝“简单问”。苏联教育家维果茨基提出了“最近发展区”的理论，认为教师应着眼于学生的最近发展区，教师既不能提过难的问题，也不能提过于简单的问题，应该为学生提供适合他们难度的内容。只有针对最近发展区的教学问题才能促进学生发展。教师应尽量不提“是不是”“对不对”“怎么样”等毫无启发性的问题，把用来激发学生思维的问题理解成简单的一问一答，设计的问题没有思维含量，学生不需要深入思考就发出是或不是、对或不对的高喊声。

二是杜绝“满堂问”。教师把教学目标肢解为一系列问题，烦琐、无序，失去了焦点和中心。教师的课堂设问是为问而问，信口提问，没有精心设计，问题随意性大，问题与问题之间没有逻辑关系。表面上看课堂热热闹闹，实际上学生一无所获。过多的问题导致学生根本没有时间真正静下心来思考，即使思考了也不够深入；学生也没有时间真正和其他同学交流、讨论，讨论也是流于形式，导致新课程改革倡导的小组合作探究学习无法真正实施。

三是杜绝“程式问”。教师不顾学情，为思维而教的理念贯彻不够，设计出一些“启发式”问题，在课堂上诱导学生一步步进入教师预设的“圈套”，强行使学生的思维向教师“预设”的答案靠拢，处处烙上教师问题教学程式化的轨迹，学生的思维始终无法得到开发。

我们认为在核心素养这一背景下教师课堂主问题的设计应符合以下要求：

第一，趣味性。兴趣是学习动机的最现实、最活跃、最强烈的心理因素，一旦学生对学习产生兴趣，兴趣就会转化为动力。教师设计的问题要能引起学生认识上的矛盾冲突，产生心理上的不平衡，激发学生的学习兴趣、探究欲望并引发对其他重要问题的思考。高中生虽然抽象思维能力明显增强，但兴趣仍然是他们学习动力的主要源泉。

第二，核心性。2017 年版各学科课程标准的突出特征是基于学科本质提出了各学科的核心素养，明确了学生学习该学科课程后应达成的正确价值观、必备品格和关键能力。《普通高中课程方案（2017 年版）》提出：“重视以学科大概念为核心，使课程内容结构化，以主题为引领，使课程内容情境化，促进学科核心素养的落实。”教师设计课堂问题时应在学科大概念的基础上抓住学科核心问题，以单元、主题为引领来设计问题，通过学科大概念下的学科核心问题让学生深入认识学科本质，体现学科属性，进而掌握学科的基本思想与基本思维。

大概念下的学科核心问题即教师在设计问题时能够反映该学科中最为基础、基本和具有范例性的概念、原理和理论，教师应注重“学科价值”，能够使学生“透过现象看本质”，培养其认识世界和解决问题的学科视角，训练其学科思维方法和特有的逻辑。问题的设计应能够启发学生运用思考力等素养与能力进行深度学习，提升学生分析、综合、抽象、概括、转换、类推等思维能力，使高阶思维训练成为课堂的常态。

第三，开放性。开放性问题是相对于传统的条件明确、结论唯一的封闭性问题而言的。应试导向下条件确定、答案唯一的封闭式问题教学有较大的缺陷，在一定程度上扼杀了学生的好奇心和想象力，阻碍了学生个性的发展，容易造成学生思维定式，对培养学生的创新精神和实践能力极为不利。因此，教师应多设计一些开放性的问题，给学生提供广阔的思维天空。

“五思”教学强调教师设计问题的时候应力求开放性。问题的设计没有明确指向性，问题解决没有简单的“正确”答案，也不可能在书本上找到现成的答案。开放性问题需要经过讨论和探究才能找到解决方案，需要学生根据核心概念、生活阅历等等，经过小组讨论与交流才能完成学习任务。开放性问题对于培养学生的发散思维、创新思维等思维能力具有十分重要的意义。

第四，情境性。“知识问题化，问题情境化”。缺乏情境性的孤立的问题是不能真正激发学生学习动机的，对问题的认识也只能停留在表面，无法将学生的思维引向深入。学习和思维只有在情境中才有意义。现代心理学认为：思维的本源在于问题情境，问题在情境中发现、生成也在情境中理解、解决。德国学者关于情境与知识有一个著名的比喻：将 15 克盐放在你的面前，无论如何你难以下咽，但将 15 克盐放入一碗美味可口的汤中，你早就在享用佳肴中将 15 克盐全部吸收了。同样，情境是汤，知识是盐。情境是学生认识的桥梁，是知识转化为素养的桥梁。核心素养的培养必然要求教师将孤立的知识问题化、情境化、具体化，从自然到社会，从生活到科学，源于生活情境的真实或模拟真实的问题赋予学生的学习活动以生活的意义与生命的价值。

教师在运用“问题导思”这一教学策略训练的时候，还应注重培养学生自主发现问题、提出问题的能力，把提问的主动权交给学生，让学生真正成为课堂的主人。让学生学会提问的首要前提是培养学生的质疑精神。质疑是批判的先导，批判是质疑的延伸，质疑能力是建立批判性思维的核心要素。

批判性思维与创新人才的培养有着高度的关联，一定程度上来说，批判性思维的水平决定着一个人的创造性。有学者指出：“批判性思维态度与创新个性的大部分特征是相同或相似的。这就意味着，通过批判性思维训练，当我们培养一个人的批判性思维态度时，在很大程度上我们也是在培养这个人的创新个性。”“加强批判性思维教育对推进创新、对于创新人才培养具有重要的战略意义。”《中国高考报告（2021）》也指出，“对创新与批判性思维的强调，是国家实现人才强国战略的重要环节，也成了本轮新高考综合改革的重要方向。”在“五思”课堂教学中，我们强调教师不仅要创设民主自由的课堂氛围，鼓励学生大胆提问，勇敢质疑，还要着重将培养学生的批判性思维有层次地融入学科主干核心内容中。教师应提升自己的批判性思维教学能力，教给学生批判性思维的方法，训练学生面对各种复杂问题时独立思考，敢于质疑，根据对问题情境的分析，从多元性、情境性、关联性、层次结构性、动态平衡性、开放性和时序性等方面把握问题和事物的本质，从而培养学生的创新与批判性思维等高阶思维能力。

在实际的“问题导思”教学实践中，教师应以学生自主提问为先，教师设计问题为后；以引导思考类问题为主，以检查知识类问题为辅；以学科核心问题为支柱，以加工性问题为支撑。在课堂教学中，教师应巧妙利用加工性问题来促进学生的深度思考。“你是如何知道的?”“你为什么这样说?”“你是如何想到这个观点的?”诸如此类的问题都属于加工性问题。它是对学生回答的继续追问，促进学生反思自己的初始回答，进而帮助他们理解被自己隐藏在表面观点背后的思维过程。同时，加工性问题也能使教师知道学生到底思考了什么以及是如何思考的。

三、“情境拓思”重应用

核心素养离不开知识与技能，但单纯的知识与技能不等于素养。教育界已形成共识，只有当知识与技能在复杂的解决生活问题、科研问题的真实情境中，用于解决问题时所形成的品格和能力才是核心素养中最为重要的部分。这意味着我们教学目的之一是让学生能够把学到的知识和方法应用到真实情境中。“五思”教学重视对学生知识的迁移与运用能力的培养，立足于真实情境下的思维能力培养。

前文“问题设计情境化”中已指出学习与思维只有在情境中才有意义。情境学习是有关人类知识的一种本质理论，它是研究人类知识如何在活动中发展，参与、实践如何促进学习和理解的。

情境式学习理论认为，知识是情境性的，基于现实世界的真实情境是学习者学习的基本条件，获得知识的重要途径是使用知识，任何脱离特定情境或场合的知识将失去它的实践价值。如同问题的呈现、知识的理解内化应该情境化，在情境中建构知识；同样知识的迁移运用也需要情境化。我们要学习的东西将实际应用在什么样的情境中，那么我们就应该在什么样的情境中学习这些东西。“在哪里用，就在哪里学。”学习不能简单地视为把抽象的、去情境化的知识从一个人传递给另外一个人。我们常常见到这样的现象：尽管学生像接收器那样把教师传授的知识全盘接受过来，记忆得分毫不差，但是一遇到实际的应用，往往一筹莫展，束手无策。这也就是学生懂得热胀冷缩的道理但遇到乒乓球被打扁却毫无办法的原因。知识本身没有力量，只有运用知识的时候才能产生力量，学不致用是无法落实学生核心素养的培养的。只有把学与用结合起来，让学生像“专家”“师傅”一样进行思考和实践；只有把知识与社会、生活、科技前沿联系起来，学生学习才能被赋予意义，学习热情才能被点燃，学习也才能进入到深度学习，否则，必然导致学生对学习价值与意义的怀疑与丧失。

基于以上理论，“五思”教学中“情境拓思”的“情”就是以学生必备品格的培养为核心，将学生的兴趣、需要、态度、情感、人格的培养纳入课堂教学；“境”就是以思维为核心，通过创设体现各学科核心素养的真实或模拟真实的学习情境、生活情境、社会情境和学术情境，拉近知识与学生现实生活的距离，在真实情境中拓展学生思维的深度与广度，提升学生综合运用知识处理、解决问题的能力。

在核心素养这一背景下强化情境教学，让学生拥有于真实情境中应用迁移知识的能力，分为三种情况：

一是“知识发生”情境。知识本身具有过度符号化和抽象化的特点，这必然导致知识的惰性化和僵化，从而丧失知识的活力和价值。因此，我们必须赋予知识和认识以“情”与“境”，从而使知识和认知变得具体化、形象化、情趣化、生动化。教师根据教材内容和学生心理特点，创造一个环境、场合、氛围，将知识呈现或再现出来，引领学生开展积极主动的分析、综合、抽象、概括等思维活动，使学生理解知识、掌握方法、形成态度，为知识的实际迁移应用做准备。

学科知识来源于生活，课堂教学必须加强与生活实际的联系。学习内容与生活场景越贴近，学生接纳知识的程度就会越高。教师应努力挖掘学科教学中的生活情境、社会情境、科研情境，引导学生发现生活原型，引出学科问题，感悟日常生活中的各类学科知识，由此提升学生探索、拓展的兴趣，开发学生学科思维，为知识的实际运用做准备。

二是“应用迁移”情境。通过教师精心创设一个具体的现实问题情境、学术问题情境，让学生亲临面对、体验思考。在这个过程中，学生将所学的知识、方法、态度迁移应用来解释实际现象、解决现实问题从而提升核心能力、培养人格品质。

实现知识迁移、提高实际运用能力是在新的环境、新的问题和背景下，能判断出当前问题模式与遇到过的问题模式的相似性、关联度，能够“举一反三”，运用已有知识完成当下任务。在这个过程中，应训练学生采用严谨求真、实证性的逻辑思维方式对问题情境进行分析，以抽象的概念来反映客观事物的本质特征和内在联系，运用抽象与联想、归纳与概括、推演与计算、模型与建模等思维方法来组织、调动已有的知识与技能来解决新的生活实践情境或学术探索情境中的各种问题。

“应用迁移”能力中最重要的思维能力是概括能力。概括就是把从某些具有若干属性的事物中抽取出来的本质属性，推广到具有这些相同属性的一切事物，从而形成关于这类事物的普遍概念，简单地说就是发现事物的本质。把握了本质才能从根本上找到事物的发展规律并推而广之；才能对具体问题的认识提高到一般原则的高度，然后根据规律作出预测、扬长避短、趋吉避凶、制定策略，从而解决实际问题。概括是思维的第一特征，思维乃至智力的最显著的特征是概括性。因此，教师在课堂中要想提高学生知识的实际运用水平的第一要义是培养学生在各学科中的概括能力。

三是“跨学科运用”情境。知识本来是没有类别的，之所以对知识进行分类，是由于人类对事物发展规律研究的需要。21 世纪以来，科学技术发展在不断分化的同时，也进一步高度融合，人类社会的许多问题越来越需要从多学科的角度进行审视并予以解决。打破学科壁垒，推进和加强跨学科人才培养已成教育界的共识。在培养学生核心素养这一背景下，能进行跨学科教学也成为新时代教师的要求。

教师应以跨学科的项目化学习、主题式教学为方法，以复杂、真实情境中解决问题为导向，创设现实问题情境或学术问题情境，引导学生将某一学科、某一领域或某一活动中所学的知识、方法以及形成的积极态度迁移到其他学科、其他领域或者活动中去发现问题与问题之间的联系、学科与学科之间的联系，在探寻答案的过程中培养系统思维，运用发展的、辩证的、联系的观点来分析、解决问题，从而形成正确的价值观、积极的态度，提高思维能力。

在创设情境对学生进行思维训练时，可以引入设计思维、任务思维来培养学生的高阶思维能力。将学生置身于设计与任务的情境中，让学生一开始不得不站在用户、消费者、企业主、居民、政府部门乃至某一种知识客体的角度考虑去思考问题，不得不置身于任务情境中去充分思考事物的可能性，努力在此过程中经过不断讨论、调研、测试、改进、实验，将设计原型一点点完善，将任务一点点完成。在这种设计思维、任务思维中关注的不再是具体的学科知识，而是特定的任务和问题；不再是单一学科知识的运用，而是运用不同学科的知识技能解决现实的复杂问题。设计思维、任务思维的引入，使得学生思维的运用植根于问题解决和任务完成的过程，让学生有了运用形象思维、抽象思维、发散思维、聚焦思维、分析思维、综合思维、逻辑推理等多种思维方式的机会。这个过程有助于赋予知识、原理鲜活的生命，提高学生的迁移运用能力；有助于学生高阶思维能力的形成和内化，从而促进创新思维的产生。

在落实“情境拓思”重应用这一教学策略时，我们还要特别关注一下学生非智力因素的培养。在深度学习时，学生的学习投入是全身心的，智力因素和非智力因素都起着重要的作用。非智力因素包括情感因素、意志因素、个性、意识形态、气质、性格等等，它们对学生的学习活动起着不可忽视的启迪、导向、维持和强化作用。近年来关于脑科学研究最有关键性意义的研究发现是：在一个正常的脑中，“理智”的过程不能离开“情绪”的东西独立发挥功能。学习是一个整体性投入，既有理智、思维的要素，同时更有情感、意志、精神、兴趣等方面的要素，它们之间互相影响、相互作用，共同决定学习者的学习成效。在课堂教学中，教师不只应关注学生的思维活动，还应充分渗透对学生情感、态度与价值观的引导，以人为本，把学科知识本位转向以人的发展为本位，关注学生在教学活动中的情绪生活、情感体验、人格养成，让核心素养的培养真正落地。

情境创设按照呈现方式的不同一般有“语言描述”“计算机多媒体呈现（声音、图像、视频）”“模拟场景”“现实情境”“问题提出”等类型。

“课本”教师只能教出“课本”学生。“课本”教师即只一心一意教课本知识，不对课本内容进行拓展和延伸，不了解关注重大现实问题、社会生活事件、时代热点和当代科技发展成果、学科发展的前沿理论；不在关注社会现实、科技前沿发展的基础上精心设计问题情境、学科探索和科研情境让学生在具体问题、任务中提升实际应用能力。这样的“课本”教师即使教得再认真、讲得再清楚、教学态度再端正，也不是新时代的合格教师，这样的教学只能教出“课本”学生，使学生的学习内驱力逐渐丧失，学生思维品质的培养、学科素养的落实更无从谈起。

四、“对话启思”重合作

建构主义认为：知识不是通过感觉或交流而被个体被动地接受，而是由认知主体主动地自己建构；在个体经验建构的过程中，为了适应不断扩展的经验，个体的图式会不断进化，所有的知识都是在这种个体与经验世界的对话中建构起来的，生成与建构是知识的本质特征。因此，教师不再是知识的传授者，从外部对学习者实施知识的“填灌”，而是学生的帮助者，为学生提供有利于知识建构的环境。建构主义理论还特别强调合作学习的重要性，学生通过讨论、交流、观点争论，相互补充和修改，共享集体思维成果，完成对所学知识点的意义建构过程。在建构主义理论指导下，“对话”“自主”“合作”成为现代教学的关键词，也是我国新课程教学改革的关键词。

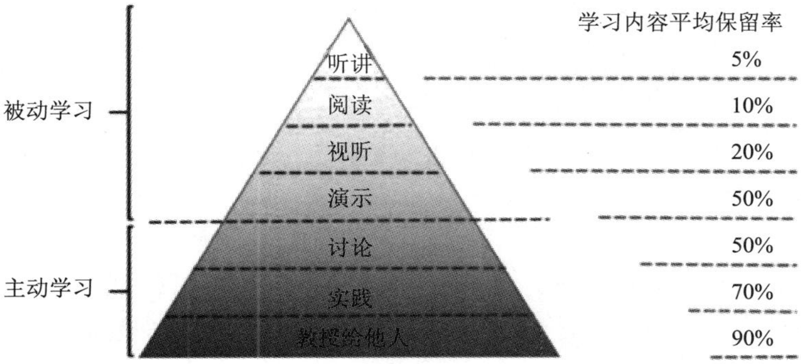

图 1　学习金字塔

学习金字塔理论在教育界广为人知，它以图表的形式（如图 1）对建构主义理论、我国新课程提出的自主、合作、探究学习理念作了非常直观的诠释。

根据这个金字塔理论，学习效果在 30％以下的几种传统方式，都是个人学习或被动学习；而学习效果在 50％以上的，都是团队学习、主动学习和参与式学习。

“五思”教学强调无论是在以问题为中心、思维为主线的“问题导思”教学场景还是以情境为中心、应用为目的的“情境拓思”教学场景，教师都应强调通过构建“学习共同体”以“对话启思”的方式进行“自主探究”，提升学生思维力，即“五思”教学中的第四点：“对话启思”重合作。

人不可能一个人成长。教学改革的目的就是以学生为主体，教师在课堂里构建一个“学习共同体”，让每一个学生成为“学习的主权者”。传统课堂使得学生丧失了学习伙伴，留给学生的是一个独白的世界。日本教育学专家左藤学认为：“学习，可以比喻为从已知世界到未知世界之旅。在这个旅途中，我们同新的他人相遇，同新的自身相遇；在这个旅途中，我们同世界对话，同新的他人对话，同新的自身对话。因此，学习的实践是对话的实践。”“学习的快乐就是走向对话。”“五思”教学强调对话教学的开展，引导学生从独白的世界走向对话的世界。在多种形式的对话互动过程中，师生之间的睿智引领、深度追问、不同观点与视角的碰撞都能有效激发学生的思维，学生的思维方式将得到优化、思维习惯得到培养、思维品质得到提升，同时没有对话也就不可能有真正的批判性思维的产生。

当然，强调对话，并不是把课堂变成教师与学生之间简单的一问一答，对话教学也不仅仅局限于师生之间，对话的主体也有多种形式。

一是师生对话。师生对话是平等的。对话的过程是彼此敞开心扉，彼此接纳和精神交流的过程。教师与学生在人格上是独立平等的，每一个学生都有自己丰富的内心世界和独特的情感表达方式，都需要他人的理解与尊重。教师应改变传统的单向知识传递方式，在教学过程中，主要任务是引导学生去自我发现、自主学习。双方在对话过程中接纳彼此观点的同时必然会有新的思维火花出现，它不是预设的而是动态生成的。在此过程中，虽然我们强调师生的平等性，但因为事实上双方拥有的智慧、信息是不对等的，因此，教师在对话中还应发挥主导作用，通过智慧点拨启发学生思考，在对话、交流、追问、辨析中让学生或强化或修正自己的认识，培养学生的思考力、判断力、表达力。

二是生生对话。在有数十名学生的班级里，每一个学生的理解是不一样的，这就需要彼此之间的取长补短。基于小组内部的交流对话学习与小组之间的交流对话学习，分享经验、知识、智慧和思想，能使学生在交流、分享的基础上解决一部分问题。教师应努力倡导课堂中的“合作学习”“互惠学习”，学习伙伴们齐心协力、共同进退、共同探讨，自主研究，同学之间不是揣着竞争的心态，不是抱着“只要自己好就行”的态度，而是树立“帮助别人就是帮助自己”的观念，为了自身与伙伴们的共同进步而认真努力学习，对自身学习的责任与对伙伴学习的责任的承担，这本身就是对学生优秀人格、公民素质的一种培养。因此，“五思”教学十分重视构建和培养“学习小组”，通过“学习小组”的方式来加强生生对话。

三是生本对话。在教师的指导下，学生与教材、教材相关的拓展学习文本以与教材相关的前沿科技成果之间进行对话。教师教给学生学科阅读的基本方法，引导学生抓关键词、抓核心句、画思维导图，形成文本的基本框架，把握文本的结构和体系。在教师的指导下，鼓励学生开展学科阅读，扩大学生学科阅读的知识面，打开学生的眼界和思维，进一步拓展学习内容的外延，明确学习内容未来的发展方向，让学生的学习不再局限于教材，而是与火热的现实生活紧密联系，从而增强学生的学习动力。

运用“对话启思”这一教学策略必须重视小组合作学习，以小组为单位构建学习共同体。教师在指导学生合作学习时，不能流于形式，追求表面热闹；也不能不管合不合适，一律要学生合作讨论，缺乏内在的实效性。我们强调教师要精心组建“学习共同体”并给予方法指导。

（1）合理搭配、平衡优劣。教师应多方位地了解学生的实际学习情况，合理搭配小组人员，将全班同学按照性别、学习能力、组织能力、表达能力、思维品质、个性特征等情况均衡分组，实现组内成员优势互补，互相促进，允许学生自愿组合。

（2）明确分工、角色轮换。教师引导学生明确组内分工，每一个小组都要确定讨论过程中的协调员、记录员、资料员、发言人等。经过一段时间再进行组内角色互换，保证每个小组成员都能从不同角度得到体验、锻炼、提高。教师应随时关注学生在组内学习讨论的参与度，避免优秀学生主宰小组而一部分同学成为“配角”，应让小组每个成员获得的机会均等，帮助参与度低的同学克服心理障碍，增强自信，努力表达自我。

（3）营造氛围、及时评价。教师还应引导学生学会倾听、质疑、表达和评价，营造好组内文化氛围。在个人和小组展示成果时，教师应及时评价反馈或让学生互相评价反馈，鼓励勇于表达、善于表达的学生，鼓励积极思考、勇于创新的学生，让小组内自信积极的学习态度带给其他同学正面的影响，从而赋予学习共同体以开拓进取、努力思考的良好价值导向。

尤其值得指出的是，在每一次大的小组讨论活动结束后，还应对小组的整个讨论活动有一个总结的书面报告，记录、反思、分析、评价本次活动的得失、经验与不足，小组各成员的参与度、任务完成情况等等，教师及时反馈评价。实践证明，这种记录、总结、反思等活动使学生的思维得以提炼、内化，从而对学生思维的提升、学习的进步极有益处。

五、“评价反思”重反馈

没有评价就没有教育活动的进一步促进与发展，学生各种习惯、学习品质形成的第一步，是通过及时的教师评价得来的。对课堂教学进行评价是教育过程的一个非常重要的环节。教学评价是依据教学目标对教学过程及结果进行价值判断并为教学决策服务的活动。它以参与教学活动的教师、学生教学目标、内容、方法、教学设备、场地和时间等因素的优化组合的过程和效果为评价对象，是对教学活动的整体功能的评价。《新课程标准》指出：“课堂教学评价的主要目的是为了全面了解学生的学习过程，激励学生的学习和改进教师的教学。”它对促进学校教学改进、实现学生全面发展和教师专业成长具有重要的价值和意义。

传统的教学评价多为测验、考试，偏向于单一的知识与技能的检测，它是通过知识的复刻再现进行的，在评价中获得较高等级的是记忆和理解能力较好的学生。这种重视知识和技能分解的评价方式容易走向“死记硬背”与“解题套路”的困局，缺乏对学生的综合能力、素质发展过程的关注，更很少涉及学生的情感领域和心理态度，如性格、思维、意志等。这种终结性评价已经严重滞后于核心素养评价，无法揭示核心素养的内涵。

“现实的人”是马克思主义哲学关于人的理论的一种观点。“现实的个人”就是具体的人。每一个学生都是具体的人，具体性表现在真实生活中是由一个个“日常”细节构成的，其“日常”表现往往更能反映一个人的素质涵养。学生是具体的人，具体性首先表现在学生的学习是连续的动态过程，学生是具有主观能动性的发展中的人。其次表现在人的丰富性和差异性。每个学生都是完整的，具有丰富的性格、情感、意志、心理态度与多种评价维度；每个学生都是一个独特的个体，其学习和发展的起点、过程和结果都有很大的差异。基于此，在教学评价时，尊重评价对象作为人的现实性、具体性，对评价对象应该实施贯通立体多元的、全面完整的、动态发展的评价标准。《新课程标准》指出，“对学生的评价应从甄别式的评价转向发展性评价，既要关注学生的学习结果，更要关注他们在学习活动中所表现出来的情感与态度，评价要反映学生学习的成绩与进步，激励学生的学习，帮助学生认识到自己在学习策略、思维或习惯的长处与不足，认识自我，树立信心，真正体验到自己的成功与进步。”

“五思”学科思维教学重视对学生的发展性评价。我们将评价手段、工具、方法嵌入日常课堂教学之中，以充分发挥评价的激励、反馈与改进功能，从而促进学生思维品质的提升与教师专业成长。当然，传统的检测知识性评价在现实中有其存在的必要，我们探索的是在落实核心素养背景下，将两种评价方式相结合，建立一种平衡的新型教学评价体系，多元性是“五思”学科思维教学在制定本学科课堂教学评价标准时应遵循的基本原则。

（一）评价主体的多元性

在以往的教学评价中，评价人员的角色关系一直是：教师作为评价者，学生是被评价的对象。学生的职责主要是听从教师的安排，做好接受评价的准备。在这种评价主体单一的评价活动中，很难发挥参与主体的积极性和学科自身的特色。只有评价主体的多元化，主持评价活动的主角可以由多人组成，改变过去单独由教师评价学生的状态，提倡多主体参与评价，尤其是尊重“参与主体”的评价，才可以充分调动学生参与评价的积极性。

教师作为评价主导，仍将发挥重要作用，在教学和生活中对学生有意识地观察、接触，关注学生在学习过程表现出来的思维状态、情感态度和价值观，以鼓励、表扬等积极的评价为主，有效促进学生的发展。学生作为评价主体，一是自我评价，用自己的感受评价、反思自己所学；二是同伴评价，同学之间互相交流与反馈。评价主体还有学校和家长。学校参与评价，评价中能发现每个教师、每个班的教学情况，以便总结经验，解决问题。学校应努力构建课堂教学评价的持续机制，将评价研究与课程改革协同推进。家长参与评价，了解子女的学习情况，提出自己的看法和评价，以便更好地配合学校教育，进行家校互动。多元主体评价，多层次、多类型的交流、沟通和协商，让学生有参与感，全面且真实地了解自己的学习情况，有意识地主动学习、自我发展。

（二）评价内容的多元性

评价目标决定着评价范式的转变，核心素养时代的评价内容应是多元的，它包含对基础知识和基本技能的评价考察，但更应该走向多元整合。《课程标准》明确指出教学评价不仅要关注学生的学习结果，也要重视学生的学习过程。教师在教学过程中要重视对学生在学习过程中所表现出来的情感、态度、价值观、创新意识等方面的评价。要注重对学生综合素质尤其是思考能力的考察评价，不仅关注学生的学习成绩，而且关注学生的创新精神、实践能力以及良好的思维品质、心理素质、学习兴趣与积极的情感体验等方面的发展；尊重学生的个别差异，并注重对个体发展独特性的认可并给予积极的评价，发挥学生的多方面潜能；以质量评价为基础，不仅考察认识或概念等认知层面，同时关注对表现等行为层面的考察。

（三）评价方法的多元性

书面测试是传统评价的主要方法，但拘泥于某一个固定时空的静态的单一的评价方式难以准确、全面、公正地评价学生。在“五思”思维教学课堂评价中，传统的书面检测是评价的方法之一，但不是唯一的方法。除此之外，还应有口试、访谈、现场观察、专题作业、论文检测、研究报告、任务设计、小组讨论实录、评价反馈表、学生自我报告、学习伙伴判断描述、现场情境测验等多种方式。

在具体的评价过程中，这些方法并不是孤立进行，是多种方式灵活运用，其结果可以是显性的分数，也可以是等级评定，采用定性分析与定量分析相结合的方式，二者互为补充。定量评价是采用数学的方法收集和处理数据资料，对学生做出定量结果的价值判断。它主要是针对学生习得的知识与技能。定性评价是根据评价表对评价对象在课堂的表现和状态做出定性结论的价值判断。它强调观察倾听、分析归纳。它通过教师、学习伙伴、学生自己等评价主体对评价对象在真实的任务情境中的学习能力、思维品质、情感态度价值观等核心素养的内隐部分进行定性评价。教师根据本学科的学科属性，灵活安排，目的都是鼓励学生参与课堂、提高学生的学科思维能力、探究能力、素养水平。

通过多种评价方法收集到的学习信息，经由处理与反馈，才有可能使教学信息真正转变为学生自己的信息。众多量化研究表明，反馈是对学业成就影响最有力的因素。教师在处理、分析、判断收集到的学生评价反馈信息的过程中，可以非常具体地、直接地全面了解学生的学习情况，关注学生在小组讨论、问题情境、任务完成等教学活动中所使用的方法策略、思维状态、情感态度等，尤其是学生有没有经历思维过程，形成观点，表达交流。教师在对评价信息经由分析、处理并及时反馈给学生后，才能真正促成教学信息向学生自己的学习信息的转化，从而帮助学生进行学习策略的改善、思维品质的提升、情感态度价值观的调整，充分发挥评价的反馈作用。

为改变评价主体单一化，充分发挥学生的主体作用，“五思”学科思维教学尤其注重学生对教学评价的参与，强调自我评价反思对提升学生思维品质、对学生获得学习的价值感、意义感的重要作用。

美国心理学家、教育学家布鲁纳在解释教学的反馈原则时特别强调学生自我对学习结果的检查，认为这是使学生的学习动机产生于学习过程本身的一个重要条件。他指出：“教师必须采取提供学习者最后能自行把矫正机能接过去的那种模式，否则，教学的结果势必将造成学生跟着教师转的掌握方式。”如果学生本人对学习的各个方面都能自觉地作出选择和控制，学生的学习动机是自我驱动的、学习内容是自我选择的、学习策略是自主调控的、学习时间是自我管理的、学习结果是自我评价的，那么他的学习就是充分自主的。学生对学习的自我分析、判断、反思，并对自己的学习进行自我调节的活动，其实质上是学习主体对自己学习意识与行为的反思与调控。“五思”教学强调对学生学习的自我评价与反思能力的培养，这对激发学生学习的学习动机、培养学习主体精神、提升思维能力都有十分重要的意义。

“五思”教学强调的五条教学策略相辅相成、互相交融，共同完成对教学实践的变革。“五思”的内在关系如图 2 所示：

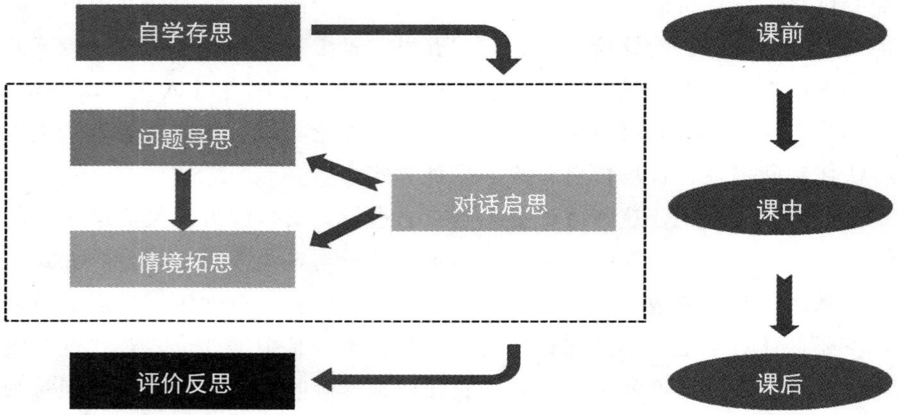

图 2 “五思”的内在关系

其中，课前是指教师授课前，课后是指教师授课后，“自学存思”与“评价反思”都可以是在课堂中进行。“自学存思”是在教师授课前学生通过预习带着问题、带着思考即“存思”去上课，做学习的主动者；“问题导思”就是通过问题设计来引导、激发学生思维解决“学”的问题；“情境拓思”通过设置情境来拓展思维的深度与广度、训练学生实际问题中的思维能力，解决“用”的问题；“对话启思”通过小组合作以对话的形式展开知识的辨析、观点的碰撞、智慧的引领，从而启发学生思考，培养学生思维能力；“评价反思”则是对课堂的总结回顾、反思评价，完成对学生思维的内化、提炼、升华。“五思”教学的“自学存思”“问题导思”“情境拓思”“对话启思”“评价反思”五条教学策略以“为思维而教”作为核心理念，将预习、设计、应用、合作、反馈运用于整个教学过程中，创设引发思维的时空，培养思维习惯、训练思维方式，提升思维品质。

特别要指出的是，“五思”学科思维教学不是固定机械的教学模式，这五条思维教学策略可以如同堆积木一样，灵活安排，穿插使用，比如“自学存思”环节如果是授课前采用的情境式、任务式预习方式完成预习，那么也可以用小组合作对话的形式完成，教师还应及时评价反馈，充分发挥评价反馈的教学功能。

落实“五思”学科思维教学最关键的是教师在教学中应时刻反问自己：“今天，我的学生思考了吗?”“学生怎样思考的?”，真真正正转变教学观念，从“知识本位”转变到“素养本位”，为思维而教，积极努力探究新命题下的教学实践，“五思”学科思维教学才能真正有意义，学生核心素养的培养才能真正落地并生根开花。

说明：“五思”教学的主要内容已以论文形式发表于期刊《当代教育理论与实践》。

参考文献

[1] 朱炳元. 实现“两个一百年”奋斗目标的内在逻辑 [J]. 红旗文稿，2018

(5)：16-18.

[2] 易信. 新一轮科技革命和产业变革对经济增长的影响研究——基于多部门熊彼特内生增长理论的定量分析 [J]. 宏观经济研究，2018 (11)：79-93.

[3] 常珊珊，李家清. 课程改革深化背景下的核心素养体系构建 [J]. 课程. 教材. 教法，2015 (9)：29-35.

[4] 罗海凤，周达，刘坚. 以立德树人为目标 构建学科育人体系——从学科核心素养促进学科教育转型谈起 [J]. 中小学教师培训，2018 (9)：1-5.

[5] 约翰·杜威. 我们怎样思维 [M]. 北京：人民教育出版社，2005.

[6] 林崇德，胡卫平. 思维型课堂教学的理论与实践 [J]. 北京师范大学学报（社会科学版），2010 (1)：29-33.

[7] 党中央、国务院. 深化新时代教育评价改革总体方案 [S] 2020：1.

[8] 徐尚昆，杨汝岱，郝保伟. 中国高考报告（2021） [M]. 北京：新华出版社，2021.

[9] 隋俊宇，石卉. 建构主义学习理论简析 [J]. 教育现代化，2019 (98)：33-35.

[10] 顾明远. 苏霍姆林斯基教育思想的现实意义 [J]. 中国教育学刊，2006 (1)：72-73.

[11] 何丹凤. 学生预习研究 [D]. 华东师范大学，2014.

[12] 郑东辉. 融入作业过程 提高作业质量 [J]. 人民教育，2021 (3)：31-33.

[13] 李荣民. “问题场”：研究性学习的知识诱因 [J]. 上海教育科研，2008 (5)：68-69.

[14] 杨玉灿. 在开放性问题的探究中培养学生的发散思维 [J]. 高中数学教与学，2021 (2)：40-41+49.

[15] 唐旭杰. 知识问题化与问题情境化教学研究与实践 [J]. 中学化学教学参考，2015 (20)：6-8.

[16] 冯艳. 论批判性思维与创新的关系 [J]. 燕山大学学报（哲学社会科学版），2012 (4)：16-17.

[17] 夏雪梅. 学科项目化学习设计：融通学科素养和跨学科素养 [J] 人民教育，2018 (1)：61-64.

[18] 火高忠. 营造教学情境 升华生态课堂 [J]. 天津教育，2021 (18)：114-115.

[19] 夏越. 巧用跨学科知识 优化教学情境创设 [J]. 中学物理教学参考，2019 (22)：39-41.

[20] 佐藤学. 静悄悄的革命. 长春：长春出版社 [M]. 2003.

[21] 李国岚，阎玉龙. 教学评价对教学系统的反馈调节作用 [J]. 北京教育学院学报，1994 (1)：43-47.

[22] 吴迪. 多元性：素质教育评价的特征 [J]. 中国教育学刊，2001 (4)：40-42.

[23] 钱桂春. 高中教学中多元化评价方式的研究 [J]. 中学教学参考，2021 (6)：64-65.

[24] 权利娟. 面向学习过程的多元化评价研究 [D]. 银川：宁夏大学，2015.

2 《雷雨》教学案例

江 腾 曹 莉

《雷雨》教学案例

● 教学设计 ●

一、课型

戏剧表演指导课。

二、内容分析

《雷雨》是中国话剧的巅峰之作，巴金评价说："《雷雨》是一部不但可以演，也可以读的作品。"现代戏剧家李健吾也评价说："一出动人的戏，一部具有伟大性质的长剧。"《雷雨》以其卓著的文学地位以及卓越的文学价值，成为高中戏剧教学中的重头戏。

（一）单元定位

《雷雨》一文安排在统编版高中《语文》必修下第二单元。该单元所选定的人文主题是良知与悲悯：即要求学生领会剧作家对于社会人生的深刻认识和深切关怀，激发良知和悲悯情怀，健全人格培养；以尊重和包容的心态，理解和借鉴不同民族、不同区域、不同国家的优秀文化，吸收人类文化的精华。语文素养层面：一是通过阅读鉴赏、编排演出等活动深入理解戏剧作品，把握其悲剧意蕴；二是初步认识传统戏曲和现代戏剧的基本特征，欣赏戏剧组织冲突、构思情节、塑造人物的艺术手法，体会戏剧语文的动作性和个性化；三是理解悲剧作品的风格特征，欣赏作者的独特艺术创造。

“五思”教学强调课堂思维教学，认为授人以知识之“鱼”，不如授人以思维之“渔”。统编版高中《语文》必修下二单元安排了三篇学习文章：《窦娥冤（节选）》《雷雨（节选）》与《哈姆莱特（节选）》，这三篇文章的编排，既符合古今中外的时空顺序，也符合思维教学的逻辑顺序。《雷雨（节选）》作为中间篇目，既继承了中国传统戏剧的古典文辞之美，也借鉴了西方经典悲剧的命运主题，是融贯东西的大家之作。在《雷雨（节选）》第二课时的分层目标当中，创造情境，要求学生在第一课时小组合作自学、排演的基础上，以“演戏——说戏——评戏”为课堂环节，通过鉴赏戏剧语言、立足文本来分析人物形象与把握人物情感，在此基础上再升华为引导学生感悟人性，从而指导正式演出。

（二）知识关联

学生学完《窦娥冤》后，对于戏剧常识有了一定的了解，可以通过比对本文，分析中国传统戏曲与现代话剧体例区别，帮助学生加深对戏剧常识的了解。其次两篇文章各自描述了一个女子的悲惨命运，可以通过对比分析，引导学生探索悲剧内核。

（三）自学任务

1. 阅读

课文节选部分以及导学案上相关文学常识。

2. 思考

如何评价一段话剧表演的好坏？根据导学案上的戏剧常识来确定一个评价标准。

（四）关键问题与语文核心素养培养指向

《雷雨》第二课时的关键问题：如何通过鉴赏戏剧语言，把握话剧中人物形象与人物情感？

通过“演戏——说戏——评戏”的课堂环节，引导学生自主合作，通过创设表演情境，演员说戏、观众评戏环节，引导学生深入阅读，钻研戏剧语言，从而走进剧中人物的内心世界，最终促成对人物形象情感的把握，完成“如何把握话剧中人物形象与人物情感”的任务。这种“演——说——评”的模式同时也体现了语文学科“观点表达”的教学取向。

三、学习目标

（一）语言建构与运用

通过自学了解相关戏剧常识；深入研讨剧本个性化的人物台词、舞台说明，分析出潜台词的言外之意。

（二）思维发展与提升

以“演戏——说戏——评戏”为活动线索，创造情境，引导学生分析人物形象，表达出自己对《雷雨》中人物的看法。在这个过程中，培养学生基于生命个体的直觉性思维、形象性思维、发散性思维、辩证性思维以及创造性思维。

（三）审美鉴赏与创造

通过戏剧排演，培养学生对良知与悲悯的感悟。

（四）文化传承与理解

学生需要自主组织一场《雷雨》的编排和演出。

四、实现路径

（一）预备性知识学习

自读《雷雨》，以及导学案文学常识。

（二）基础性目标实现路径

1. 课前

所有学生完成自主学习清单上的自主检测题。

2. 课堂

核对自学清单上的自主检测题答案。

（三）拓展性目标实现路径

1. 课前

思考如何评价一段话剧表演的好坏？根据导学案上的戏剧常识来确定一个评价标准。

2. 课堂

小组合作，确定话剧表演好坏评价标准。

（四）挑战性目标实现路径

1. 课前

小组合作选定演员进行排演，并写好说戏稿。

2. 课堂

小组推选演员进行片段表演，并进行说戏，全班同学就演戏与说戏进行评价。

五、课堂流程

流程	时间	教师活动	学生活动
任务导入	2 分钟	通过课件展示情境，明确课堂定位	了解课堂情境与课堂定位
标准制定 自学存思	4 分钟	通过问题展示，帮助学生回顾戏剧常识，明确课堂主要任务：通过戏剧语言，赏人物形象	明确标准制定，明确课堂导向
（片段一） 演员演戏 情境拓思	4 分钟	充当主持人，鼓励学生勇敢表演	小组代表充当演员演戏，其他同学充当观众，进行观赏
演员说戏 对话启思	7 分钟	充当主持人串场；说戏前组织小组讨论，明确评戏要点	观众进行小组讨论，分析表演过程中存在的优缺点；演员进行说戏，就所塑造角色进行戏剧语言解读
观众评戏 对话启思	7 分钟	对演戏同学与评戏同学进行点拨评价；根据演员说戏与观众评戏在黑板罗列要点	观众就演员说戏与演戏进行要点评价
（片段二） 演员演戏 情境拓思	4 分钟	充当主持人，鼓励学生勇敢表演	小组代表充当演员演戏，其他同学充当观众，进行观赏
演员说戏 对话启思	7 分钟	充当主持人串场；说戏前组织小组讨论，明确评戏要点	观众进行小组讨论，分析表演过程中存在的优缺点；演员进行说戏，就所塑造角色进行戏剧语言解读
观众评戏 对话启思	7 分钟	对演戏同学与评戏同学进行点拨评价；根据演员说戏与观众评戏在黑板罗列要点	观众就演员说戏与演戏进行要点评价
课堂小结	3 分钟	回归主要任务，对课堂内容进行小结	

附录　自主学习清单

高一语文自主预习清单

<table>
<tr><td>姓名</td><td></td><td>班次</td><td></td></tr>
<tr><td>课题</td><td colspan="3">《雷雨》</td></tr>
<tr><td>基础性
预习清单</td><td colspan="3">1. 简述曹禺的生平，识记曹禺的主要作品
2. 概括《雷雨》的主要剧情，理清主要人物的错综关系
3. 复述与课文有关的故事情节
4. 陈述戏剧的概念、种类
5. 识记戏剧的要素，解释戏剧“三一律”
6. 归纳鉴赏戏剧的主要方法</td></tr>
<tr><td>提高性
预习清单</td><td colspan="3">1. 找出课文中至少 5 处有丰富潜台词的人物台词，并在书上做旁批，写好分析感悟
2. 找出课文中 3 处有丰富意蕴的舞台说明，并在书上做旁批，写好分析感悟
3. 概括周朴园、鲁侍萍的人物形象
4. 评价周朴园对鲁侍萍的怀念是真是假，并撰写三分钟辩论发言稿</td></tr>
<tr><td>拓展性
预习清单</td><td colspan="3">1. 小组合作，就老师选择的两个文中片段进行排演
片段一：相遇述旧怨
片段二：相认生新恨
2. 出演的同学就自己所扮演的人物展开说戏活动，撰写说戏稿（说戏即演员陈述自己是如何诠释话剧角色的，从戏剧语言出发，谈自己在表演过程中所需要塑造的人物形象以及所需要传达的人物情感）</td></tr>
<tr><td>我
的
问
题</td><td colspan="3"></td></tr>
</table>

预习检测练习

一、基础性预习检测

1. 曹禺是我国著名的剧作家，他的代表作品有________、________、________、《北京人》《王昭君》等。此外，曹禺还翻译了英国剧作家莎士比亚的《罗密欧与朱丽叶》等。

2. 戏剧是一种综合性的舞台表演艺术，它借助文学、音乐、舞蹈、美术等艺术手段塑造舞台艺术形象，揭示社会矛盾，反映现实生活。按表现形式分为话剧、歌剧、舞剧、哑剧等；按剧情繁简和结构分为独幕剧、多幕剧；按题材所反映的时代分为历史剧、现代剧；按矛盾冲突的性质分为________、________、________。

3. 戏剧的两大要素是：________和________。戏剧冲突是表现人与人之间矛盾关系和人的内心矛盾的特殊艺术形式，同时也是戏剧中矛盾产生、发展、解决的过程，由戏剧语言体现出来。戏剧语言包括________和________。具有________、________、抒情性，以及动听上口、浅显易懂等特点。

4. 下面各句属于戏剧语言的哪种形式？判断正确的一项是（　　）

鲁侍萍　①那是你们老太太看着孩子快死了，才叫我带走的。②（自语）③哦，天哪，我觉得我像在做梦。

A. ①对话　②舞台说明　③独白

B. ①对话　②旁白　③独白

C. ①独白　②舞台说明　③对话

D. ①对话　②独白　③旁白

5. 下面对剧中人物潜台词（画线句）的分析错误的一项是（　　）

A. 鲁侍萍　她不是小姐，她是无锡周公馆梅妈的女儿，她叫侍萍。

周朴园　（抬起头来）你姓什么？[你怎么知道得这么多？]

B. 周朴园　这个人跟我们有点亲戚。

鲁侍萍亲戚？[根本就无所谓什么亲戚。]

C. 周朴园　嗯，——我们想把她的坟墓修一修。

鲁侍萍　哦，——那用不着了。[不必这样费心。]

D. 周朴园　那么，我们就这样解决了。我叫他下来，你看一看他，以后鲁家的人永远不许再到周家来。[你只准看他一眼，不能和他说话，更不能认这个儿子。]

6. 下面这段“舞台说明”对剧情起了什么作用，理解不正确的一项是（　　）

午饭后，天气更阴沉，更郁热。低沉潮湿的空气，使人异常烦躁……

A. 交代故事发生的时间

B. 交代当时的天气特征及其对人的影响

C. 渲染了舞台气氛，烘托了悲剧色彩

D. 暗示一场雷雨即将来临

二、提高性预习检测

1. 认真阅读下面提供的《雷雨》原稿与对应的修改稿，说说修改后的好处。

原稿：（鲁侍萍）哦，你以为我会哭哭啼啼地叫他认母亲吗？我不会那样傻的。我难道不知道这样的母亲只能给自己的儿子丢人吗？我明白他的地位，他的教育，不容他承认这样的母亲。

修改稿：（鲁侍萍）哦，你以为我会哭哭啼啼地叫他认母亲吗？我不会那样傻的。我明白他的地位，他的教育，不容他承认这样的母亲。

修改后的好处：

2. 请选择《雷雨》中的两个人物，仿照画横线的句子再续写两句话。(必做)

经典文学名著是人类文化的精华。在经典文学作品的人物艺术画廊中的每一个人物，都个性鲜明。林黛玉是一位聪明美丽、多愁善感、孤标傲世的薄命佳人；________________________；________________________________。

3. 阅读下面的文字，完成题目。（选做）

《雷雨》第四幕（节选）

【第四幕概括：侍萍和鲁大海来到周公馆找四凤，侍萍要带四凤回家，四凤不得已向侍萍说出真相，她已经怀了周萍的孩子，侍萍如晴天霹雳，因为她知道四凤与周萍是同母异父的兄妹。在四凤的苦苦哀求下，她答应让周萍带四凤走。

蘩漪带周冲来阻止周萍带四凤走，周朴园也闻声而至，他以为侍萍前来认儿子，让周萍跪下认自己的生母。严酷的现实让四凤无法承受，她冲向花园，碰到漏电的电线而死，周冲去救她也触电身亡。周萍开枪自杀了，善良的鲁妈痴呆了，阴鸷的蘩漪疯狂了，倔强的鲁大海出走了。】

周朴园　（在门口）你叫什么？你还不上楼去睡？

蘩　漪　（倨傲地）我请你见见你的好亲戚。

周朴园　（见鲁妈、四凤在一起，惊）啊，你，你，——你们这是做什么？

蘩　漪　（拉四凤向朴园）这是你的媳妇，你见见。（指着朴园向四凤）叫他爸爸！（指着鲁妈向周朴园）你也认识认识这位老太太。

鲁侍萍　太太！

蘩　漪　萍，过来！当着你父亲，过来，跟这个妈叩头。

周　萍　（难堪）爸爸，我，我——

周朴园　（明白地）怎么——（向鲁妈）侍萍，你到底还是回来了。

蘩　漪　（惊）什么？

鲁侍萍　（慌）不，不，您弄错了。

周朴园　（悔恨地）侍萍，我想你也会回来的。

鲁侍萍　不，不！（低头）啊！天！

蘩　漪　（惊愕地）侍萍？什么，她是侍萍？

周朴园　嗯。（烦厌地）蘩漪，你不必再故意地问我，她就是萍儿的母亲，三十年前死了的。

蘩　漪　天哪！

（半晌。四凤苦闷地叫了一声，看着她的母亲，鲁妈苦痛地低着头。周萍脑筋昏乱，迷惑地望着父亲同鲁妈。这时蘩漪渐渐移到周冲身边，现在她突然发现一个更悲惨的命运，逐渐地使她同情周萍，她觉出自己方才的疯狂，这使她很快地恢复原来平常母亲的情感。她不自主地望着自己的冲儿。）

周朴园　（沉痛地）萍儿，你过来。你的生母并没有死，她还在世上。

周　萍　（半狂地）不是她！爸，您告诉我，不是她！

周朴园　（严厉地）混账！萍儿，不许胡说。她没有什么好身世，也是你的母亲。

周　萍　（痛苦万分）哦，爸！

周朴园　（尊严地）不要以为你跟四凤同母，觉得脸上不好看，你就忘了人伦天性。

四　凤　（向母）哦，妈！（痛苦地）

周朴园　（沉重地）萍儿，你原谅我。我一生就做错了这一件事。我万没有想到她今天还在，今天找到这儿。我想这只能说是天命。（向鲁妈叹口气）我老了，刚才我叫你走，我很后悔，我预备寄给你两万块钱。现在你既然来了，我想萍儿是个孝顺孩子，他会好好地侍奉你。我对不起你的地方，他会补上的。

周　萍　（向鲁妈）您——您是我的——

鲁侍萍　（不自主地）萍——（回头抽咽）

周朴园　跪下，萍儿！不要以为自己是在做梦，这是你的生母。

四　凤　（昏乱地）妈，这不会是真的。

鲁侍萍　（不语，抽咽）

（1）下列对节选的这一段戏剧的分析概括，最恰当的一项是（　　）

A. 蘩漪倨傲地向周朴园说“我请你见见你的好亲戚”一语，这句话的意思是，来看看周萍和周朴园当初一样，也算是一门好的亲戚。

B. 周萍“难堪”是因为和四凤相爱之前没有告知父亲，现在被发现了，有一种“负罪”的心理。

C. 周朴园“明白地”是因为他认为鲁侍萍最终还是会到周公馆来认儿子了，出于一种本能的提防心理。

D. 这一幕戏剧冲突非常紧张、尖锐，令人惊心动魄，主要是靠外部动作的紧张和人物内在心理状态的紧张来掀起高潮的。

（2）当各种错综复杂的矛盾与感情纠葛一下子都呈现出来之后，周朴园反而平静了不少，你是怎样看待周朴园这种“平静”的？

答：

（3）这是《雷雨》第四幕的结尾部分，也是全剧的结尾。有人说，这种悲剧性的结尾是蘩漪一手导致的。你是否同意这种看法？请谈谈你的理解。

答：____

____

____

课后作业

1. 请结合课堂上总结的戏剧语言鉴赏方法，分析周朴园与鲁侍萍的人物形象或二者之间的情感，撰写一篇文章。参考主题：

（1）“周朴园对侍萍的怀恋是真还是假？”

（2）“鲁侍萍是坚强还是软弱？”

2. 学习小组围绕课堂所学，继续分工合作，拓展到《雷雨》全剧，继续深化对人物的认识，走进人物的情感世界，各小组经民主讨论、商量，选择感兴趣的片段分工合作进行正式表演。

设计依据

一、教学目标设计依据

语文思维品质的提升与发展，是语文核心素养的重要组成部分。2018 年，教育部颁布《新课程标准（2017 年版）》，明确要求语文课程围绕语言建构与运用、思维发展与提升、审美鉴赏与创造、文化传承与理解四个层面提高学生语文核心素养。在语文教学中，学生思维品质的提升需要教师不断树立“为思维而教”的教学观、教育观，善于激思启智，引领学生自觉主动学习和探究，涵养思维品性。

如何在语文课堂学习中，提升与发展学生思维品质？我们认真落实“基于核心素养的高中‘五思’学科思维教学”（以下简称“五思”教学）的教学理念，试图通过运用“五思”教学的五条教学策略来建构语文课堂，培养学生的语文学科思维能力，实现提升学生语文核心素养的最终目标。

“基于核心素养的高中学科思维‘五思’教学”特别强调在学科教学中不仅要培养、发展学生的一般性思维，即分析、推理、综合等思维品质，更要培养、发展学生的学科思维，将两类思维训练融合起来，培养学生的高阶思维，让学生进入深度学习状态。对于语文学科而言，学科思维包含两个层面。首先是一般性思维。教材中所选的名家名作、古今中外的优秀文学作品等语言文字本身所承载的内容，反映了古今中外最优秀的思维经验，它们不仅是语言的典范更是思维的典范，散发着人类智慧的光芒。语文学习首先是学习洞察事物、思考问题、探求真理、憧憬未来的人生经验。这一点与其他科目是一样的，借助语言文字承载内容的所有学科都能以其内容为载体来培养学生的一般思维能力。然后第二个层面是语文学科本身特点决定的语文思维。因为人类的思维活动主要凭借语言来实现的，语言是思维的工具和产物，两者相互依存、密切联系。由于语言与思维的密切联系，所以决定了语文的内在本质是语言与思维的辩证统一。所以，语文学科思维教学不仅要利用文本承载的内容去训练学生的一般性思维，更要充分发挥语文学科的学科价值、落实学科教育，培养、发展学生的语文思维，即关于“语言文字的运用与建构”的思维。在听说读写中，立足语言、文本，通过对语言文字的形式、结构、意义分析，揭示出作品的深层意义及作者的实际意图，从而使学生获得基于生命个体的直觉思维、形象思维、抽象思维、发散思维、辩证思维以及创造性思维，促进学生思维的批判性、深刻性、灵活性、创新性。

此次“五思”教学研讨课选择的学习篇目是《雷雨》。它是中国现代话剧名作，从属统编版必修下册第二单元。这是一个戏剧单元，属于“文学阅读与写作”学习任务群，人文主题为“良知与悲悯”。学习本单元，应通过阅读鉴赏、编排演出等活动深入理解戏剧作品，引导学生把握其悲剧意蕴，激发学生的良知与悲悯情怀，初步认识传统戏曲和现代戏剧的基本特征，鉴赏戏剧组织冲突、构思情节、塑造人物的独特艺术手法、体会戏剧语言的动作性和个性化，理解悲剧作品的风格特征。在本次研讨课《雷雨》教学中，我们努力树立“为思维而教”的指导思想，落实语文的学科思维特点，通过运用“五思”教学的五条基本教学策略即“自学存思”“问题导思”“情境拓思”“对话启思”“评价反思”来设计课堂。

二、关键问题解决路径

1. 根据戏剧单元排演的任务要求，“五思”教学“情境拓思”的教学理念，本节课设计“表演指导”情境，引导学生通过探究戏剧“戏剧冲突”与“戏剧语言”两大要素，把握戏剧人物。

2. 根据“五思”教学的要求，本节课致力于语文学科思维教学，抓住语言（《雷雨》的人物台词、舞台说明、语言潜台词），立足文本，通过“自学存思”“情境拓思”培养直觉思维、形象思维，通过“问题导思”培养发散性思维、创新性思维，通过“对话启思”培养辩证思维，通过“评价反思”加强思维的深刻性、批判性。

3. 具体解决路径：

（1）课前让学生通过阅读全文以及观赏话剧表演视频加深对文本的整体性了解。学生自主学习、梳理文学常识以及梳理文章结构，针对所选文本划分为两个部分，区分层次，区分异同。阅读导学案，完成自主学习单内容。让学生以学习小组的形式分工合作，排演《雷雨》课文的两个片段。最后由学生推选出两组最优秀的表演在全班展示演出。（《雷雨》第一课时）

（2）课上围绕“如何把握话剧人物”展开“演员演戏——演员说戏——观众评评”的活动，在具体的学习情境中，让学生走近人物、理解人物、体验人物，尤其是了解人物的内心。在“演——说——评”的过程中，依循人物的内心，探究“有价值的东西”的具体内涵，体验“毁灭”带给人们的“恐惧与怜悯”，从而培养学生的思维，激发学生的良知，震撼与净化学生的心灵。（《雷雨》第二课时）

（3）课后要求学生根据课堂所学，继续钻研剧本人物，写一篇人物分析文章，全面提升学生的思维品质，并根据课堂讨论成果，进行正式表演，范围是《雷雨》全剧，选择自己感兴趣的片段进行汇报表演。（《雷雨》第三课时）

三、学生自主合作学习的要求

（1）学生利用假期观赏《雷雨》话剧表演视频，阅读原著。

（2）以学习小组为单位，建立“学习共同体”。在第一课时中，每个学习小组按照此次任务的特殊性，分为导演（兼任主持人）、剧本设计者（兼任协调员）、演员、记录员四个角色进行分工，明确各自的任务，分工合作。教师根据小组活动的记录了解各组情况，最后由学生推选出两组最优秀的表演者在“五思”教学研讨课上展示。

（3）第二课时中小组课堂讨论。在演员演戏后（两个片段），小组展开讨论，指出演员演戏中存在的优缺点，进行评价反思，及时反馈。

（4）第三课时，学习小组围绕课堂所学，继续分工合作，拓展到《雷雨》全剧，继续深化对人物的认识，走进人物的情感世界，各小组经民主讨论、商量，选择感兴趣的片段分工合作进行正式表演。

四、《雷雨》学习完成任务的时间预设

学习过程	任务	预估用时
第一课时	阅读导学案，完成自主学习单内容	20 分钟
	进行分组，小组选择代表进行排演准备，并小组合作筹备说戏稿，时间不够，利用自习课时间继续讨论、排演	
第二课时	确定戏剧表演好坏评价标准	4 分钟
	演员小组代表进行演戏与说戏	22 分钟
	小组课堂讨论，指出演员演戏与说戏中存在的优缺点，进行评价反馈	19 分钟
	课后作业：结合课堂的戏剧语言鉴赏方法，分析周朴园与鲁侍萍的人物形象或二者之间的情感，撰写一篇文章。参考主题有“周朴园对侍萍的怀恋是真还是假？”“鲁侍萍是坚强还是软弱？”等	
第三课时	小组分工合作进行正式表演彩排	

五、学习目标达成度分析

《雷雨》预设教学时长是三个课时，本课作为第二课时，具有承上启下的重要作用，也是最重要的一个课时。在第一课时的分层目标中，要求学生通过自学了解相关戏剧常识，体会剧本个性化的语言，分析潜台词的言外之意，进而分析人物形象，表达出自己对《雷雨》中戏剧人物的看法，从而指导戏剧排演。

学生通过自主学习导学案能够比较容易地了解曹禺与话剧的相关文学常识，通过课前检测练习，也能够有效地加强学生对文本的理解。课堂上，通过演戏与说戏一方面极大地调动了学生对文本的兴趣，也有助于学生深了解人物，而评价环节更是发起了一场

思维风暴，让同学们从各个角度畅所欲言，形成良好的讨论氛围。在思辨中求异，在求异中获得进步。

课堂学习中，通过多个环节设置，真正做到了将课堂还给学生，学生也能够提升思维、感悟人物，在课堂情境中融入角色，从而高质量完成学习目标。

・・● 教学实录 ●・・

【任务导入】

生：起立（敬礼），老师好！

师：同学们好！请坐。学校金霞剧社决定为建党100周年举办的“传承经典，不忘初心”主题文艺活动表演一个节目，决定以《雷雨》中周朴园和鲁侍萍跨越30年的相见为蓝本，排演一个关于“重逢”的故事。我们这一节课就这一出戏进行一个表演指导。

【制定标准，问题导思】

师：导学案上老师给大家留下了一个思考问题——如何评价一段话剧表演的好坏。请大家根据导学案上的文学常识，来制定一个评价标准，哪位同学愿意来做这一个标准的制定者呢？（学生纷纷举手）好。请你来说一下。

生：首先《雷雨》这部剧，它是属于一个悲剧，所以第一演员要演出悲剧的悲来，而不能演出一个喜剧来。第二，要充分把人物形象，把人物性格表现出来，比如鲁侍萍是一个很悲惨的人，周朴园是一个贪婪的资本家，要把他的贪婪的一面演出来。

师：非常好！这位同学提出了两点：第一个，是悲剧，要抓住悲的根源，第二个，是要把人物的性格特点和情感演出来——就是要抓戏剧中的人物。我们私下里会评价一个演员演技，经常说他把某个角色给演活了，因此，我们需要牢牢抓住话剧人物，那么，我们如何来抓住话剧中的人物呢？

生齐答：戏剧语言、戏剧冲突。

师：很好。牢牢地把握。话剧的两个重要要素：一个是戏剧冲突，一个是戏剧语言。大多数时候，其实戏剧冲突是通过戏剧语言传达出来的，我们更重要的是要来欣赏戏剧语言。有一个词语叫作“言为心声”，如果我们想走入戏剧角色的内心，我们就得好好地来赏一赏他的语言。导学案上老师给大家准备了两个表演片段，我们这一节课就按照“演员演戏——演员说戏——观众评戏”的步骤来展开表演指导。

师：大家应该知道，演员演戏，是一个演员演技最直观的表现，而演员说戏则要求演员来阐释他是如何来塑造这个人物，如何来把握这个人物情感的，而话剧最终是给观众看，表演得好坏最终还是由观众来评判，观众的建议也是一个演员进步最大的动力。根据老师为大家准备的两个对话段，相信大家在第一课时通过小组的预习合作，已经找好了表演的同学，我们就直接进入片段一——“相遇述旧怨”演出环节，演员请就位！

【片段一　演员演戏，情境拓思】

两位同学上台表演片段一——“相遇述旧怨”

（阵阵掌声）

师：演得太好了！接下来，老师给大家两分钟的时间，小组合作讨论一下，我们思考一下，这两位同学表演出来的周朴园、鲁侍萍和大家心目中的周朴园、鲁侍萍是一样的吗？给大家两分钟时间小组讨论一下。

（学生热烈讨论）

【演员说戏，对话启思】

师：我们先有请刚刚扮演周朴园的这位同学来说一下戏，来谈一谈他是如何塑造周朴园这个人物形象的，掌声！

生：我是通过书上的一些台词。其实这些台词都在书本 28 页，这上面有几个“哦”，这几个“哦”可以很生动地表现出当时周朴园心理的变化。首先我们从第一个“哦”可以看出来，周朴园开始的时候，当他不知道有关鲁侍萍的事情的时候，他的心情还是比较平静的。然后，当鲁侍萍说她认识一个姓梅的姑娘时，从他的第二个“哦”可以看出，他此时的心情应该是非常激动的，非常惊奇眼前这位（陌）生人竟然知道有关姓梅姑娘的事情，这时，他是比较惊奇的。当鲁侍萍讲了一些关于这位姓梅的姑娘的一些身世的时候，他又用一个“哦”字，旁边有一个说明是“苦痛”。我们可以从“苦痛”里面看出来，这时候的周朴园应该内心情感是非常深的，而且“哦”字里面还穿插了一些那种谎言被揭穿的感觉。就是说，他以前做过的事情被别人知道了之后，心中的一种慌张，一种紧张。在后面，真相慢慢地被揭露出来的时候，他又一个“哦”字，而且一边说这句话还一边在流汗。此时的周朴园心中应该是非常心虚的，他此时身上已经在汗流不止，应该非常的紧张，跟我现在也是一样的，我现在有点紧张。（同学们笑）周朴园由刚开始的感情平静到激动到心虚，最后再到害怕自己的这些事情被别人知道得太多，从这个心理变化历程，我们可以看出周朴园他的性格是一个比较虚伪的，有那种像害怕招惹事端的人。我通过以上这些他的心理变化，还有周朴园的性格来塑造和演绎这样的一个角色，就是这个样子。

师：好。所以我们来回顾一下。在刚刚这位同学在说戏的过程之中，他说周朴园是一个什么样的人物形象？（教师在黑板左边板书“周朴园”）

生齐答：虚伪。

师：我们来记一下（教师在黑板板书“虚伪”），你看他谈到了周朴园的虚伪，而且他在分析周朴园情感变化的时候，他抓住了文本的什么？大家印象最深刻的是什么？（生答：“哦”字的情感变化）这是属于我们戏剧里面的典型语言，（右黑板板书“典型

语言　哦”）他赏析“哦”字的时候，他说每一个“哦”字蕴含的情感都是不一样的，我们来小演一下，老师说上一句，大家来接下一句，来感受“哦”字蕴含的不同情感。

（师、生角色扮演）

师　不敢说。

生　哦。

师　我倒认识一个年轻的姑娘姓梅的。

生　哦？你说说看。

师　听人说她生前是不规矩的。

生　（苦痛）哦！

师　大孩子就放在周公馆，刚生的孩子抱在怀里，在年三十夜里投河死的。

生　（汗涔涔地）哦。

师：非常好，通过刚刚大家和我的对话，我能够感受到大家对“哦”字所蕴含情感的把握还是非常到位的。比如第二处，大家特地读出了“哦”（二声），这里体现的是周朴园的一种什么情感？

生：好奇。

师：很好，大家看，曹禺写《雷雨》的时候，真可谓是“名家无闲笔，字字都是戏”。同一个“哦”字，我们却能够品尝出不同的情感。好，这位同学首先抓到了“哦”字，他还抓了什么？

生：舞台说明。

师：舞台说明。他在叙述周朴园的状态时，他说他不是一种普通的状态，是一种汗涔涔的状态，抓的是舞台说明。（右黑板板书“舞台说明”）好，接下来哪位同学就刚刚扮演周朴园的同学演戏与说戏来进行一个评价。好，请你来！

【观众评戏，评价反思】

生：我评价一部分。就是“你是谁？”周朴园眼前这个妇女“我是这四凤的妈，老爷”下面，那里有一个“哦”，在他演之前，我认为是发现她不只是四凤的妈，他就“哦”一下答应一下，并且回忆一下，刚刚演周朴园的演员的处理方法更好。因为根周朴园，周朴园是一个资本家，他也经历了这么多事情，老奸巨猾的他应该不可能这么轻信，他肯定会有怀疑，会要上扬一点。另外，他还需要同时试探一下对面这个人，所以要上扬一点，表达一点疑惑。

师：好，请坐。你看，一个“哦”字又被这个同学品尝出了不同的味道，还有同学评戏吗？好，请你来。

生：我感觉刚刚演周朴园的这位同学对于台词的把握是很好的，情感也很好，但是我感觉他的动作还是少了一点。因为演戏你不仅要把台词说出来，还要做出他的动作。在鲁侍萍说了一些话以后，他不仅仅是在这之后才会表达出“哦”的那种汗涔涔的感觉，在中间他也会表达出那种感觉。

师：好，这位同学指出还要加入一定的动作，还有吗？还有同学来评戏吗？好，请你来。

生：我认为他对每一个舞台说明的理解和表现出来的效果都很好，整体表现得很好。

师：（面对周朴园饰演者）好，这位同学给予了你极高的肯定，说你每一个细节都把握得非常好。（对全体同学）那么接下来，我们就请刚刚扮演鲁侍萍的同学来说戏。

【演员说戏，对话启思】

生：因为第一个部分它主要是鲁侍萍自我的一个诉说，诉说她30年来所遭受的一些苦难以及她对周朴园的一种试探。从她诉说的这些苦难来说，我们可以看出她是一个很坚强，很正直善良的人。她并没有一开始就先向周朴园透露自己的身份，而是以一种第三人称的方式诉说，讲述她这30年来所受到的伤害。我觉得她的善良也可以体现出她对周朴园仍然抱有一丝期待，对他还是有爱的。在片段一中，她的情绪主要还是有一种自己经历苦难的伤心与悲痛，但也有对周朴园的怀念，因此，我是这样演的。可能还是有很多地方不足，希望大家指正。

师：好，请坐。这位同学很谦虚。我们来总结一下，她说她演了一个什么样的鲁侍萍形象？

生：善良，坚强。（老师右黑板板书“鲁侍萍 善良、坚强”）好，哪一位同学就刚刚这位同学的说戏和演戏进行评戏？好，请你来。

【观众评戏，评价反思】

生：我觉得她说的演的大部分我都同意。她演得很好，让我体会到鲁侍萍对周朴园其实有一点点幻想，对他有怀念。但她本身很坚强，经历了很多种磨难，所以她的语气大部分很平淡，但是又隐隐约约有那种能令人感觉到她经历过很多事情的那种感觉，然后我觉得她最后一句“老爷，没有事了”，她读的语调有一点点夸张，或者说有一点点快，我觉得，既然鲁侍萍对周朴园是有所幻想的，那么她这里就应该慢一点，有想多看看几眼之类的这种感觉，语速可能要慢一点。

师：好。我可以请你来试一试这句话吗？来，请你尝试演一下。

生：“老爷，没有事了”。我可能学不出来，但是我觉得应该是这样。

师：觉得还应该再平淡一点，要更慢一些是吧？好，为什么会有这样的感觉呢？其实后面有一个舞台说明，“望着朴园，泪要涌出”，神态中便有一种深情，但泪在眼眶，情深埋心中，要平淡，要慢，要多看几眼。好，请坐，非常好，还有哪位同学就鲁侍萍同学的演戏和说戏进行一个评价吗？

生：片段一的倒数第二句话，她问“她遇人都很不如意，老爷想帮一帮她么？”她对周朴园的回答要有一种期待，她还希望周朴园想要帮助她，对她还有一些感情，我觉得这里需要改进一下。

师：好，请坐。同学们能够从文本中挖掘出来，侍萍对于朴园其实还是有一种期待。刚刚这位扮演侍萍的同学的演技真是把老师感动到了，有的同学在点评的时候也说侍萍非常的平淡，但老师能感觉到，这平淡的叙述之下好像包含着侍萍波澜万丈的苦难生活。所以让我们再次给这两位同学掌声。

[片段二　　演员演戏，情境拓思]

师： 好，这是片段一，接下来咱们走进片段二——相认生新恨，演员请就位。

两位同学上台表演——片段二：相认生新恨

师： 很好，接下来老师依旧给大家两分钟时间，小组合作来讨论一下，刚刚这两位同学扮演的周朴园和鲁侍萍符不符合大家心中的人物形象。

[演员说戏，对话启思]

师： 时间到，我们先有请刚刚扮演周朴园的同学，来说一下他是如何扮演周朴园，如何塑造周朴园的，欢迎！

生： 我是按照整个《雷雨》和它的一些背景来讲的。《雷雨》的背景说周朴园是一个典型的封建家族出来的子弟，而且他还是个大资本家——矿老板，他经历过很多很多社会的磨难，他遇事非常的冷静。刚才他跟鲁侍萍的对话，周朴园比起鲁侍萍就更为的冷静，但刚才我可能有点没压得住。二人相认之后，鲁侍萍就要跟周朴园诉说这三十年她的怨和恨，然而周朴园实际上是什么心理呢？当时他对外宣传说鲁侍萍已经死了，在这里他不想让鲁侍萍爆发。因为他害怕会一发不可收拾，就竭力先让自己平静下来，然后去安抚鲁侍萍。这就体现了他的虚伪，他就是不想让别人知道鲁侍萍还活着，还在这里。然后两个人之间的关系就自然地显露出来了。

但是，他在刚才那些话语中说的是“不要以为我的心是死了，你以为一个人做了一件于心不忍的事就会忘了吗？你看这些家具都是你以前顶喜欢的东西”，然后还说“你的生日”这些，就证明他虽然有些虚伪，不想让别人知道，但实际上他对鲁侍萍还是有一份真情的，所以这里不能演得过于虚伪，还是要带一点情感进去，不能像对陌生人一样。然后，当周朴园看到把鲁侍萍的情感压抑到不太容易爆发时，马上开始与她谈条件。我认为这就是在那个时候，资本家和工人阶级谈判最常用的方法，即用钱诱惑，在资本家眼里没有用钱解决不了的问题。他（周朴园）的口吻便非常像大财主，财大气粗的那种感觉。从头到尾给人一种资本家用金钱论事的优越感。使人明确感受到周朴园并不是一个感性的人，而是趋向于理性的人，缘由可能是因为资本主义的观念已经完全渗入他的思想中，让他觉得用钱解决事情是万能方法。在后面这一段表演中，就需要使他的人物显得十分理性，表现一种冷漠无情的态度。但在最后一段的表演中，我有一个片段并未表演得好，就是说“鲁大海，他！我的儿子？”这一个片段，在情绪上有点过于激动，没有表现出冷静的情绪。我的发言结束，谢谢！

师： 这位同学对于周朴园人物的把握非常深入。常言道，若要论人，需顾及全篇，他还该到了片段外的内容，综合起来讨论周朴园。好，现在哪位同学对他的演戏和说进行评价？

【观众评戏，评价反思】

生：先请同学们翻到片段二的第一版，其中有一个“你来干什么?”的片段，这一个地方其实是不好演的，因为他一定要演出一种严厉。但这句话存在着另一种意思——你是来讹诈我的吗？因为这一层意思，所以还要表现出周朴园的狠毒，要和他的严厉综合起来，一同表现出他此时的心理。故这个地方是特别难演的，但是那位同学他演的周朴园就较为准确地把握住了这种心理，但可惜没有完全地把这种内心状态给表达出来。还有“又何必再提呢?”这句话，其实就是周朴园想转移话题，他不想以前的旧恩怨再重新地让鲁侍萍倾诉给他，所以这个地方就要表现出一种突然感，即要在讲这句台词时，突然地将音量提高，给人一种戛然而止的感觉。这位同学就比较中规中矩，把情感压低了。而“你的生日”这一段，鲁侍萍内心的情感已经达到了满溢的状态，想要将所有的苦全部向周朴园倾泻。故从这句话来看，周朴园是打算安抚鲁侍萍的。因此，从这个地方开始要将语气放平，这样才能让鲁侍萍的情绪达到安抚的效果，而这位同学则有点高亢了。我的评价完毕，谢谢。

师：这个同学的评戏给我很深的印象，他开篇就提到了这个片段开始的一句话，朴园说“你来干什么!”他说这位同学演这句话的时候应该是严厉的，而且还是要有一种“是来敲诈我”的感觉。这位同学是怎么演出来的呢？

生：潜台词

师：对。如果在读这句话的时候，我们能够好好地把握住潜台词，我们就能够很好地去把握这个人物的情感，周朴园心里想她们是来敲诈我的，所以他在读这个“你来干什么”的时候，结合舞台说明，应该是一种非常冷酷非常无情的状态。所以大家注意鉴赏人物，我们也可以抓一下文中的潜台词。(教师板书“潜台词”)

【演员说戏，对话启思】

师：好，感谢刚刚同学的评价，接下来我们有请扮演鲁侍萍的同学来说戏。掌声欢迎！

生：我觉得鲁侍萍是一个身世非常悲苦的人，这个大家都看得出来。然后她的性格也是比较正直和刚烈的，觉得自己过来不是要钱的，而周朴园他多次说你是过来要钱的，这是对她的一种侮辱和诋毁，她内心是十分生气的。她围绕旧衬衣的那几句话，其实是因为她没有得到一个回应，她的内心还有一种余情在那里，她期待周朴园给她一个正面的回应，故她的语调是比较轻柔的，还比较平淡。然后她说拿旧衬衣，其实是她的一点希望，因为旧衬衣象征他们原来的生活。领子上绣的“萍”字，证明可能就是他们在一起时，曾经穿的旧衣服，就更给她一种信心，说明周朴园心里还是有我的，她语气在这里还是软化的，后面他认出了，仿佛认出了鲁侍萍，这就更给了她希望，后面他忽然严厉说“你来干什么!?”鲁侍萍就被吓到了，这与她之前期待的含情脉脉诉说当时那些相处时的美好相反。突如其来的一句“你来干什么”使她的内心混乱。这句话我表演时是带着一种呆愣的语气，表现出鲁侍萍“不是我要来的”的内心。鲁侍萍是一个受苦的人，受了三十多年的苦。现在却被导致她如此受苦的人如此这般质问，“你是来干什么的”一句话点燃了鲁侍萍心中的怒火，我的语气便也随之增强。“命！不公平的命指使我来的。”但是我不可能把我的音量提到很高，因为我和周朴园两个人的对话是一种很私密的对话，再加上我（鲁侍萍）在三十年间也受到了社会的磨砺和拷打，我（鲁侍萍）也知道不能把这种事情大肆宣扬，所以我声音开始带入一种隐忍的情绪，但我（鲁侍萍）却很愤怒，我（鲁侍萍）就压着在那里等待着爆发。包括下面的“朴园，你找侍萍吗？侍萍就在这儿。”其实当年真心相爱，再回忆那个场景就会十分感慨，结果接下来却被破坏了。

还有下面的“哦，天哪，我觉得我像在做梦。”她这场梦指的就是她过了三十年居然又遇到了周朴园，还有又想到了自己的女儿和她自己的命运这般相似，她就十分想吐苦水，想把三十多年的苦楚都吐出来。然后，后面“这是我的报应，我的报应。”这是对当初自己天真，以及现在还相信周朴园对自己还有余情的自嘲。因为后面周朴园说了很多，说还记着她，所以在那个地方，语气有一个软化。因为她在周朴园的一字一句中回忆起他曾经的种种好，又有一点点相信这种情感，所以才有后面“现在我们都是上了年纪的人，这些傻话请你也不必说了”，其实前面周朴园也曾说过一句类似的话，所以后面鲁侍萍这样说也是表达了一种无奈，表达一种不必再说的意思，所以我的语调就比较轻柔。

至于后面“（苦笑）哼，你还以为我是故意来敲诈你，才来的吗？”说明周朴园的话对鲁侍萍是一种侮辱，所以当时鲁侍萍的语气是带着一种颤抖的。当你本来的目的不是这样，却被人误解，且你自己本来就受了这么多的苦，所以是很生气的，会颤抖。如果我能演出来的话，我会含着泪，因为我觉得一个女人三十多年受了这么多苦，结果到头来一句你是来敲诈我的，这真的非常痛苦，所以我当时只能是演出那种颤抖的声线，然后最后面，她说“我，我只要见见我的萍儿。”她其实是很善良的，这是一个母亲非常简单的愿望。她在纠结自己见萍儿是不是会给他造成困扰，她很犹豫，但最后母爱还是让她说出了口，“我还是想见我的萍儿。”我的说戏完毕，谢谢。

【观众评戏，评价反思】

师：这个同学让我印象最深刻的就是她那颤抖的声线，真的好像就要哭出来了，所以她说在表演鲁侍萍的时候是隐忍而又愤怒的一种状态。有哪位同学对她的说戏和演戏进行评价吗？

（学生举手）

师：好，你来。

生：我觉得她在声调抑扬的细节和各个时候该怎么发音都注意的很到位，而且停顿都非常好，我从她的那句“命，不公平的命指使我来的”向大家介绍一下。这一句，我感受到了，现实状态下鲁侍萍的憔悴，并且我也从这种状态体会到了一种很浓郁的凄凉之感，包括后面，在她想见她的萍儿这句话里面，我也能感受到她对她的儿子的思念之情。因为我们是一起排练的，所以我想说一点的是，在我们排练中，她是感情包含得最深的一个，也就是我们之中最用心的排练者，我们都对她表示自愧不如。我觉得鲁侍萍这个角色由她来演是最合适的选择。包括她的语音语调情感都保持得很好，所以我觉得她的表演十分出色！

师：这位同学刚刚盛赞扮演鲁侍萍的同学的演技。让我们一起把这掌声再次送给这四位表演同学！

【归纳总结】

师：如何把握好戏剧中的人物形象？通过刚刚的说戏与评戏环节，我们发现可以从戏剧的一些典型语言出发，例如我们就抓住了这个“哦”字。当然，典型语言肯定不止这一处，大家之后还可以细细的找。我们可以抓一些舞台说明，也可以抓潜台词，我们通过抓这三个方面的戏剧语言，能很好地来把握文本中的人物形象。但是同学们，仅仅通过把握人物形象就想把这一出戏剧演好，我觉得是不太现实的。席慕蓉有一首诗曾经说到“戏子是在别人的故事里，流着自己的泪”。如果我们想把《雷雨·重逢》给演好，还需要我们自身的感悟与情感的投入。

刚刚大家都总结出了自己心目中不同的朴园和侍萍的形象，但我相信一千个读者有一千个哈姆莱特，大家的心中肯定也有独属于自己的周朴园与鲁侍萍人物形象。大家课后可以通过老师上课介绍的这三种方法，整理出一份你认为的侍萍该怎么演和朴园该怎么演的文档，课后再跟老师进行交流。

【教师结语】

师：我曾听别人说过人生中最美好的三个词语，一个是“失而复得”，一个是“虚惊一场”，一个是“久别重逢”。但人生如戏，戏如人生，正如《雷雨·重逢》所传达给我们的，并不是每一次久别重逢都那么美好。但人生中所有的不美好，都是在告诉我们：慢慢走，慢慢走，带着人心的良知，去过自己美好的人生。

专家点评

2021 年湖南 H11 教育联盟校长峰会暨新教材研讨会

湘潭县一中江腾老师《雷雨》研讨课教师点评实录（节选）

时间：2021 年 4 月 8 日

地点：湘潭县一中办公楼三楼会议室

与会人员：湘潭县一中高一语文备课组以及部分高二 、高三语文教师，来自各兄弟学校的语文教师。

主持人（湘潭县一中教师发展中心副主任刘穗宾老师）：感谢各位领导、各位专家、各位老师莅临我校，您的到来，让湘潭县一中春意盎然。我是今天上午语文学科校际活动的主持人刘穗宾。

今天活动的主题是如何有效落实新课程核心素养、用好新教材，提高教师对高一新教材的驾驭能力，增强教学的针对性，落实学科核心素养的课堂教学路径。我们希望通过联盟教育教学平台，传播联盟专家先进的教学经验，助力联盟学校，突破新教材的授课瓶颈，开启全新的教学理念。

首先感谢湘潭县一中江腾老师为我们带来的精彩一课。江腾老师是去年 9 月份刚参加工作的一名新秀老师，工作一年时间就荣获湘潭市新视野赛课一等奖、湘潭县杏坛之星赛课一等奖。初出茅庐的他获得如此佳绩，我想孔子的那句“后生可畏，焉知来者之不如今也”便是对江腾老师的最好写照。今天，江腾老师的课既是新教材研讨课，同时也是我校“五思”学科思维教学展示课。因此，先有请我们学校“五思”学科思维教学语文课题组的主持人曹莉老师向大家介绍一下我们学校正在全力推进的教学改革情况。

湘潭县一中曹莉老师：老师们好！因为时间关系，我简单介绍一下我们学校的教学改革情况。我们学校从 2018 年上学期开始推进基于核心素养下的学科思维教学“五思”教学课题研究。“五思”学科思维教学是在“知识本位”教学观向“素养本位”教学观转变，全面提升学生的核心素养这一时代大背景下提出来的。核心素养下学生的发展不再是知识的累积，而是关注学生在具体问题情境中解决问题的实际能力、在解决问题过程中的情感培养，是思维品质的提升和能力的建构。学习的本质是思维，核心素养的关键是思维素养，它是核心素养中的“关键能力”的核心和基础，因此，核心素养的培养最应该聚焦思维素养。我们学校在校长的直接领导下开展了对学科思维教学的探索，树立了“为思维而教”的总体指导思想，形成了有一定特色的思维教学理论，即“五思”学科思维教学。它包含五条教学基本策略，即“自学存思”重预习、“问题导思”重设计、“情境拓思”重应用、“对话启思”重合作、“评价反思”重反馈。简单地说，就是重视前置学习，在自主学习中发展思维；重视学生自主提问与教师设计问题，在分析问题、解决问题中提升思维；重视真实情境创设，在情境教学中培养创新思维、实际运用能力；重视对话教学、合作学习，在对话合作中进入高阶思维；重视课堂教学素养型评价，及时反馈，在评价反思中落实学生思维训练。我们研讨的重点是学科思维教学，从学科知识教学转向学科教育，从学科视角、学科逻辑、学科价值的角度提升学生的学科思维素养。

谢谢大家！

主持人：谢谢曹老师。老师们，欢迎大家结合自己对思维教学与新教材的教学实践，对我校江腾老师的这堂课提出宝贵的指导意见。

汨罗一中杨老师：我主要讲四点感受：第一，扣得紧。江老师整堂课扣住了戏剧的两个重要特征：戏剧冲突、戏剧语言，抓住语言，立足文本，让语文课是真正的语文课。第二，参与度高。让学生在课前自主合作，角色置换，这是很新颖的地方，学生不但能够去读剧本，而且能够去演剧本，更能够去说剧，说剧能够对他的表演有一个更深层的挖掘和理解，这个体会也就更深刻了。特别要提出的是学生的评价反思，有评价反思这个环节明显可以促进学生的学习，除了可以做好前期工作，评必须在演和说的基础上进行，总体来看，今天的评价反思非常到位，在这个演—说—评的过程中，学生的形象思维、发散思维、辩证思维都得到了很好的发展，所以，课堂不断闪现学生思维的火花，让人惊喜不断。第三，江老师整个课堂节奏的把控非常老道，完全不像一个刚参加工作的新手，对学生的点评非常到位，非常简洁，如有一句话：名家无闲笔，字字皆是戏。第四，生态好。主要体现在两个方面：一是师生之间的互动，非常顺畅，非常自然，完全符合新课程理念；二是学生演说评都非常真实，如有个男生要求在最后说一句话（因为时间有限），毫无雕琢之感。总而言之，这堂课积极落实了学科核心素养，激发了学生的思维，给大家带来了享受。

会同一中杨老师：我想听听江老师为什么要这么设计这堂课？

江腾老师：我们的总体设计指导思想是学校的“五思”学科思维教学理念。在备课前，我首先就把“五思”的五个要点写在纸上，同时思考语文学科的学科思维特点，尽力去贯彻、落实，课堂设计有没有真正促使学生深入思考？有没开发学生的语文思维？有没有真实情境创设？有没有对话合作学习？有没有评价反思？等等。所以最后就呈现出现在的这个课堂。具体到这一堂课，我觉得在一部电视剧中，其实不是要演员来说戏的，而是要导演来说戏的，在这里，我将导演说戏改为演员说戏，因为我觉得这样有助于演员在演的过程中加深对人物的了解，让演员进入深度思维，能够帮助演员不仅仅就台词来演，而是能够深入到这个人物内心来进行表演，所以我在这里加入了这个说戏环节。如果观众评戏的时候只就表演来评的话，会比较浅显，如果加上说戏的话，评戏也会更深刻一些，学生的思考热情也会进一步被调动起来，这就是我具体这样设计的原因。

会同一中杨老师：非常感谢江老师，这也是我认为江老师这堂课最大的一个亮点，也是我应该去学习和借鉴的地方，也是我要带给学校去推广的一个方向。在我们的教学当中，我也是经常去反思，我们以前的课堂也有思维教学的影子，但如此有意识地去落实、发展语文学科思维素养，确实是我们要学习的地方。据我了解，江老师是去年刚入职的一名新老师，这就吓到我了。江老师的课为我们提供了一个新的方向，我们常常说：我们要把课堂还给学生。那么，江老师的课就还给了学生。刚才我们老师在点评的时候，也提到了对学生表演不到位的地方，老师需要做示范，这一点确实有点为难我们的江老师，如果要示范到周朴园那样程度的话，作为一位新老师、小鲜肉是很为难的。我也在想这个问题，我们老师如何将自己的角色沉淀到课堂当中，我觉得这是需要自身年龄来支撑的。作为一位新老师，他能够如此去设计、驾驭课堂，我觉得都值得我们好好地学。谢谢！

耒阳市二中杨老师：刚才前面几位专家已经评价得非常到位了，我只是感觉湘潭县一中学生的素质都非常高，应该说老师和学生是相互成就，整堂课交给学生，两组学生的表演都非常到位，课堂也非常充分地展示了老师的个人风采，也突显了学生的主体地位。语文思维品质的提升与发展是语文核心素养的重要组成部分，贵校推行的学科思维教学可以说是抓住了教学改革、新教材学习的关键，贵校的思维教学成果斐然，我们看到了课堂上学生思维之花的绽放，整堂课是赏心悦目的，精彩纷呈的。谢谢！

娄底市一中周老师：刚才前面几位老师都已经说了我们心里想说的话了。对于新教材，我们这些老师确实也是感觉很头痛的，感觉有时候摸不着它的方向，像王本华老师说：人物设计是高中新教材的一个核心追求，而恰当的活动就是完成这个任务的有效手段，真实的情境就是这个活动展开的凭依。因此，我觉得今天听到江老师这堂课之后，我就觉得学习情境的预设做得非常好，这样三个环节，按我们自己的话来说，就是给学生派的这个活呀，做的这个事呀，设计得非常到位。将知识融入真实情境中，学生就更容易理解、弄懂、弄通、迁移，在学生完成任务的过程中，激发了兴趣、开发了思维、提高了能力，这应该是我们以后在新教材教学中应该努力追求的方向。刚才这么两个片段，我觉得江老师其中有一个点评是非常好的，这个片段一确实显得比较平静一些，在我们感觉之中，好像片段二的那两个孩子表演好像更精彩一点，但其实最难把握的应该是片段一，江老师有个点评，他说：在这个平静的语言下是波澜万丈的情感。在这里，不管是老师还是学生都表现得优秀，真的是值得我们学习的，今天确实没有白来。谢谢！

望城一中殷老师：各位专家好！今天这堂课让我耳目一新，我感受到了湘潭县一中推进教学改革，落实学生核心素养的积极努力，也感受到了湘潭县一中语文教研组的强大实力，还感受到了江腾老师个人优秀的素质，我从其中真的学到了很多。下面我就简单地讲几点我的感受：第一，江腾老师在课堂设计上能够体现新教材的一核四层四翼，以此为导向，很好地落实了语文的学科素养；第二，本堂课体现了“学生为主体，教师为三导”的新课改意识，并且非常突出，主要在“演”的这个环节当中，学生对文本的挖掘，对戏剧人物情感的把握，我认为都是比较到位的，课堂教学情境的创设十分成功。在“说”这个环节当中，学生与文本的对话，学生与演员的对话，学生与老师的对话，这三个对话，江老师也是做得非常到位的，贵校的“五思”思维教学课题中的“对话启思”发挥得淋漓尽致，可圈可点。可能是因为课堂时间的关系，在第三个环节，即“评价反思”这个环节当中，在课堂当中还没有将挖掘体现地那么精彩，但是，机智的江老师把这个环节作为作业布置到了课后，就是让学生写一个周朴园、鲁侍萍怎么演的分析文稿，其实这也是对这堂课很好的一个拓展和延伸，这种情境式任务对全面提升学生的思维品质非常有帮助。江老师在这一点做得很不错，值得我来学习。第三：我认为整堂课教师十分注重学生听说读写能力的提升，对学生思维的开发、情感的培育、审美的鉴赏等等都建立在“语言的建构与运用”这一根本上，语文的学科特点十分突出。这也是我们新教材语文老师在课堂当中应该要十分关注的。总之，从这一堂课当中，我学习到了很多。谢谢大家！

绥宁一中唐老师：《雷雨》第二课时，课程设计有学生表演，表演之后再点评，然后学生自由评论。这个课程的设置让人耳目一新，通过学生点评的方式把戏剧的舞台说明、潜台词、人物性格、人物心理等一系列的教学知识点穿插其中，让学生自行体会而讲出来，学生得到了很好的锻炼。在听课过程中，学生表演很到位，学生点评也到位，听完课之后我说了一句：“哎呀，这个学生好厉害！”后来我又感叹了一句：“学生的厉害是老师教出来的。”江腾老师作为一个新老师，让我很佩服。在这个过程中，我们很多老师都提出了要突出核心素养，核心素养最根本的，我认为就是听、说、读、写。在这一节课中，通过学生表演，让学生进入真实性情境，（学生）很好地读了教材，而学生在听、说戏这样一些环节后，其中一些上升到脱离台词的表演，在设置上的确是很巧妙的。我上了这么多年的课，《雷雨》上了这么多年了，从来没想到这么去设计。这样设计的话，把学生带入了思考，学生思维之间有碰撞，让学生进入了深度思维状态，这是值得我们佩服的地方。另外，后面的学生点评部分能够上升到理论的高度，让人觉得这不像是高一的学生，而像是学了很多年戏剧的导演在那里说。我觉得贵校对思维课堂的研究是十分成功的，“为思维而教”的教学理念十分好，很值得推广。当然，让人遗憾的是后面还有一个环节，时间有限，前面精彩的（内容）把时间挤掉了，其实后面这一点设计是很巧妙的，我们如何去把握人物形象，如何去表演，如何去体会，应该说，如果有引导，学生的能力会有很大的提高。就说这一些，谢谢大家！

周南中学薛老师：刚刚听了前面几位老师的点评，都已经很到位了，我确实还以为江老师是学生，这一堂课确实很成功，优点我就不讲了，我想问一下新课改要求学生课前做很多准备，江老师，你这个任务布置下去的话，学生花了多少时间？

江腾老师：我是在昨天第一个课时把导学案和两个片段发给他们，让他们就文学常识进行导读，上面还有一个习题测试，交代他们把那个做完，给他们布置了一个排演任务，时间不够的话利用自习以及语文早读时间进行排练。

周南中学薛老师：你就是昨天布置下去？

江腾老师：对，今天语文早读时间他们还排演了一下。

周南中学薛老师：那你们学校的学生真的厉害！应该也跟你们课题中的指导思想“前置学习”“自主学习”有很大的关系，放手让学生自学，既节约了时间，也充分发挥了学生的自主性，培养了学生的思维品质，这一点确实非常重要。新课改下，我们很多老师反应作为老教师好像有点跟不上节奏，每篇课文都舍不得放手，要精讲精练，甚至于，用我们老师的话来讲就是一个一个去喂，喂饱了才放手，喂不饱还再去“掐”两下子。但今天我们在江老师的课上看到了，转变教学观念太重要了，学生对戏剧知识的理解掌握完全在自主学习中、在任务情境中，自己去探究去思考就自然而然理解了、掌握了，而且比老师灌输的效果要好很多。在课堂，江老师就像一位非常有经验的导演，非常自然、流畅地把课上下去，从他开头情境的设置，到后面每一个环节，让听课老师感觉非常舒服，学生演及评价都非常到位，我是站起来两次，我不是看台上表演的学生，而是看下面学生的反应，下面的学生都非常认真在听，而且学生参与的程度是非常高的，所以我觉得这节课非常成功。来学习真的是收获很多，谢谢！

主持人：下面，我们请我校正高级语文教师韩建老师作总结发言。有请。

湘潭县一中正高级语文教师韩建：

春雨连绵中，我们观摩了江腾老师上的一堂精彩的课《雷雨·重逢》。我用一句话概括“自觉地改变，不自觉地沉浸”。江老师课堂导入非常简洁，开门见山，情境引入，一下子就调动了气氛。三句话：学校金霞剧社在建党百年之际准备推出“不忘初心，传承经典”的活动，确定演出话剧《雷雨》。如何演好话剧呢？

这堂课，体现了教师在新课程标准下教学理念和角色定位的自觉地改变，让所有的参与者、观摩者不自觉地沉浸到情境中，同时，这堂课也体现了我校语文老师对推进学科思维教学改革的执着探索，课堂对学生思维的激发、调动确实是比较成功的。

语文核心素养中的“思维发展与提升”是学生在语文学习过程中获得的思维能力发展和思维品质的提升。语言的发展与思维的发展相互依存，相辅相成。阅读是语文的命门，而思维是阅读的命门。阅读不仅需要感悟、揣摩、涵养、沉浸等感受性、体验性的阅读，也需要分析、推理、论证、批判与发现为主的理性阅读，我们的语文课堂通过聚焦抓住语言、立足文本落实学生的语文思维素养至关重要。所以说，“思”是课堂的目标和灵魂。

在我校“五思”学科思维教学实践中，江腾老师的课应该说是一场优秀的展示课。江老师的教学设计紧紧围绕“思维发展”的这一核心目标，紧扣“五思”来设计课堂。整个过程有以下的特点：文本挖掘深、参与范围大、情境创设妙、教学生态好。整堂课以“人物台词、舞台说明、潜台词”为抓手，巧妙设计，突出了语文学科思维的训练，凸显了语文学科教育，极大地点燃了学生思维的火花。

当然，作为一堂思维教学展示课，还是有遗憾的。这堂课把学生思维的积极性是调动起来了，但对于这堂课训练了学生什么样的思维能力却没有明确。比方说如果说训练了学生的形象思维能力，但如何进行形象性思维的具体的思维过程却没有指导、归纳、总结，如果说训练了学生的辩证思维能力，但对于辩证思维的内涵、方式也没有深入挖掘。当然，这个要求比较高，应该是我们“五思”学科思维教学课题以后将要重点深入研讨的方向。

老师们，要提升学生思维品质，首先要提升教师自己的思维品质。“五思”学科思维教学为我们的教学提供了一个好思路。江老师的《雷雨·重逢》的教学，也可以算作我们高一首届新教材教学的雷声和新雨，给我们带来了欣喜，带来了希望。谢谢大家。

主持人：我们评课的环节就到这里，接下来欢迎汨罗一中的杨慧老师为我们带来微讲座，大家掌声欢迎。

教学反思

一、内容设计方面

本堂课在内容设计上，分为五个步骤，第一步是通过提炼教学主题，通过文体确定教学目标，再提炼出“重逢”主题，围绕此进行教学；第二步通过创设“文艺活动”情境，由此驱动学生思维，让他们思考有方向，以问题驱动思维；第三步通过小组合作，组内讨论探究排演；第四步小组展示分享，最后回到“话剧”文体特点，形成思维闭环。但也还存在一些问题，主要是环节太过紧凑，时间太少，导致在评戏环节发言人数有被控制，不能听更多学生的评戏发言，从而在课堂上更好地打开学生的思维。在说戏环节，也应该给说戏同学规定时间，进而规范发言，不至于学生思想脱离文本主问题而言其他。如果时间安排合理，再给足学生课堂评戏时间，应该有更多精彩的思考会呈现出来。

本堂课得到的收获是，将“演戏”“说戏”与“评戏”结合起来，牢牢抓住单元“排演”任务，在此基础上开展多层次教学活动，使课堂更贴近于文本，更能够促进学生思考，开拓学生思维角度，培养学生运用多角度思维的能力。如学生在思考过程中，举一反三，由一处潜台词想到多处潜台词，从一句典型台词出发，找到多处体现人物形象以及性格特征的典型台词，体现了学生的深刻思维；分析人物时，既能感受到周朴园人性恶的一面，也能够感受到周朴园人性善的一面，体现了学生的辩证思维，甚至在此基础上，进一步分析了造成周朴园人性复杂的原因，课堂真可谓是思维活跃，精彩万分，体现了学生的深刻的思想性。

二、教学理念方面

“五思”教学，强调培养学生的学科思维能力，注重思考活动的深度，思维训练的力度，思维情节的高度，在这个过程中我感受老师需要更多充当“后勤”角色，把课堂所需材料与问题准备好，帮学生搭建好学习舞台，迎接学生的思维风暴。而常规意义上老师的“导演”角色，在“五思”教学中，其实角色分量下降了许多，老师不需要去模拟课堂，规定标准答案，引导学生到这一条既定的求知道路上来，而更多的是倾听、串场与及时的点拨。学生核心素养的养成，更多不是来自老师的满堂灌输，而是学生掌握思维学习方法之后，自发地探究思考、知识迁移。

课后我深深感慨：生本课堂，诚不我欺！老师虽然占据着年龄优势所带来的理性思维，掌握着系统的学科知识，但面对几十颗飞速转动的脑袋，总能够惊叹于他们开出超越于老师所掌握课堂之上的思维之花。如果老师死死把住课堂，期待的是一个月、一个学期乃至三年教学后学生考试成绩所带来的成就感，那么我想说：把课堂还给学生，那么你收获的是即时的教学成就，是一堂又一堂为学生思维而感动的幸福课堂。

附录　学生课堂教学评价反馈表（1）

<table>
<tr><td>姓名</td><td>罗翔</td><td>班级</td><td>2007</td><td>科目</td><td>语文</td><td>授课教师</td><td>江腾老师</td></tr>
<tr><td>课题</td><td colspan="3">《雷雨》</td><td>日期</td><td colspan="3">2021年4月8日</td></tr>
<tr><td rowspan="19">自我评价</td><td rowspan="4">自主学习</td><td colspan="6">⊙能充分预习教材，全部完成自学清单的任务</td></tr>
<tr><td colspan="6">○ 部分完成预习内容，部分完成自学清单的任务</td></tr>
<tr><td colspan="6">○ 不能完成预习内容，没有完成自学清单的任务</td></tr>
<tr><td colspan="6">对于自主学习的自我反思：在自主学习部分，我认为还应该更加积极完成，以便更好地深入了解课文，使上课效果更好。</td></tr>
<tr><td rowspan="9">小组活动</td><td colspan="6">⊙我能全程积极参与　　○我部分时间参与　　○我很少参与</td></tr>
<tr><td colspan="6">○我能在活动中努力思考、主动发现、探索问题、完成任务</td></tr>
<tr><td colspan="6">⊙我善于倾听，能与他人合作，尊重他人</td></tr>
<tr><td colspan="6">○我能积极地为解决问题去搜集信息、整理资料</td></tr>
<tr><td colspan="6">⊙我能积极大胆质疑、提出观点、勇于表达</td></tr>
<tr><td rowspan="4">小组整体评价</td><td colspan="5">○成员能够积极大胆地发表观点并认真倾听别人的意见，气氛热烈，能及时完成所有活动和任务。</td></tr>
<tr><td colspan="5">○成员团结、协作，有组员发表看法，其余成员做到认倾听，基本完整活动和任务。</td></tr>
<tr><td colspan="5">⊙小组活动时，很少有人发表观点，各做各的，有的同学完成任务，有的没有，缺乏团结、协作精神。</td></tr>
<tr><td colspan="5">对于小组活动的反思评价（个人以及全组成员）：
自我：在小组活动中，我能积极思考问题，与小组成员交流看法、尊重他人，认真倾听别人观点，但我自己还更应该积极回答问题，观点表达不充分，下次要改进。
组员：能认真思考问题，但在讨论问题时有些偏题，下次讨论时主持人、协调员应该把话题引回正轨。组员表达观点的能力有待加强，有的组员表达观点时语言啰嗦、缺乏条理性。</td></tr>
<tr><td rowspan="6">课堂教学</td><td colspan="3">对课堂内容的兴趣与热情</td><td>⊙高</td><td>○一般</td><td>○无</td></tr>
<tr><td colspan="3">能否理解、掌握老师所授内容</td><td>○能</td><td>⊙部分</td><td>○不能</td></tr>
<tr><td colspan="3">课堂中专注、认真与否</td><td>⊙是</td><td>○有时</td><td>○不能</td></tr>
<tr><td colspan="3">能否努力积极思考、探究</td><td>○能</td><td>⊙有时</td><td>○不能</td></tr>
<tr><td colspan="3">心情平和愉悦、精神饱满</td><td>○是</td><td>⊙一般</td><td>○不是</td></tr>
<tr><td colspan="6">对于课堂学习的自我反思：在整个课堂中，我认真倾听老师授课，积极思考问题，积极参与小组活动，通过这堂课，我对《雷雨》中的人物有了进一步的认识，明白了每个人物具有的复杂性。自此，我明白看剧需将自己情感投入，用心体会情感。
但在思考深度还需加强，对演员的表演与情感进行讨论，并未深究其背后的社会矛盾进行探讨。</td></tr>
</table>

续表

<table>
<tr><td>姓名</td><td>罗翔</td><td>班级</td><td>2007</td><td>科目</td><td>语文</td><td>授课教师</td><td>江腾老师</td></tr>
<tr><td>课题</td><td colspan="3">《雷雨》</td><td>日期</td><td colspan="3">2021 年 4 月 8 日</td></tr>
<tr><td rowspan="5">课堂教学评价</td><td colspan="7">整体评价 ⊙优秀 ○良好 ○一般 ○不成功</td></tr>
<tr><td colspan="7">1. 课堂中你感受最深的是什么？为什么？
戏剧表演，表演同学反复揣测剧本，表演时情感饱满，爆发收束得当。在此，我好像真的看到真实的事件，看到隐忍、饱经风霜的侍萍和冷酷无情、虚伪善变的周朴园之间的牵绊纠葛，令我心酸，令人心疼，令我久久不能忘怀。</td></tr>
<tr><td colspan="7">2. 哪些教学活动吸引了你而成为有效的教学行为？它们有何价值？
同学们的演戏与说戏，使同学们反复精读剧本，从人物对话、动作、舞台说明等剧本文字中来更好地抓住人物形象，把握人物内心情感变化以及鲜明的性格特点。其次，让同学们评戏，深化同学们对周鲁二人人物形象的认识，走进人物心灵，加强同学们对戏剧内容的把握。最后，老师对课堂进行总结，引发同学们对社会、人生的思考。</td></tr>
<tr><td colspan="7">3. 课堂有没有注重启发学生思维和能力培养？在课堂中你有没有思考？思考的情形是怎样的？
课堂能注重启发思维和能力培养，在课堂中我认真思考、积极思考问题，将问题落实到文本中，与小组成员进行交流讨论，搜集信息并且整理资料。
在课堂上，我进入了全神贯注的思考状态。我划分让我最有感触的句子，用心贴着文字去想，去化作这个人去思索，探寻其心路。在听戏过程中思考表演者对戏剧语言的演绎，思考造成夫妻相见却相疑，父子相见却相恨，兄弟相见却对抗的悲剧根源。</td></tr>
<tr><td colspan="7">4. 课堂中不太成功或不成功的地方在哪？你对老师有什么建议？
在课堂快要结束时，江老师的总结意蕴丰富，但时间略微过长，我认为最后几分钟可让所有人再次一起阅读文本，这样参与的同学更多。
在演员自己说戏的时候，有部分演员没有把握好时间，可以限制说戏的时间，一般在 2 到 3 分钟，这样更有利于课堂进度的推进。</td></tr>
<tr><td rowspan="2">他人评价</td><td colspan="7">1. 小组活动或课堂中哪些同学的良好表现让你印象深刻？为什么？
王若尘在演戏时对鲁侍萍的情感把握很好，她表演十分投入，仿佛已经是人物本身，令我印象深刻。她演出了我心目中的那个侍萍，平淡、隐忍、善良、饱经风霜，令人无法不心疼，心酸。
刘泽群在评戏时，将各处细节分析得头头是道，语言大方自然，积极踊跃，表现良好。</td></tr>
<tr><td colspan="7">2. 小组活动或课堂中你认为需要改进的同学有谁？为什么？有什么建议？
我同组的个别组员（某某），因为他在讨论问题有时偏离了问题本身，我建议可以让同组的组员互相督促。另外，我旁边一组的同学参与课堂的热情有待提高。</td></tr>
<tr><td>教师评价</td><td colspan="7"></td></tr>
</table>

学生课堂教学评价反馈表（2）

<table>
<tr><td>姓名</td><td>刘泽群</td><td>班级</td><td>2007</td><td>科目</td><td>语文</td><td>授课教师</td><td>江腾老师</td></tr>
<tr><td>课题</td><td colspan="3">《雷雨》</td><td>日期</td><td colspan="3">2021 年 4 月 8 日</td></tr>
<tr><td rowspan="19">自我评价</td><td rowspan="4">自主学习</td><td colspan="6">⊙能充分预习教材，全部完成自学清单的任务</td></tr>
<tr><td colspan="6">○部分完成预习内容，部分完成自学清单的任务</td></tr>
<tr><td colspan="6">○不能完成预习内容，没有完成自学清单的任务</td></tr>
<tr><td colspan="6">对于自主学习的自我反思：作为《雷雨》选段的演员之一，我在课前反复诵读文本，利用所得资料对角色的性格和身世进行深度剖析，但有部分内容的剖析不够全面，以致出现差错，还需提升。</td></tr>
<tr><td rowspan="9">小组活动</td><td colspan="6">⊙我能全程积极参与　○我部分时间参与　○我很少参与</td></tr>
<tr><td colspan="6">⊙我能在活动中努力思考、主动发现、探索问题、完成任务</td></tr>
<tr><td colspan="6">⊙我善于倾听，能与他人合作，尊重他人</td></tr>
<tr><td colspan="6">⊙我能积极地为解决问题去搜集信息、整理资料</td></tr>
<tr><td colspan="6">⊙我能积极大胆质疑、提出观点、勇于表达</td></tr>
<tr><td rowspan="4">小组整体评价</td><td colspan="5">⊙成员能够积极大胆地发表观点并认真倾听别人的意见，气氛热烈，能及时完成所有活动和任务。</td></tr>
<tr><td colspan="5">○成员团结、协作，有组员发表看法，其余成员做到认倾听，基本完整活动和任务。</td></tr>
<tr><td colspan="5">○小组活动时，很少有人发表观点，各做各的，有的同学完成任务，有的没有，缺乏团结、协作精神。</td></tr>
<tr><td colspan="5">对于小组活动的反思评价（个人以及全组成员）：
自我：积极参与小组讨论，对于问题发表自己的看法，并认真倾听其他组员的观点和建议，对自身进行改正。
组员：小组成员讨论富有激情，对于老师的问题进行积极地讨论，并认真倾听他人的观点；但有部分组员缺乏自我观点，有待加强。</td></tr>
<tr><td rowspan="6">课堂教学</td><td colspan="3">对课堂内容的兴趣与热情</td><td>⊙高</td><td>○一般</td><td>○无</td></tr>
<tr><td colspan="3">能否理解、掌握老师所授内容</td><td>⊙能</td><td>○部分</td><td>○不能</td></tr>
<tr><td colspan="3">课堂中专注、认真与否</td><td>⊙是</td><td>○有时</td><td>○不能</td></tr>
<tr><td colspan="3">能否努力积极思考、探究</td><td>⊙能</td><td>○有时</td><td>○不能</td></tr>
<tr><td colspan="3">心情平和愉悦、精神饱满</td><td>⊙是</td><td>○一般</td><td>○不是</td></tr>
<tr><td colspan="6">对于课堂学习的自我反思：
课堂上对于老师所讲述的知识能快速理解和消化，积极与老师进行互动，对于课堂内容抱有兴趣和热情，能积极主动思考，但思考能力还需加强。</td></tr>
</table>

续表

<table>
<tr><td>姓名</td><td>刘泽群</td><td>班级</td><td>2007</td><td>科目</td><td>语文</td><td>授课教师</td><td>江腾老师</td></tr>
<tr><td>课题</td><td colspan="3">《雷雨》</td><td>日期</td><td colspan="3">2021 年 4 月 8 日</td></tr>
<tr><td rowspan="5">课堂教学评价</td><td colspan="7">整体评价　⊙优秀　○良好　○一般　○不成功</td></tr>
<tr><td colspan="7">1. 课堂中你感受最深的是什么？为什么？
课堂中，我感受最深的是同学们的热情。因为同学们在全课上下均能对于老师提出的问题进行激烈的讨论，讨论之余，还能向老师提出问题，与老师进行互动，并将自己所学到的知识记录于书上，同学们的热情促成了课堂的成功。</td></tr>
<tr><td colspan="7">2. 哪些教学活动吸引了你而成为有效的教学行为？它们有何价值？
演员演戏、说戏，观众评戏对于教学十分有效。演员演戏不仅有利于演员们对于文本的理解，更有利于激发同学们投身课堂的热情；演员说戏，表达、分享自己的观点，并与同学们产生共鸣；观众评戏则将课堂气氛拉到高潮，利于同学们在讨论中得到知识，激发思考，学习有成。</td></tr>
<tr><td colspan="7">3. 课堂有没有注重启发学生思维和能力培养？在课堂中你有没有思考？思考的情形是怎样的？
课堂注重启发学生思维和能力培养，通过老师的点拨让同学们进行思考，并在自我思考中自我提升；在课堂中我积极地进行了思考，思考时，我先将精力集中在文本上，分析出我所能得到的观点，再将我提炼出来的观点与组员进行讨论，将自己的观点进行分享与修正，最后将小组全体组员淬炼出来的观点与老师进行讨论，进一步深入学习探究。</td></tr>
<tr><td colspan="7">4. 课堂中不太成功或不成功的地方在哪？你对老师有什么建议？
课堂中“观众评戏”的环节有点遗憾，可能是时间的关系，是评戏的人不多，大多是选出一两个人起立评戏，老师可以在课后对同学们的观点进行更好的总结，我希望老师可以对于演员的戏进行适当的评论以及提出建议。</td></tr>
<tr><td rowspan="2">他人评价</td><td colspan="7">1. 小组活动或课堂中哪些同学的良好表现让你印象深刻？为什么？
课堂中另外三名演员黄可涵、王玥儿、王若尘的良好表现让我印象深刻，在演员演戏的过程中，所有人都可以完全将自己融入自己所饰演的角色中，将自己的情感与角色的情感进行完美的融合之后再表达出来，让同学们身临其境，就像在观看原文本一样，让课堂的教学效果提升了一个档次，让人深刻明白了角色的性格与特点。</td></tr>
<tr><td colspan="7">2. 小组活动或课堂中你认为需要改进的同学有谁？为什么？有什么建议？
我认为陈某某同学需要改进。在小组讨论的过程中，陈同学表现得过分突出与热情洋溢，以至于其他同学只能听他讲，自我的完整观点不足，且课堂上有点放纵，还需改进，建议其能够多给其他同学机会，让每个人都能合作学习，获得知识、充分思考、表达观点。</td></tr>
<tr><td>教师评价</td><td colspan="7"></td></tr>
</table>

3 《幂函数》教学案例

周章金　胡　星

《幂函数》教学案例

••● 教学设计 ●••

一、课型

概念课

二、内容分析

（一）从教材角度分析

幂函数是高中四大基本初等函数（另外的三个基本初等函数是指数函数、对数函数、三角函数）之一，通过本节课的学习，学生将建立幂函数这一函数模型，并能用系统的眼光看待以前的函数，确立研究一个函数的基本思路：先考察函数定义域、再用描点法画出函数图象，并根据图象研究函数的值域、单调性、奇偶性，并用定义证明其单调性与奇偶性。因此，本节课更是一次对学生研究函数的方法和能力的综合提升，同时也为后面研究基本初等函数打下基础。

（二）从课程标准分析

《普通高中数学课程标准（2017 年版 2020 年修订）》（以下简称："数学新课标"）将必修课程分为预备知识、函数、几何与代数、概率与统计、数学建模活动与数学探究活动五个主题。幂函数是学生高中阶段接触的第一类基本初等函数。“幂函数”不再和指数函数与对数函数成一章，而是和函数性质放在了一章。笔者认为，数学新课标对幂函数的内容定位：通过 $y=x$，$y=x^2$，$y=x^{-1}$，$y=x^{\frac{1}{2}}$ 与 $y=x^3$ 这几个具体的函数图象性质研究，认识了解幂函数，并总结探究新的函数的一般思路，为后面学习其他几个基本初等函数提供一般的研究思路。把这一节放在了指数之前，提醒教师不用盲目扩展一般幂函数的性质，给学生自主学习留下空间。

（三）从核心素养分析

数学学科核心素养包括数学抽象、逻辑推理、数学建模、直观想象、数学运算、数据分析六个方面，这些数学学科核心素养既相互独立又相互交融。

本节课通过具体实例，引导学生归纳出幂函数的概念，落实数学建模与数学抽象能力的培养；引导学生在坐标系中画出函数图象培养学生的直观想象与数据处理能力；通过引导学生观察图象特点，培养学生直观想象的能力。鼓励学生猜想幂函数图象及性质的一般特点，培养学生先猜后证的思维品质。

三、学习目标

（一）数学抽象

通过初中二次函数和反比例函数的结构抽象出一般幂函数的结构特征，得出幂函数的定义。

（二）数学建模

通过列表、描点、连线的方法画出几个简单的幂函数，观察幂函数的图象特征，得出探究函数性质的一般研究方法，培养学生数学自主研究能力。

（三）直观想象

通过几个简单幂函数图象的特征，直观想象一般幂函数的图象特征，归纳概括幂函数的性质。

（四）逻辑推理

通过函数 $y=x^{\frac{1}{2}}$ 单调性的证明，提升学生逻辑推理能力和数学论证能力，并让学生理解什么是循环论证。

四、实现路径

（一）基础性预习目标实现路径

1. 课前

阅读教材《幂函数》该节内容，完成基础性预习清单，在坐标纸上画出几个简单的幂函数图象，并完成函数性质表格的填写。

2. 课堂

核对坐标纸上的图象，并让学生解释自己的画图过程，以及函数性质是如何得出的。

（二）提高性目标实现路径

1. 课前

完成预习检测练习前面基础部分和书上例题的证明。

2. 课堂

讲解书上单调性证明例题，核对预习检测，并讲解难点部分。

五、课堂流程

流程	时间	教师活动	学生活动
情景引入	2 分钟	创设情景，引出今天所要学习的内容	结合预习，抽象概括幂函数的概念，并分析其形式特征
主动探究 自学存思	3 分钟	补充幂函数概念特征，并给出练习	学生回答练习答案，巩固幂函数概念
合作探究 对话启思	10 分钟	组织学生交流课前画出 5 个幂函数图象，并让学生相互交流他们所画图象差异以及画函数图象的一般思路	探讨描点画图与先探索性质，再画图象两种思路画函数图象各有什么优缺点
合作探究 问题导思	15 分钟	展示学生所画函数图象，让学生点评所画图象是否准确，并让学生根据图象概括发现不同函数的性质以及图象之间的异同	点评其他人的函数图象，指出哪里不够准确；探讨图象的特征，并总结规律
挑战突破 问题导思	5 分钟	提出提高性预习清单的问题，引导学生发现指数与单调性之间的联系	交流合作，得出结论
对照目标 评价反思	2 分钟	提问学生完成了哪些目标，让学生具体概括	对照目标，发现不足
自我小结 挑战点拨	1 分钟	总结本节基础知识以及挑战性知识	分享课堂收获，互相补充

附录一　自主预习清单

高一数学自主预习清单

姓名		班次	
课题	《幂函数》		
基础性 预习清单	1. 能识别一个函数解析式是否为幂函数 2. 能画出五个简单的幂函数图象 3. 能在同一坐标系中区分幂函数图象对应的不同指数		
提高性 预习清单	1. 能总结一般幂函数的性质 2. 会利用幂函数性质比较函数值大小 3. 能用单调性的定义证明简单幂函数的单调性 4. 能用奇偶性的定义判断幂函数的奇偶性		
拓展性 预习清单	1. 能根据幂函数性质画出其他幂函数图象 2. 能归纳幂函数在第一象限图象单调性与指数的关系 3. 能归纳幂函数图象在第一象限凹凸性与指数的关系		
我的问题			

附录二　幂函数性质研究坐标纸

幂函数图象及性质探究

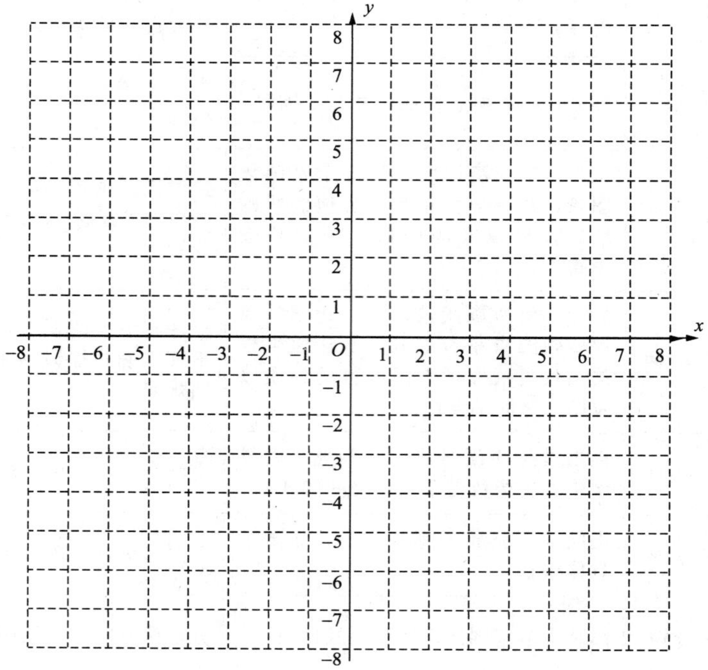

幂函数	$y=x$	$y=x^2$	$y=x^3$	$y=x^{\frac{1}{2}}$	$y=x^{-1}$
定义域					
值　域					
奇偶性					
单调性					
公共点					

预习检测练习

一、基础性预习检测

1. 已知幂函数 $f(x)=mx^n$ 的图象经过点（2，16），则 $m+n=$________.

2. 如图是幂函数 $y=x^m$ 与 $y=x^n$ 在第一象限内的图象，则（　　）.

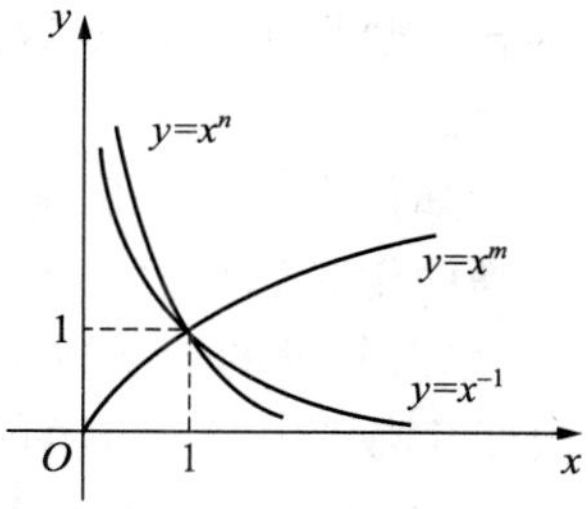

A. $-1<n<0<m<1$

B. $n<-1$，$0<m<1$

C. $-1<n<0$，$m>1$

D. $n<-1$，$m>1$

3. 比较下列各组数中两个数的大小：

(1) $\left(\frac{1}{3}\right)^{\frac{1}{2}}$与$\left(\frac{1}{4}\right)^{\frac{1}{2}}$；(2) $\left(-\frac{2}{3}\right)^{1}$ 与$\left(-\frac{3}{5}\right)^{1}$

二、提高性预习检测

4. 当 $\alpha\in\left\{-1,\frac{1}{2},1,3\right\}$ 时，幂函数 $y=x^{\alpha}$ 的图象不可能经过的象限是（　　）.

A. 第二象限

B. 第三象限

C. 第三、四象限

D. 第二、四象限

5. 幂函数 $f(x)=(m^2-2m+1)x^{2m-1}$ 在 $(0,+\infty)$ 上为增函数，则实数 m 的值为________.

6. 讨论幂函数 $f(x)=x^3$ 的单调性与奇偶性，并用定义证明.

• • ● 设计依据 ● • •

一、分层目标设计依据

数学学科核心素养包括数学抽象、逻辑推理、数学建模、直观想象、数学运算、数据分析六个方面，这些数学学科核心素养对于学生的终身发展至关重要，学生以后走出校门也许会忘记他做过的题，忘记所有的知识，但他的逻辑推理能力、直观想象能力和数学抽象的能力却能影响他终身，这也正是我们数学教学的最终目的。

中学阶段的数学思维，大致分为 3 个层次：第一层次即通用思维，主要包括形象思维、逻辑思维、辩证思维、整体思维、创新思维；第二层次即通用思维数学化，如数形结合、数据决策、函数思维、转化思维等；第三层次即数学领域思维，如数感、空间感。

如何在数学课堂学习中，提升与发展学生思维品质？我们认真落实“基于核心素养的高中学科思维‘五思’教学”（以下简称“五思”教学）的教学理念，试图通过运用“五思”教学的五条教学策略来建构数学课堂，培养学生的数学学科思维能力，实现提升学生数学核心素养的最终目标。

“基于核心素养的高中学科思维‘五思’教学”特别强调在学科教学中不仅要培养发展学生的一般性思维，即分析、推理、综合等思维品质，更要培养、发展学生的学科思维，将两类思维训练融合起来，培养学生的高阶思维，让学生进入深度学习状态。通过高中阶段的学习，学生能正确认识数学的本质；具有学习和研究数学的好奇心与求知欲，能主动与他人合作，尊重他人，能基于定义和逻辑发表自己的见解，实事求是，不迷信权威。理解数学公理化的方法，数学本质上是建立在一些基础的定义上，然后经过逻辑推理得出定理，完善数学的大厦，所以数学的一切对错标准都要回到定义来回答，但是一个数学定义又不是随意给出的，需要合理性与科学性而且定义之间不能相互矛盾，不能相互推出。

此次“五思”教学研讨课选择的是《幂函数》，它是高中要学的第一个基本初等函数，而它的学习又是建立在函数定义和性质的学习上的，具有承上启下的作用，一方面以一个具体的函数来重新巩固函数的概念和性质，另一方面给出研究函数的一般思路，在以后研究函数的过程中都可以沿用这样一个思路。在本次研讨课《幂函数》教学中，我们努力树立“为思维而教”的指导思想，落实数学的学科思维特点，通过运用“五思”教学的五条基本教学策略即“自学存思”“问题导思”“情境拓思”“对话启思”“评价反思”来设计课堂。

二、关键问题解决路径

1．根据函数知识的学习方式落实“五思”教学“情境拓思”的教学理念，本节课设计了一个函数舞蹈视频，吸引学生兴趣，对高中将要学习的几个基本初等函数有一个了解，展现出“情境拓思”在实际教学中的运用。在证明函数单调性的过程中，对于函数单调性的证明过程以问题的形式设计，体现“问题导思”在实际教学中的运用。

2．具体解决路径：

关键问题	设计依据	解决路径
幂函数都过哪一个定点？为什么？	借助学生所画函数图象，容易观察到该定点	学生观察思考，从数和形两方面思考
所有图象都过第几象限？所有图象都不过第几象限？	学生通过观察图象，很容易发现过哪些象限	从形上判断，从解析式方面说明
当α为整数时，幂函数的奇偶性与α的取值有何关系？	从图象对称性可以概括一般结论，培养学生观察和抽象概括能力	先自己思考，再让学生总结结论
函数在$(0,+\infty)$上的单调性与α有何关系？	培养学生从特殊到一般的思维方式	自主探究，合作讨论

在具体问题的解决过程中，我们都以“问题导思”这一“五思”教学策略，展示了思维教学在实际课堂中该如何操作，也体现我们“五思”教学的理念。

三、学生自主合作学习的要求

1．学生课前阅读函数相关知识，可以拓展到“映射”知识，并查阅资料，理解为何要定义基本初等函数。

2．以学习小组为单位，建立“学习共同体”。通过每位同学画幂函数图象的思路，相互交流研究函数的一般方法和经验，为以后的函数学习打好基础，并相互总结画函数图象的注意事项，为以后数形结合研究函数提供经验。

3．通过函数其他性质的拓展，让学生相互交流函数除了研究单调性、奇偶性，还可以研究什么性质，激发同学们的好奇心，以数学家的思考方式来研究问题。

四、学习目标达成度分析

学生通过自主学习导学案能够得出幂函数的定义，但是对其定义的实质认识有所欠缺，课堂经过练习进行了巩固，加深了学生对于定义的理解；学生通过课前所画图象，初步认识到画函数图象的第一条思路，通过课上交流学习，认识到当遇到较复杂的函数时，先研究函数性质，再画图象更科学。通过单调性的证明，巩固了函数单调性证明的一般思路，也对一些特殊函数单调性证明的变形技巧有了更深刻的理解。

通过课前学案的指导学习，学生课堂上学习交流更有针对性，目的更清晰，效率更高，这也本现自学存思和问题导思的重要性，它对于我们课堂目标的达成度有了很好的保障。

•••●教学实录●•••

一、情境引入

师：都说数学是门艺术，有人把这门艺术写成了三行情诗，悲观版的诗：后来悲伤地发现我是反比例函数，我努力地想要靠近你，却突然明白你可望而不可即。乐观版的诗：双曲线的两支不会相交，然而对望，已是最好的时光。

也有人把这门艺术编成了舞，下面我们来欣赏一下函数舞蹈。视频中的图象是我们高中将要学习的一些函数图象，当然有一个图象并不是函数图象，今天我们将要学习这其中的一类。这类函数是我们高中的五大基本初等函数之一，五大基本初等函数分别是常数函数、幂函数、指数函数、对数函数、三角函数。我们研究这些函数是我们研究一般函数的一个基础。这五类函数经过有限次四则运算与复合运算可以得到丰富多样的函数。下面，我们来看几个实际问题。

问题1：如果张红购买了每千克1元的蔬菜 w 千克，那么她需要付的钱数为？

生：$p=w$

师：问题2：如果正方形的边长为 a，那么正方形的面积是？

生：$S=a^2$

师：问题3：如果正方体的边长为 b，那么正方体的体积是？

生：$V=b^3$

师：问题4：如果正方形场地的面积为 S，那么正方形的边长为？

生：$c=\sqrt{S}$

师：问题5：如果某人 $t\,s$ 内骑车行进了 $1km$，那么他骑车的平均速度为？

生：$v=t^{-1}$

师：如果把他们写成 y 与 x 的关系应当是？

生：$y=x$，$y=x^2$，$y=x^3$，$y=x^{\frac{1}{2}}$，$y=x^{-1}$.

师：以上问题中的函数有什么共同特征？

生：(1) 均是以自变量为底的幂；

(2) 指数为常数；

(3) 只有一项.

师：自变量前的系数为1. 我们把这些结构抽象出来就是？

生：$y=x^{\alpha}$.

师：我们把这样的函数叫作幂函数. 一般地形如______ $y=x^{\alpha}$ ______的函数叫作幂函数.

在函数①$y=\frac{1}{x}$ ②$y=3x^3$ ③$y=2x+1$ ④$y=2\sqrt{x}$ ⑤$y=x^3$ ⑥$y=x^{\frac{1}{2}}$中，是

幂函数的是？

生：①⑤⑥

师：请解释一下其他几个为何不是幂函数？

生：②③④系数不等于1.

师：幂函数判断主要抓住它的形式特征，我们来看下面这题：已知幂函数 $f(x)=mx^n$ 的图象经过点（2，16），则 $m+n=$________.

生：因为 $f(x)=mx^n$ 为幂函数，所以 $m=1$. 又（2，16）在图象上，所以 $2^n=16$，$n=4$.

师：对于幂函数，我们只讨论 $\alpha=1$，2，3，$\frac{1}{2}$，-1 时的情形，思考我们该如何研究这类函数？

生：先要写出函数的定义域，求出值域，然后利用列表、描点、连线的思路画出函数图象.

师：画完图象之后呢？如何研究？

生：研究函数的性质！

师：研究函数的哪些性质呢？

生：奇偶性、单调性

师：按照刚刚同学的回答，他是利用图象研究性质，是否有同学有其他研究思路呢？

生：可以利用解析式研究函数的奇偶性，即探讨 $f(-x)$ 与 $f(x)$ 的关系？

师：对，我们可以利用函数解析式研究其性质，关键是抓住奇偶性与单调性的定义. 研究好性质我们可以利用性质去画图象，那么这两种思路有何不同呢？下面我们分成三组来研究. 一组采用思路一：先描点画图，再研究性质；另一组采用思路二：先利用解析式研究性质，再根据性质画图象；第三组自行选择思路一或者思路二研究.

二、主动研究，自学存思（幂函数图象性质研究）

师：我们在画图象时需要注意哪些问题？

生：每个函数对应的解析式要写出.

师：先探究性质后画图象会遇到哪些困难？

生：$y=x^{\frac{1}{2}}$很难判断它的单调性，$y=x^3$ 判断单调性也比较困难.

师：我们发现思路一研究起来比较容易，思路二对于未知的函数研究起来比较困难，我们以后研究基本初等函数基本上选择思路一，在研究一些复杂的函数时，思路二是一个比较好的选择. 我们把图象放在同一坐标系下，思考 α 取不同值时图象性质有何异同？

生：图象都过（1，1）点.

师：函数的单调性、奇偶性与 α 有何关系？

生：当 α 是奇数时，幂函数是奇函数；当 α 是偶数时，幂函数是偶函数.

师：可以证明吗？思考奇偶函数的定义.

生：讨论 $f(-x)$ 与 $f(x)$ 的关系.

师：很好，单调性呢？有什么合理的猜测？我们只关注第一象限的单调性.

生：当 $\alpha>0$ 时，幂函数在第一象限单调递增；当 $\alpha<0$ 时，幂函数在第一象限单调递减.

（几何画板验证猜想）

三、问题导思，知识运用

师：例 1：如图所示，曲线是幂函数 $y=x^k$ 在第一象限内的图象，已知 k 分别取 -1，1，2，$\frac{1}{2}$ 四个值，则相应图象依次为：________.

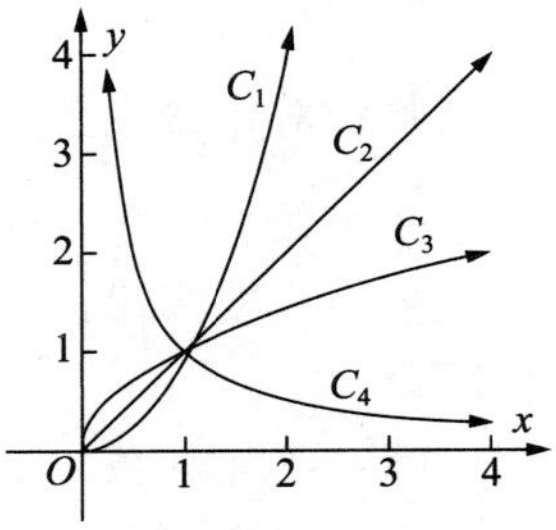

生：C_4，C_2，C_1，C_3

师：如何判断的？能否用特值的方法判断？

生：取 $x=2$ 时比较函数值的大小.

师：例 2：证明幂函数 $f(x)=\sqrt{x}$ 在 $[0,+\infty)$ 上是增函数. 证明单调性的一般步骤是？

生：取值，作差，变形，定号.

师：我们来看这样证明是否可以？

证明：设 $0\leqslant x_1<x_2$

$$f(x_1)-f(x_2)=\sqrt{x_1}-\sqrt{x_2}$$

$\because 0\leqslant x_1<x_2$

$\therefore \sqrt{x_1}<\sqrt{x_2}$

$\therefore f(x_1)<f(x_2)$

$\therefore f(x)$ 在 $[0,+\infty)$ 上单调递增.

生：不可以，$\because 0\leqslant x_1<x_2$，$\therefore \sqrt{x_1}<\sqrt{x_2}$ 这个是为什么？

师：谁可以解释？

生（写本道题的同学补充）：

$\because 0\leqslant x_1<x_2$，即 $(\sqrt{x_1})^2-(\sqrt{x_2})^2<0$

又 $\because (\sqrt{x_1})^2-(\sqrt{x_2})^2=(\sqrt{x_1}+\sqrt{x_2})(\sqrt{x_1}-\sqrt{x_2})$，而 $\sqrt{x_1}+\sqrt{x_2}>0$

$\therefore \sqrt{x_1}-\sqrt{x_2}<0$.

师：非常好，如果没有这个补充说明可以吗？

生：不可以，因为要证的就是这个.

师：是的，我们如果直接由 $0\leqslant x_1<x_2$ 推出 $\sqrt{x_1}<\sqrt{x_2}$，就已经用到了 $f(x)=\sqrt{x}$ 的单调性，这就循环论证了. 我们把这个方法调整一下，就可以得到下面的过程

证明：$\forall x_1, x_2\in[0,+\infty)$，不妨设 $x_1<x_2$

$$f(x_1)-f(x_2)=\sqrt{x_1}-\sqrt{x_2}$$

$$= \frac{(\sqrt{x_1}-\sqrt{x_2})(\sqrt{x_1}+\sqrt{x_2})}{\sqrt{x_1}+\sqrt{x_2}}$$

$$= \frac{x_1-x_2}{\sqrt{x_1}+\sqrt{x_2}}$$

$\because x_1-x_2<0, \sqrt{x_1}+\sqrt{x_2}>0$,

$\therefore f(x_1)<f(x_2)$

$\therefore f(x)$ 在$[0,+\infty)$上单调递增.

师:看下面的问题:比较 0.15^{-1} 与 0.17^{-1} 的大小.

生:$0.15^{-1}>0.17^{-1}$,构造函数 $f(x)=\frac{1}{x}$,因为这个函数在$(0,+\infty)$上单调递减,$0.15<0.17$,所以 $f(0.15)>f(0.17)$,即 $0.15^{-1}>0.17^{-1}$.

师:非常好,他通过构造函数比较了函数值的大小.

四、课堂总结,评价反思

师:总结一下本节课所学内容?

生:学了幂函数的概念,形如 $y=x^{\alpha}$ 的函数;幂函数的图象以及性质,还有研究的思路.

师:思想方法有哪些?

生:数形结合、特值法、构造函数.

师:很好,通过今天幂函数的学习,我们认识到研究函数的两条思路:第一条,描点画图,根据图象研究性质;第二条,通过解析式研究函数性质,结合性质画出图象. 我想第一条思路是从感性到理性的一个认识过程;第二条思路是从理性到感性的认识过程. 它对于我们以后的研究生活有什么样的启发呢?我认为人的理性和感性思维本就是相辅相成的,不可分割,有了感性思维,我们的生活更有色彩;有了理性思维,我们认识事物不会停留于表面,能认识到事物的本质.

• • ● 专家点评 ● • •

将思维教学进行到底

——周章金老师教学评课

湘潭县一中教研组长谭红彪老师

尊敬的各位专家、领导、老师:

大家好,周老师在这次“杏坛之星”赛课中,课前准备充分,课堂气氛活跃,展现了一堂非常精彩的赛课。

这堂课是一个挑战，因为它是新教材的第一节基本初等函数课。按照老教材本节课应该在指数函数和对数函数之后；而新教材这节课放在了函数性质后面。周老师对新教材的理解和落实让人眼前一亮。这节课，有效落实了新教材的目标，用系统的观点来认识和研究函数，并给出了研究函数的不同思路，是一个非常大胆的尝试。这种不同角度研究函数的过程，更加能培养学生的理性思维与感性思维的相互结合，让学生既有良好的数感，也有严谨的逻辑思维能力。

从教学设计看，根据“抽象概念——研究思路——画出图象——得出性质——求证性质——迁移运用——课堂总结”的设计思路，周老师精心设计了这节课的学习目标和实现路径，并把每一个目标用合理的问题引导学生完成，并归纳总结。针对基础薄弱的学生，周老师力求他们完成知识性目标和部分素养性目标，在素养性目标上尽量不占用太多时间，但又用几何画板验证了学生提出的问题，并且让学生课后结合课本完成凹凸性的定义。这也给基础好的同学留下了发展的空间，这也是新教材的一个特点。既要照顾到基础一般的学生，又要让学有余力的学生有拓展的空间。但是美中不足的是，如果教师再多留一点时间给学生，让第二组用性质研究图象的学生有更多的探究时间，则更能释放学生的潜能。

从课堂实施看，周老师结合哲学思想教学，能够按照我们认识事物的一般思维习惯，从感性认识到理性认识，从整体到局部，来培养训练学生的思维能力。先让学生对幂函数图象有感性的认识，再给出性质猜想，再严谨证明性质。不过在图象性质过程中，周老师从另外一条思路探究函数进行了尝试，由于学生目前的逻辑推理能力不足，这条思路完成的并不是很理想，但是却传达了一个非常重要的研究函数的思路，这条思路在我们以后研究三角函数和更一般的函数时，会发挥非常重要的作用。这节课的实施过程，非常流畅自然，很自然的把初中所学的函数归纳进来，并上升到更理性的认识。这节课不但值得我们在上其他函数概念课时学习和借鉴，而且值得其他学科概念教学时学习和借鉴。假如这节课教师对学生更加信任一点，放手让学生讲性质和图象的联系，这节课会更加完美。

最后，再次感谢周老师，感谢这次“杏坛之星”赛课，让我们看到这样一堂精彩的赛课。

2020 年 10 月 26 日

教学反思

本节课是用一个网上比较火的函数操视频作为引入的，一方面吸引学生兴趣，觉得数学有意思，数学还可以创作出一些有意思的东西；另一方面让学生以批判的眼光看待事物，因为视频中有一个曲线并不是函数图象，同时也落实了“五思”思维教学中的“情境拓思”在实际教学中的运用。

在概念引入环节，整体效果比较好，也强调了学生还未学习的分数指数幂和负数指数幂，但是在引导概念的时候，没有注意去引导自变量前的系数为 1 这一点，这就导致在后面练习的第二问有很多同学对这一点没有反应过来系数为 1。这也给我们一个启发，概念一定要启发学生去“抽象”，这样学生才会印象深刻，直接讲授效果不佳，当然，启发学生进行“抽象”这一思维活动时，必须需要教师精心设计问题，而且必须是学科的核心性问题，通过“问题导思”来引导、激发学生思考。如果没有这些导思，学生的思考滞后、肤浅，教学效果就会不佳。

幂函数图象及性质研究环节，是本节课的一个亮点，因为本节课的格局站得很高，教材的研究思路是思路一：先根据解析式写出函数的定义域，再画出函数图象，再利用图象和解析式讨论函数的值域、单调性、奇偶性。但我们通常采用思路二，即先根据解析式写出函数的定义域，再利用解析式研究函数的奇偶性、单调性、值域，再利用这些性质画出函数图象。这条思路往往是破解题目的常用手法。但教材为什么选择了思路一呢？是因为基于学生现在的认知，从图象到性质更具有操作性。于是，在设计这个环节的时候，我选择了提出两条思路来给学生选，发现思路一确实让学生更容易接受。那这个尝试就是失败的吗？在我看来，反而是成功的，虽然先研究性质的同学做的不是那么好，但是在探究的过程中发现了其中的困难，让学生在以后研究函数的时候，知道如何选择思路。选择先描点画图再研究性质的同学会发现没有性质支撑，图象难以完美。这也体现了新课改的理念，让学生去“做”数学，给学生足够的空间去探究数学，选择适合自己的路径探究数学。这一教学过程体现“五思”教学中“对话启思”和“评价反思”的重要性。

下面一个环节是本节课的拓展环节，研究幂函数的异同，因为本节课之前并没有学习分数与负数指数幂，所以我们只能根据已有的五个函数猜测指数与幂函数性质的关系，这一点学生回答非常精彩。但是一些比较简单的结论缺乏引导，学生并未答出；比如这个问题所有图象都过第几象限？所有图象都不过第几象限？这也看出缺乏“问题导思”这一环节，学生学习方向性就不明确。

例如，(证明幂函数 $f(x)=\sqrt{x}$ 在$[0,+\infty)$ 上是增函数) 的讲解又是本节课的一个亮点，分析学生由 $x_1<x_2$ 推出 $\sqrt{x_1}<\sqrt{x_2}$，反问学生为什么？让学生自己思考里面的逻辑关系，学生会发现我们循环论证了，这样学生就会更有意识地去彻底分解因式。再利用学生的补正想到分子有理化，水到渠成。这个环节用矛盾教会学生思考、解决矛盾。这样学生会记忆犹新，也会体会到数学逻辑的魅力。

再如，比较 $1.5^3<1.7^3$ 的大小，学生一下想到了构造函数比较大小，这说明在前面我们函数单调性的课程是扎实的，当然由于时间关系，这里没有过多的上升到函数单调性定义中的知二求一，稍有遗憾。因为时间仓促，总结环节也没有单独提问，但是学生一起回答效果也不错。“评价反思”也是“五思”教学的一个重要环节，这要求我们要更加注意设计课堂总结的方式和技巧，让学生在课堂结束时，能主动反思整堂课自己的所获与不足之处。

附录　学生课堂教学评价反馈表（1）

<table>
<tr><td>姓名</td><td>蒋依汎</td><td>班级</td><td>2007</td><td>科目</td><td>数学</td><td>授课教师</td><td>周章金老师</td></tr>
<tr><td>课题</td><td colspan="3">《幂函数》</td><td>日期</td><td colspan="3">2020 年 10 月 26 日</td></tr>
<tr><td rowspan="16">自我评价</td><td rowspan="3">自主学习</td><td colspan="6">⊙能充分预习教材，全部完成自学清单的任务</td></tr>
<tr><td colspan="6">○部分完成预习内容，部分完成自学清单的任务</td></tr>
<tr><td colspan="6">○不能完成预习内容，没有完成自学清单的任务</td></tr>
<tr><td rowspan="4">小组活动</td><td colspan="6">⊙我能全程积极参与　　○我部分时间参与　　○我很少参与</td></tr>
<tr><td colspan="6">○我能在活动中努力思考、主动发现、探索问题、完成任务</td></tr>
<tr><td colspan="6">⊙我善于倾听，能与他人合作，尊重他人</td></tr>
<tr><td colspan="6">⊙我能积极大胆质疑、提出观点、勇于表达</td></tr>
<tr><td rowspan="6">课堂教学</td><td colspan="3">对课堂内容的兴趣与热情</td><td>⊙高</td><td>○一般</td><td>○无</td></tr>
<tr><td colspan="3">能否理解、掌握老师所授内容</td><td>⊙能</td><td>○部分</td><td>○不能</td></tr>
<tr><td colspan="3">课堂中专注、认真与否</td><td>⊙是</td><td>○有时</td><td>○不能</td></tr>
<tr><td colspan="3">能否努力积极思考、探究</td><td>○能</td><td>⊙有时</td><td>○不能</td></tr>
<tr><td colspan="3">心情平和愉悦、精神饱满</td><td>○是</td><td>⊙一般</td><td>○不是</td></tr>
<tr><td colspan="6">对于课堂学习的自我反思：
在画函数图象时，我描点比较精确，并同时利用了函数的性质快速地画出了函数图象，但是在 0 到 1 之间没有取点，所以没有注意到函数图象之间的相对位置关系。经过老师的提示，我能概括函数单调性与指数符号的关系，指数取整数时，函数奇偶性与指数奇偶性的关系。</td></tr>
<tr><td rowspan="4">课堂教学评价</td><td colspan="7">整体评价　⊙优秀　○良好　○一般　○不成功</td></tr>
<tr><td colspan="7">1. 课堂中你感受最深的是什么？为什么？
课堂开始的函数操比较有趣，研究函数的整个思路比较清晰，让我理解以后要如何研究一个新的函数。</td></tr>
<tr><td colspan="7">2. 哪些教学活动吸引了你而成为有效的教学行为？它们有何价值？
通过描点作图让我感受到数学需要自己动手才能理解更加深刻，通过老师对 $y=\sqrt{x}$ 单调性证明的讲解，让我理解了什么是循环论证，感受到数学逻辑的魅力。</td></tr>
<tr><td colspan="7">3. 课堂有没有注重启发学生思维和能力培养？在课堂中你有没有思考？思考的情形是怎样的？
周老师非常注重研究问题的思路引导，培养我们从整体到局部的研究思路，在老师提的关键问题上我都有思考，因为老师的问题总是能触及问题的本质，让我对问题的理解不停留于表面，而是能看到问题的本质。比如老师让我们思考 a 的取值与函数单调性的关系，我根据几个特殊图象得到了正确答案，但是我不是特别理解为什么老师告诉我需要用到导数知识，虽然这个问题我暂时不能全部理解，但是这个问题在我心中激发着我对以后学习的期待。</td></tr>
</table>

续表

<table>
<tr><td>姓名</td><td>蒋依汎</td><td>班级</td><td>2007</td><td>科目</td><td>数学</td><td>授课教师</td><td>周章金
老　师</td></tr>
<tr><td>课题</td><td colspan="3">《幂函数》</td><td>日期</td><td colspan="3">2020 年 10 月 26 日</td></tr>
<tr><td>课堂教学评价</td><td colspan="7">4. 课堂中不太成功或不成功的地方在哪？你对老师有什么建议？
课堂中没有同学相互交流的环节，我觉得老师可以给一点时间让同学之间相互对比自己画的函数图象，找出相互之间的不足之处。</td></tr>
<tr><td>教师评价</td><td colspan="7">蒋依汎同学课前准备充分，对前面单调性和奇偶性的定义掌握牢固，所以课堂上能利用函数性质和描点很快作出幂函数图象，而且思维活跃，能回答出比较深刻的问题。并且愿意分享自己画的函数图象，所以课堂上我展示了该同学的函数图象，非常规范，值得所有同学学习。</td></tr>
</table>

学生课堂教学评价反馈表（2）

<table>
<tr><td>姓名</td><td colspan="2">旷瞻</td><td>班级</td><td>2007</td><td>科目</td><td>数学</td><td>授课教师</td><td>周章金
老　师</td></tr>
<tr><td>课题</td><td colspan="4">《幂函数》</td><td>日期</td><td colspan="3">2020 年 10 月 26 日</td></tr>
<tr><td rowspan="15">自我评价</td><td rowspan="3">自主学习</td><td colspan="7">⊙能充分预习教材，全部完成自学清单的任务</td></tr>
<tr><td colspan="7">○部分完成预习内容，部分完成自学清单的任务</td></tr>
<tr><td colspan="7">○不能完成预习内容，没有完成自学清单的任务</td></tr>
<tr><td rowspan="4">小组活动</td><td colspan="7">⊙我能全程积极参与　　○我部分时间参与　　○我很少参与</td></tr>
<tr><td colspan="7">○我能在活动中努力思考、主动发现、探索问题、完成任务</td></tr>
<tr><td colspan="7">⊙我善于倾听，能与他人合作，尊重他人</td></tr>
<tr><td colspan="7">⊙我能积极大胆质疑、提出观点、勇于表达</td></tr>
<tr><td rowspan="6">课堂教学</td><td colspan="4">对课堂内容的兴趣与热情</td><td>⊙高</td><td>○一般</td><td>○无</td></tr>
<tr><td colspan="4">能否理解、掌握老师所授内容</td><td>⊙能</td><td>○部分</td><td>○不能</td></tr>
<tr><td colspan="4">课堂中专注、认真与否</td><td>⊙是</td><td>○有时</td><td>○不能</td></tr>
<tr><td colspan="4">能否努力积极思考、探究</td><td>○能</td><td>⊙有时</td><td>○不能</td></tr>
<tr><td colspan="4">心情平和愉悦、精神饱满</td><td>○是</td><td>⊙一般</td><td>○不是</td></tr>
<tr><td colspan="7">对于课堂学习的自我反思：
在证明函数单调性时，我没有注意到最后判断符号的依据，仿佛想当然地用到了结论。经过老师的引导，我理解了何为循环论证，让我在以后的学习中更加注重数学的逻辑思维，会仔细思考每一步的原因，以及为何要这样做。</td></tr>
</table>

续表

<table>
<tr><td>姓名</td><td>旷瞻</td><td>班级</td><td>2007</td><td>科目</td><td>数学</td><td>授课教师</td><td>周章金
老　师</td></tr>
<tr><td>课题</td><td colspan="3">《幂函数》</td><td>日期</td><td colspan="3">2020 年 10 月 26 日</td></tr>
<tr><td rowspan="4">课堂教学评价</td><td colspan="7">整体评价　⊙优秀　○良好　○一般　○不成功</td></tr>
<tr><td colspan="7">1. 课堂中你感受最深的是什么？为什么？
课堂的自我小结比较有意思，既能很好地把整节课的重难点回顾一遍，又可以回味课堂的逻辑联系，让我对本堂课加深了理解，并对该节有了自己的理解。</td></tr>
<tr><td colspan="7">2. 哪些教学活动吸引了你而成为有效的教学行为？它们有何价值？
通过幂函数概念的辨析，让我理解了数学概念的不同定义方式，本节课是形式定义，让我们直观判断何为幂函数。同时也了解到数学概念的重要性，并尝试去理解为何要如此定义。</td></tr>
<tr><td colspan="7">3. 课堂有没有注重启发学生思维和能力培养？在课堂中你有没有思考？思考的情形是怎样的？
周老师非常注重启发我们思考，在概念引入环节，给出了几个具体的例子，让我们自己概括幂函数的概念，得出幂函数的结构特征，培养我们的观察能力和抽象思维能力，经过老师的点拨，我对幂函数的概念印象更加深刻；在研究图象环节，周老师注重培养我们的动手能力，让我们自己描点作图，这样我们对图象的关键信息更加敏感，图象与图象之间的差别也更加清晰。</td></tr>
<tr><td>课堂教学评价</td><td colspan="7">4. 课堂中不太成功或不成功的地方在哪？你对老师有什么建议？
课堂中没有同学相互交流的环节，如果老师能给一点时间让同学之间相互比较自己画的函数图象，并讨论评价一下相互之间的不足之处。</td></tr>
<tr><td>教师评价</td><td colspan="7">旷瞻同学课前准备充分，对前面函数性质掌握也非常好，课堂上积极分享、敢于质疑，对本堂课的理解也很深刻。经过这节课的学习，他数学证明有了更深刻的理解，思维也更加严谨了，这恰恰是学习数学所需要的品质。所以他在本堂课所收获的不仅仅是知识，更多的是思维与方法。</td></tr>
</table>

说明：本内容为《新高考背景下高中数学校本课程开发及其应用研究（立项编号：XJKX19A119）》课题研究成果。

4 《无理指数幂》教学案例

李 贵 马文亮

《无理指数幂》
教学案例

● 教学设计 ●

一、课型

概念课

二、内容分析

（一）从教材角度分析

“无理数指数幂及其运算性质”是《人教 A 版 2019 高中数学·必修·第一册》第四章第一节第 2 课时的内容. 第四章第一节已经介绍了 n 次方根和分数指数幂，把指数幂的幂指数从整数扩展到了有理数. 而为了研究指数函数，我们需要把指数的范围扩展到全体实数，因此，这节课的任务就是研究无理数指数幂的意义及运算性质.

（二）从核心素养分析

有理数指数幂的意义比较明显，它可以看成 n 次方幂及根式，但无理数指数幂的意义就没有那么明显. 有理数扩充到实数的过程中，无理数的产生既有实际的背景，又有数学背景，如单位正方形对角线的长度. 但幂的指数由有理数推广到实数，指数变为无理数，很难有实际背景，这完全是数学理性思维的结果. 因此，本堂课应通过展示把有理数指数幂推广到无理数指数幂的过程，着力提升学生的数学抽象、逻辑推理的核心素养．另外，通过对实数指数幂运算性质的应用提升学生数学运算的核心素养．

三、学习目标

1．通过类比无理数的形成过程，理解无理数指数幂的意义，提升数学抽象、逻辑推理核心素养；

2．掌握无理数指数幂的运算性质，并通过初步应用提升数学运算核心素养．

四、实现路径

理解无理数指数幂的意义	课前：完成基础性预习清单中的问题 2 课堂：学生叙述无理数$\sqrt{2}$到底有多大的探究过程和其中蕴含的思想，并小组合作完成提高性预习清单中的问题 2．教师点拨，引导学生归纳无理数指数幂的意义
掌握无理数指数幂的运算性质	课前：学生预习教材，完成基础性练习中的问题 1、2、3，并核对答案 课堂：学生叙述无理数指数幂的运算性质
掌握实数指数幂运算性质的应用	课前：学生独立完成提高性预习检测中的问题 1、2，并核对答案 课堂：学生独立完成课堂检测练习 1、2，并分享不同解法．教师总结解题方法

五、课堂流程

流程	时间	教师活动	学生活动
自学存思明确目标	5 分钟	核对预习检测练习答案，解答疑惑	自查自纠，解决疑惑
问题导思引出课题	1 分钟	提出问题：无理数指数幂有没有意义？如 $5^{\sqrt{2}}$有意义吗？明确本堂课的学习目标	课前浏览教材，获得初步了解
情境拓思深化理解	10 分钟	播放第一次、第二次数学危机的微视频．然后引导学生初步了解无理数的发展历程以及微积分的基本思想	学生阐述通过有理数的不足近似值和过剩近似值，运用夹逼方法，认识无理数$\sqrt{2}$的过程．小组间相互补充叙述
小组合作对话启思	10 分钟	引导学生类比无理数的逼近过程，探究 $5^{\sqrt{2}}$是否为一个确定的实数，指导小组合作完成表格，并展示学生计算结果	阐述“探究 $5^{\sqrt{2}}$是否为一个确定的实数”的方案；小组合作，利用计算器完成表格，并分享发现
类比归纳形成定义	5 分钟	归纳并板书无理数指数幂的意义及运算性质，并引导学生把指数幂的运算性质推广到全体实数	总结并阐述无理数指数幂的意义，推广无理数指数幂运算性质

流程	时间	教师活动	学生活动
初步应用 知识迁移	10 分钟	指导学生完成无理数指数幂的计算以及实数指数幂运算性质的应用；展示学生解答过程	学生独立完成课堂检测练习 1、2，并分享不同解法
评价反思 自我提升	2 分钟	请学生分享课堂收获，并点评、肯定、补充	分享课堂收获，互相补充

六、课堂检测练习

1. 计算下列各式（式中字母均是正数）.

（1）$\left(\dfrac{\pi^{\sqrt{3}}}{\sqrt{\pi^{\sqrt{3}}}}\right)^{2\sqrt{3}}$；

（2）$(m^{\frac{\pi}{3}}\cdot m^{-\frac{\pi}{6}})^{12}$；

（3）$\left(\left(\dfrac{1}{2}\right)^{\sqrt{2}}\right)^{\frac{\sqrt{3}}{3}}\cdot(\sqrt{2})^{6}$.

2. 已知 $a^{2x}=3$（$a>0$），求 $\dfrac{a^{3x}+a^{-3x}}{a^{x}+a^{-x}}$ 的值.

附录一　自主预习清单

姓名		班次	
课题	《无理数指数幂及其运算性质》		
基础性 预习清单	1. 说出分数指数幂的含义及运算性质，掌握根式与分数指数幂的互化 2. 预习教材，理解无理数指数幂的含义 3. 掌握实数指数幂的运算性质，并能对代数式进行化简或求值		
提高性 预习清单	1. 能说出“$\sqrt{2}$到底有多大？”的探究过程，并指出其用到的思想方法 2. 能类比无理数的逼近过程，探究“$5^{\sqrt{2}}$是否为一个确定的实数？” 3. 会应用指数幂运算中的条件求值		
拓展性 预习清单	理解“探究无理数及无理数指数幂的意义”所蕴含的思想方法		
我的问题			

预习检测练习

一、基础性预习检测

1. 将下列含根式的代数式化成分数指数幂的形式：

（1）$\sqrt{a\sqrt{a}}(a>0)$；（2）$\frac{1}{\sqrt[3]{x(\sqrt[5]{\sqrt{x^2}})^2}}$；（3）$\left(\sqrt[4]{b^{-\frac{2}{3}}}\right)^{-\frac{2}{3}}(b>0)$.

2. 一般地，无理数指数幂 a^{α}（$a>0$，α 是无理数）是一个确定的________. 有理数指数幂的运算性质________（“适用”或“不适用”）于无理数指数幂. 即

（1）$a^r\cdot a^s=$________（$a>0$，r，$s\in$________）；

（2）$(a^r)^s=$________（$a>0$，r，$s\in$________）；

（3）$(ab)^r=$________（$a>0$，$b>0$，r，$s\in$________）.

3. 计算下列各式（式中字母均是正数）.

（1）$a^3\cdot\sqrt{a^2}=$________；

（2）$(\sqrt[3]{a}\cdot b^{-\frac{4}{5}})^5\cdot a^{\sqrt{5}}\div\sqrt{b}=$________（$a>0$，$b>0$）；

（3）$\left(\sqrt{a^{\frac{\sqrt{3}}{2}}\sqrt{a^{-3}}}\right)\cdot\sqrt{(a^{-\sqrt{3}})^{-\frac{1}{2}}}=$________（$a>0$）.

二、提高性预习检测

1. 已知 $10^m=2$，$10^n=3$，求 $10^{\frac{3m-2n}{2}}$ 的值.

2. 已知 $a^{\frac{1}{2}}+a^{-\frac{1}{2}}=3(a>0)$，求下列各式的值.

（1）$a+a^{-1}$；（2）$a+a^{-2}$.

3. 若 $x^{\frac{1}{2}}+x^{-\frac{1}{2}}=\sqrt{6}$，求 $\frac{x+x^{-1}-1}{x^2+x^{-2}-2}$ 的值.

附录二　课后作业和活动

从下面两个题中二选一，小组合作，利用计算工具完成，并思考你有什么发现？

1.（选做）（1）当 $n=1$，2，3，10，100，1 000，10 000，100 000，... 时，用计算工具计算 $\left(1+\frac{1}{n}\right)^n$ 的值；

（2）当 n 越来越大时，$\left(1+\frac{1}{n}\right)^n$ 的底数越来越小，而指数越来越大，那么 $\left(1+\frac{1}{n}\right)^n$ 是否也会越来越大？有没有最大值？

2.（选做）利用计算工具，探究下列实数指数幂的变化规律：

（1）x 取负实数，使得 $|x|$ 的值逐渐增大并趋向于无穷大，计算相应的 $2^x(x\in\mathbf{R})$ 的

值，观察变化趋势.

(2) x 取正实数，使得 x 的值逐渐增大并趋向于无穷大，计算相应的 $\left(\frac{1}{2}\right)^x$ ($x \in \mathbf{R}$) 的值，观察变化趋势.

• • ● 设计依据 ● • •

一、核心素养目标设计依据

数学源于对现实世界的抽象，基于抽象结构，通过符号运算、形式推理、模型构建等，理解和表达现实世界中事物的本质、关系和规律。2017 年版《普通高中数学课程标准》明确指出：数学学科核心素养是数学课程目标的集中体现，是具有数学基本特征的思维品质、关键能力以及情感、态度与价值观的综合体现，是在数学学习和应用的过程中逐步形成和发展的。数学学科核心素养包括：数学抽象、逻辑推理、数学建模、直观想象、数学运算和数据分析。

本节课以数学新课标、新理念为指导思想，坚持以学生发展为本，立德树人，提升素养。教学设计注重学生数学抽象、逻辑推理、数学运算核心素养的培养。其中数学抽象是指通过对数量关系与空间形式的抽象，得到数学研究对象的素养。它是形成理性思维的重要基础，反映了数学的本质特征。本节课通过创设情境，让学生亲身经历知识发生、发展的过程，把握本质，发展学生数学抽象核心素养。逻辑推理是指从一些事实和命题出发，依据规则推出其他命题的素养。本节课引导学生类比推理，归纳推广得到更一般的结论，培养学生形成重论据、有条理、合乎逻辑的思维品质和理性精神，增强交流能力。数学运算是指在明晰运算对象的基础上，依据运算法则解决数学问题的素养。本节课重点落在让学生理解抽象的运算对象，并通过经典习题让学生熟练掌握运算法则。通过运算促进数学思维发展，形成规范化思考问题的品质，养成一丝不苟、严谨求实的科学精神。

培养目标	目标内容	目标设计依据
数学抽象核心素养	理解无理数指数幂的意义	幂的指数由有理数推广到实数，指数变为无理数，很难有实际背景，这完全是数学理性思维的结果，比较抽象

续表

培养目标	目标内容	目标设计依据
逻辑推理核心素养	亲身经历无理数$\sqrt{2}$的逼近过程	有理数扩充到实数的过程中，无理数的产生既有实际的背景，又有数学背景。因此运用有理数推广到无理数的经验，通过有理数指数幂逐步逼近无理数指数幂的方法，认识无理数指数幂的意义，这个过程就很自然了
数学运算核心素养	通过练习，运用实数指数幂的运算性质化简、求值	通过本节课的学习已经把指数幂的运算性质推广到了实数范畴，及时通过练习对实数指数幂运算性质进行运用，体会指数幂运算性质的一致性

三、关键问题设计依据与解决路径

“五思”思维教学策略是在落实学生核心素养培养这一背景下的一种学科思维教学策略。它强调教学的核心是思维能力的培养，一切为思维而教，师生的核心活动是思维活动。在教学的每一个环节，以提升学生的核心素养为归依，以落实思维训练作为贯穿课堂的主线。本节课通过运用“五思”教学的五个基本策略来构建课堂，突破重难点。先通过基础性预习清单，引导学生自学理解教材大部分内容，再通过提高性预习清单，让学生明确本节课将要学习的核心概念，关键知识，“自学存思”“问题导思”以实现“有效预习”。课堂上，通过“情境拓思”“对话启思”方式，集中精力帮助学生解决预习中出现的有典型性的、代表性的疑惑。通过课堂检测练习及课后拓展练习检验，反馈知识掌握情况。

关键问题	设计依据	解决路径
无理数指数幂意义是什么？	基于学生对无理数的认识进行扩展，体会$\sqrt{2}$无限逼近的过程	运用有理数推广到无理数的经验，通过有理数指数幂逐步逼近无理数指数幂的方法，认识无理数指数幂的意义

三、学生自主合作学习的时间预设

学习过程	任务	时间预设
课前	1. 根据自主预习清单预习教材 2. 独立完成预习检测练习	20～25 分钟
课堂	1. 分享“$\sqrt{2}$到底有多大？”的探究过程，并指出其用到的思想方法 2. 小组合作，共同完成提高性预习清单问题 2 3. 独立完成课堂检测练习 1、2，并分享交流	20～25 分钟
课后	小组合作完成课后作业，并交流分享解答	10 分钟

● ● ● 教学实录 ● ● ●

一、问题导思，引出课题

师：前面我们学习了整数指数幂和分数指数幂及其运算性质，那么，如果将指数幂的幂指数变成无理数，这个指数幂还有意义吗？如 $5^{\sqrt{2}}$ 有意义吗？

生：有。

师：这就是本堂课我们要研究的问题——无理数指数幂及其运算性质。

（教师板书课题——无理数指数幂及其运算性质）

二、情境拓思，深入理解

师：为了解决这个问题，我们先简单了解一下数学发展史上的几次大的数学危机。同学们，你们知道在数学发展史上经历了哪几次大的危机吗？

生 A：我知道有一次与无理数发现有关。

师：非常好，刚才这位同学回答的就是引发了第一次数学危机的事件——无理数的发现。

师：还有同学知道其他的危机吗？

（学生没人补充后，教师介绍）

师：数学界曾经历过三次大危机：其中，无理数的出现引发了第一次数学危机；第二次数学危机是由于微积分工具的使用而导致的；第三次数学危机是罗素悖论的提出使集合论受到攻击而引发的。其中前两次数学危机与今天学习的内容有关，我们先观看一个视频来了解一下。

（学生观看微视频）

师：（探究 1）从视频中，我们了解到历史上发现的第一个无理数就是我们现在所说的 $\sqrt{2}$。请同学们设计一个方案探究 $\sqrt{2}$ 到底有多大？

师：我们先来确定 $\sqrt{2}$ 的整数部分。

生 B：因为 $(\sqrt{2})^2=2$，所以 $\sqrt{2}$ 是在 1～2 之间。因此它的整数部分是 1.

师：非常好！那怎么来确定它十分位上的数值呢？

（教师引导：如果不能立马确定这两个数，我们可以把 1.1～1.9 的平方都尝试一下）

生 C：十分位上的数是 4. 因为 $1.4^2=1.96<2$，$1.5^2=2.25>2$，所以 $\sqrt{2}$ 应该夹在 1.4～1.5 之间。

师：棒极了！这样我们就可以确定$\sqrt{2}=1.4\cdots$那百分位上的数又是多少呢？

生 D：百分位上的数是 1. 因为 $1.41^2=1.9881<2$，$1.42^2=2.0164>2$，所以$\sqrt{2}$应该夹在 1.4～1.5 之间。

板书：

$(\sqrt{2})^2=2$

$1^2=1,2^2=4\Rightarrow\sqrt{2}\in(1,2)$.

$1.4^2=1.96,1.5^2=2.25\Rightarrow\sqrt{2}\in(1.41,1.5)$

$1.41^2=1.988\ 1,1.42^2=2.016\ 4\Rightarrow\sqrt{2}\in(1.41,1.42)$

$1.414^2=1.999\ 396,1.415^2=2.002\ 225\Rightarrow\sqrt{2}\in(1.414,1.415)$

（PPT 展示计算结果）

区间长度	0.1	0.01	0.001	0.0001	0.00001	0.000001	0.0000001	0.00000001	0.000000001	…
区间左端点	1.4	1.41	1.414	1.4142	1.441421	1.414213	1.4142135	1.41421356	1.414213562	
区间右端点	1.5	1.42	1.415	1.4143	1.41422	1.414214	1.4142136	1.41421357	1.414213563	

师：非常好！按照这样的方法，以此类推，逐步缩小区间长度，（数轴演示）这样得到的区间左端点的值在逐步增大，右端点的值在逐步减小，最终它们将无限逼近，都趋于同一个数，这个数就是$\sqrt{2}$。

师：（教师总结）其实，我们刚才这种研究问题的方法实际上就是运用了我们视频中提到的微积分的重要思想——无限逼近（极限思想）。由于无理数是无限不循环小数，所以，我们对无理数的处理一般是用有理数去逼近它。

师：其中，我们这里得到的区间左端点都是$\sqrt{2}$不足近似值，区间右端点都是$\sqrt{2}$过剩近似值。不足近似值是指按照所需要的精确度截取指定数位后，直接舍去后面的数位，得到的小于真实值的近似值。例如$\sqrt{2}$的精确度为 0.1 的不足近似值为 1.4.（直接把 1.4 后的数值舍掉，即舍而不进）

过剩近似值是指按照所需要的精确度截取指定数位后，不管去掉的部分最高位是多少，都进一位，这样得到的近似值叫过剩近似值。例如$\sqrt{2}$的精确度为 0.1 的过剩近似值为 1.5.（直接把 1.4 中 4 进 1 后，舍掉后面的数值，即进一而舍）

三、小组合作，对话启思

师：（探究 2）下面，请同学们类比无理数逼近的过程，探究 $5^{\sqrt{2}}$是否为一个确定的实数？说一下你的想法。

生 E：我们可以先去探究它的指数$\sqrt{2}$。看当$\sqrt{2}$的不足近似值 x 和过剩近似值 y 逐渐逼近$\sqrt{2}$时，对应的5^x和5^y是如何变化的？如果它趋于同一个数，就说明$5^{\sqrt{2}}$是一个确定的实数。

师：不错！懂得学以致用。下面就请同学们拿到手中的计算器，三人一组，两人计算，一人记录，合作完成下面的表格。

$\sqrt{2}$的不足近似值x	5^x的近似值a	$\|a-b\|$	5^y的近似值b	$\sqrt{2}$的过剩近似值y
1.4				1.5
1.41				1.42
1.414				1.415
1.414 2				1.414 3
1.414 21				1.414 22
1.414 213				1.414 214
1.414 213 5				1.414 213 6
1.414 213 56				1.414 213 57
1.414 213 562				1.414 213 563
…	…	…	…	…

（投影学生计算结果。）

师：从我们计算出的结果，你有什么发现？

生 F：可以发现当$\sqrt{2}$的不足近似值x和过剩近似值y逐渐逼近$\sqrt{2}$时，5^x和5^y越来越接近，如果把这个过程无限进行下去，它们将趋于同一个数，这个数就是$5^{\sqrt{2}}$。

师：同样地，我们把这个过程在数轴上表示出来。也就是说，$5^{\sqrt{2}}$是由一串逐渐增大的有理数指数幂和一串逐渐减小的有理数指数幂逐步逼近的结果。由于实数与数轴上的点是一一对应的，所以我们可以得出结论：$5^{\sqrt{2}}$是一个确定的实数。

四、类比归纳，形成定义

师：（板书）一般地，无理数指数幂a^{α}（$a>0$，α为无理数）是一个确定的实数。

师：这样，我们就将指数幂a^{α}（$a>0$）中指数α的范围从整数逐步拓展到了……？

生（众）：实数。实数指数幂是一个确定的实数。

师：应当注意的是，在指数幂a^x中，通常要限定（$a>0$）这个条件，为什么？

生 G：因为只有正数的任何实数次幂才都有意义。

师：整数指数幂的运算性质也适用于实数指数幂，即对于任意实数r，s，均有运算性质：

生（齐声答）：

(1)$a^r\cdot a^s=a^{r+s}(a>0,r,s\in\mathbf{R})$

(2)$(a^r)^s=a^{rs}(a>0,r,s\in\mathbf{R})$

(3)$(ab)^r=a^rb^r(a>0,b>0,r,s\in\mathbf{R})$

(教师板书)

五、初步应用，知识迁移

师：下面我们通过几个练习来巩固无理数指数幂的运算性质。

例 1 计算下列各式（式中字母均是正数).

(1)$\left(\dfrac{\pi^{\sqrt{3}}}{\sqrt{\pi^{\sqrt{3}}}}\right)^{2\sqrt{3}}$； (2)$(m^{\frac{\pi}{3}}\cdot m^{-\frac{\pi}{6}})^{12}$； (3) $\left(\left(\dfrac{1}{2}\right)^{\sqrt{2}}\right)^{\frac{\sqrt{3}}{3}}\cdot(\sqrt{2})^6$.

解:(1) 原式 $=(\pi^{\sqrt{3}-\frac{\sqrt{3}}{2}})^{2\sqrt{3}}=\pi^{\frac{\sqrt{3}}{2}\cdot2\sqrt{3}}=\pi^3$；

(2) 原式 $=(m^{\frac{\pi}{3}-\frac{\pi}{6}})^{12}=(m^{\frac{\pi}{6}})^{12}=m^{2\pi}$；

(3) 原式 $=(2^{-\sqrt{2}})^{\frac{\sqrt{3}}{3}}\cdot2^3=2^{-\frac{\sqrt{6}}{3}+3}$.

(老师把几个学生的解答过程投影到白板上)

师：同学们，你们做完这三个练习后有什么发现吗？

生（众）：无理指数幂与有理数指数幂运算一致。

例 2 已知 $a^{2x}=3$（$a>0$），求$\dfrac{a^{3x}+a^{-3x}}{a^x+a^{-x}}$的值.

生 H：

解法一：原式$=\dfrac{(a^x)^3+(a^{-x})^3}{a^x+a^{-x}}=\dfrac{(a^x+a^{-x})(a^{2x}-1+a^{-2x})}{a^x+a^{-x}}$

$$=(a^{2x}-1+a^{-2x})=\frac{7}{3}.$$

生 I：

解法二：原式$=\dfrac{(a^{2x})^{\frac{3}{2}}+(a^{2x})^{-\frac{3}{2}}}{(a^{2x})^{-\frac{1}{2}}+(a^{2x})^{-\frac{1}{2}}}=\dfrac{3^{\frac{3}{2}}+3^{-\frac{3}{2}}}{3^{\frac{1}{2}}+3^{-\frac{1}{2}}}$

$$=\frac{3^3+1}{3^2+3}=\frac{7}{3}.$$

(教师总结)

解决此类问题的一般步骤是

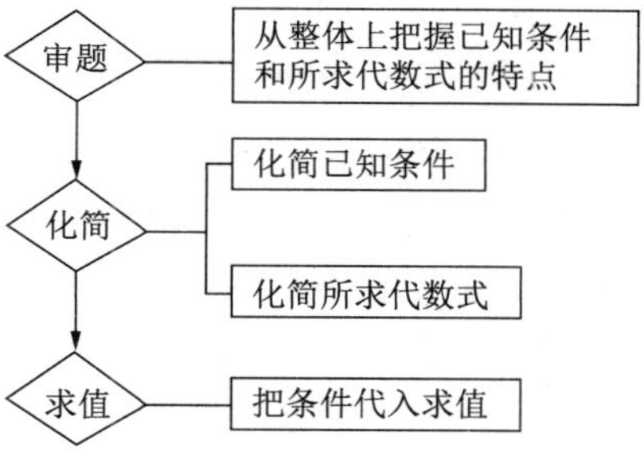

六、评价反思，自我提升

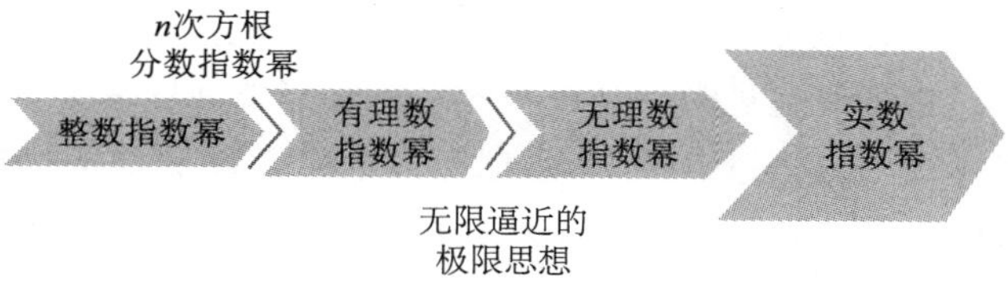

● ● ● 专家点评 ● ● ●

时间：2020 年 11 月 6 日

地点：湘潭县一中录播室

与会人员：湘潭市教科室主任颜望辉、湘潭县教研员李新华、湘潭县一中校长齐学军、湘潭县一中教科室主任胡星、湘潭县一中高级教师李建国及湘潭县各高中数学老师。

湘潭市教科室主任颜望辉：李贵老师这节课目标设置导向明确，基础性目标设计具体、可测，符合认知发展规律。核心素养目标的达成虽然对于学生有难度，但整个教学过程注重思维的培养，课堂上着重让学生亲身经历运用夹逼方法认识无理数$\sqrt{2}$的过程，体会无限逼近思想的运用，目的就是让学生能够类比已学知识研究抽象的无理数指数幂，让学生“跳起来能够够得着”。

本堂课课堂流程的设置环环相扣，循序渐进、层层深入，每个环节都充分体现了学生的主体地位，注重思维教学。设计了自主预习清单和预习检测练习，通过“自学存思”“问题导思”实现有效预习，培养学生自主学习的能力。课堂上通过“情境拓思”“对话启思”注重学生数学抽象、逻辑推理、数学运算的核心素养的培养。通过课堂检测练习、课后拓展练习和学生课堂教学评价反馈表实现“评价反思”。多层次引导学生达到学习目标。所有环节均在生本互动、师生互动、生生互动中展开，教师引导得法，学生活动兴致很高，充分体现了学生的主体地位，充分调动了学生学习的积极性。在师生互动中，教师的提问非常具有启发性，引导点拨恰到好处。

总之，湘潭县一中开展的这次思维教学示范课很好地体现了“为思维而教”的理念，有效落实了新高考背景下着重学生学科素养培养的理念。开展“五思”思维教学研究是一项很有意义，值得推广的教研活动。

湘潭县一中数学备课组组长谭红彪：我认为这堂课是思维含量很高的一堂课，也是比较难上的一节课。无理数指数幂是什么，有没有意义，应该是这节课的重点。但无理数指数幂又完全是数学理性思维的结果，并没有实际背景，是抽象的，这是学生比较难理解的。因此，理解无理数指数幂的意义也是本节课的难点。李贵老师这堂课开门见山，直奔主题“无理数指数幂有没有意义?”并把该问题具体化“如 $5^{\sqrt{2}}$ 有意义吗?”简单明了，目标明确。接着，通过微课动画视频，生动形象地让学生了解无理数产生的实际背景和无限逼近思想。又通过 PPT 动画把无理数指数幂的逼近过程在数轴上给学生展示。深挖无理数的形成过程，让学生从熟知的已有知识中体会无限逼近思想的运用，再类比无理数的形成过程，比较自然地理解无理数指数幂的意义，深入浅出，突破重难点，对学生的数学思维进行了很好的训练。

湘潭县一中高级教师李建国：我认为本堂课的教学设计和教学过程有以下一些特点：

1. 整堂课的教学设计很好地体现了新课标的理念，领会了新教材的编写意图。

2. 录制了小视频，通过数学发展史上的三次数学危机，主要是无理数的产生和发展历史引入新课，激发了学生的学习兴趣，提高了学生的学习积极性，落实了情感教育目标。

3. 引入新课后，通过探究无理数$\sqrt{2}$的大小，培养了学生的探究能力及无限逼近的极限思想。

4. 类比$\sqrt{2}$大小的探究方法，认识 $5^{\sqrt{2}}$ 的意义，整个教学过程自然流畅，较好地培养了学生的类比思想，进一步提高了学生的探究问题能力，提升了学生的数学素养。

5. 对于本堂课的教学，平时多数的老师要么省略了，要么一句话带过，不会这样去挖掘教材和引申相关教学内容，因此，本堂课是一堂具有示范性的新教材教学研究课。

教学反思

本堂课是在湘潭县一中数学组众多老师的指导下完成的。特别感谢齐学军校长、李建国老师、李新华老师、张欣荣老师、谭红彪老师、张耀辉老师、胡星老师、张烽老师等老师对这堂课的指导。本堂课的教学体现了新课标的理念，落实了我校“五思”思维教学的教学理念，顺利地完成了原定的教学目标。反思这节课，我认为做到了以下几点：

一、教学目标设计合理，层次清楚，注重思维教学

本节课以数学新课标、新理念为指导思想，坚持以学生发展为本，立德树人，提升素养。以“五思”教学策略为主线设计了自主预习清单和预习检测练习，通过“自学存思”“问题导思”实现有效预习。课堂上通过“情境拓思”“对话启思”注重学生数学抽象、逻辑推理、数学运算的核心素养的培养。通过课堂检测练习、课后拓展练习和学生课堂教学评价反馈表实现“评价反思”。总之，多策略多角度多层次引导学生达到学习目标。

二、重难点把握到位，突破得当

由于幂的指数由有理数推广到实数，指数变为无理数，很难有实际背景，这完全是数学理性思维的结果。因此，理解无理数指数幂的意义既是本堂课的重点又是难点。但是有理数扩充到实数的过程中，无理数的产生既有实际的背景，又有数学背景，如单位正方形对角线的长度。并且学生在初中便认识了无理数。故本堂课我深挖无理数的形成过程，让学生从熟知的旧知中体会无限逼近思想的运用，再类比无理数的形成过程，比较自然地理解无理数指数幂的意义，深入浅出，突破重难点。

三、教学方法采用得当，符合学生认知规律

本堂课主要采用类比教学的策略。类比无理数的形成过程，理解无理数指数幂；类比有理数指数幂的运算性质，推广到无理数指数幂，进而推广到实数指数幂。通过类比激发学生探索的热情，激活原有知识结构新的生长点，促进知识迁移。所有环节均以思维活动为主线，为思维而教的理念贯穿全课堂，在师生互动、生生互动中开启了学生的思维，能较好地体现思维教学的特点。

四、有效利用信息技术辅助教学

我通过制作微课动画视频，生动形象地让学生了解无理数产生的实际背景和无限逼近思想。为了让学生更直观地理解无理数逼近的过程，我把这个过程在数轴上动态演示了一遍。并给学生派发了计算器，让学生切身体会无理数指数幂的逼近过程。

虽然这节课整体效果很好，但仍存在不足之处。如教师气场不够强大，未能让学生更好地把注意力集中在课堂上；教师课堂时间把握不够灵活，导致后面一题多解的例二没有很多时间分析。

学生课堂教学评价反馈表（1）

<table>
<tr><td>姓名</td><td>帅杨杰</td><td>班次</td><td>2014</td><td>科目</td><td>数学</td><td>授课老师</td><td>李　贵
老师</td></tr>
<tr><td>课题</td><td colspan="3">《无理数指数幂及其运算性质》</td><td>日期</td><td colspan="3">2020 年 10 月</td></tr>
<tr><td rowspan="3">自我评价</td><td>自主预习</td><td colspan="6">1. 基础性预习清单完成情况：
⊙能充分预习教材，全部完成基础性预习清单
○能预习教材，基本完成基础性预习清单
○不能完成预习教材和基础性预习清单
2. 提高性预习清单完成情况：
○能充分理解教材，课前全部完成提高性预习清单
⊙能理解教材大部分内容，课前基本完成提高性预习清单
○能理解教材大部分内容，课前比较困难完成提高性预习清单
○不能理解教材内容，不能完成提高性预习清单
3. 拓展性预习清单完成情况：
○我能在课前独立解决
⊙我能在课后独立解决
○我课后仍不能解决</td></tr>
<tr><td>课堂表现</td><td colspan="6">4. 对课堂内容的兴趣与热情：
⊙高　○一般　○无
5. 课堂上注意力能否集中：
⊙能　○有时　○不能
6. 课堂上能否在老师的引导下积极思考问题：
⊙能　○有时　○不能
7. 能否理解、掌握老师所授内容：
⊙能　○部分　○不能</td></tr>
<tr><td>小组活动</td><td colspan="6">8. 参与度：
⊙我能全程积极参与
○我部分时间参与
○我很少参与
9. 我的表现：
○我能在活动中提供解决方案或思路
⊙我动手能力强，擅长实操
○我认真细心，擅长记录实验数据
○我对小组合作不感兴趣，独自完成</td></tr>
</table>

续表

<table>
<tr><td>姓名</td><td>帅杨杰</td><td>班次</td><td>2014</td><td>科目</td><td>数学</td><td>授课老师</td><td>李　贵
老师</td></tr>
<tr><td>课题</td><td colspan="3">《无理数指数幂及其运算性质》</td><td>日期</td><td colspan="3">2020 年 10 月</td></tr>
<tr><td>自我评价</td><td>效果反馈</td><td colspan="6">10. 课堂检测完成情况：
⊙我能独立完成
○我能在教师和学生的点拨下完成
○我不能完成</td></tr>
<tr><td>课堂教学评价</td><td colspan="7">1. 老师仪表整洁，举止大方：
⊙优秀　○良好　○一般　○差
2. 授课语言简练、生动、准确、严谨：
⊙优秀　○良好　○一般　○差
3. 教学思路清晰、表达流畅：
⊙优秀　○良好　○一般　○差
4. 课堂上留给学生思考的时间：
⊙充足　○一般　○不够
5. 在课堂上你有没有思考？有没有感觉自己的思维能力有提升？
答：自主预习清单很好地培养了我自主学习，独立思考的能力；课堂上老师也留给我们很多思考的时间。课堂上老师通过视频和 PPT 动画生动、形象地给我们展示了无理数和无理数指数幂的逼近过程，逐步培养我们的抽象思维能力；通过类比教学培养我们的逻辑思维；小组合作培养我们的团队合作精神。
6. 你觉得课程有什么亮点可以推荐，或者有什么好的地方值得一提吗？
答：老师还特意给我们制作了微课动画视频，很吸引我们的眼球，引起我们对课堂的兴趣。另外，“探究$\sqrt{2}$有多大”这个环节我觉得也是一个亮点。这个知识初中虽然提过，但初中老师讲的时候并没有深入。课堂上，李老师又把这个问题抛出来，让我感觉对无理数的理解又上升了一个高度，在此基础上再学新知识便更容易接受。
7. 你觉得课堂中不太成功的地方在哪？你对老师有什么建议？
答：老师前面的教学花的时间较长，导致后面的课堂检测 2 没有充足的时间给学生分享解题方法。</td></tr>
<tr><td>教师评价</td><td colspan="7"></td></tr>
</table>

学生课堂教学评价反馈表（2）

<table>
<tr><td>姓名</td><td>帅杨杰</td><td>班次</td><td>2014</td><td>科目</td><td>数学</td><td>授课老师</td><td>李 贵
老师</td></tr>
<tr><td>课题</td><td colspan="3">《无理数指数幂及其运算性质》</td><td>日期</td><td colspan="3">2020 年 10 月</td></tr>
<tr><td rowspan="4">自我评价</td><td>自主预习</td><td colspan="6">1. 基础性预习清单完成情况：
⊙能充分预习教材，全部完成基础性预习清单
○能预习教材，基本完成基础性预习清单
○不能完成预习教材和基础性预习清单
2. 提高性预习清单完成情况：
○能充分理解教材，课前全部完成提高性预习清单
⊙能理解教材大部分内容，课前基本完成提高性预习清单
○能理解教材大部分内容，课前比较困难完成提高性预习清单
○不能理解教材内容，不能完成提高性预习清单
3. 拓展性预习清单完成情况：
○我能在课前独立解决
⊙我能在课后独立解决
○我课后仍不能解决</td></tr>
<tr><td>课堂表现</td><td colspan="6">4. 对课堂内容的兴趣与热情：
⊙高 ○一般 ○无
5. 课堂上注意力能否集中：
⊙能 ○有时 ○不能
6. 课堂上能否在老师的引导下积极思考问题：
⊙能 ○有时 ○不能
7. 能否理解、掌握老师所授内容：
⊙能 ○部分 ○不能</td></tr>
<tr><td>小组活动</td><td colspan="6">8. 参与度：
⊙我能全程积极参与
○我部分时间参与
○我很少参与
9. 我的表现：
⊙我能在活动中提供解决方案或思路
○我动手能力强，擅长实操
○我认真细心，擅长记录实验数据
○我对小组合作不感兴趣，独自完成</td></tr>
<tr><td>效果反馈</td><td colspan="6">10. 课堂检测完成情况：
⊙我能独立完成
○我能在教师和学生的点拨下完成
○我不能完成</td></tr>
</table>

续表

姓名	帅杨杰	班次	2014	科目	数学	授课老师	李 贵 老师
课题	《无理数指数幂及其运算性质》			日期	2020 年 10 月		
课堂教学评价	1. 老师仪表整洁，举止大方： ⦿优秀 ○良好 ○一般 ○差 2. 授课语言简练、生动、准确、严谨： ⦿优秀 ○良好 ○一般 ○差 3. 教学思路清晰、表达流畅： ⦿优秀 ○良好 ○一般 ○差 4. 课堂上留给学生思考的时间： ⦿充足 ○一般 ○不够 5. 在课堂上你有没有思考？有没有感觉自己的思维能力有提升？ 答：这节课的内容很抽象，课堂上老师的教学很好地培养了我的抽象思维和逻辑推理能力。在探究无理数指数幂的意义这个环节，在老师的启发下我很快想出了探究思路。 6. 你觉得课程有什么亮点可以推荐，或者有什么好的地方值得一提吗？ 答：课堂上的微课动画视频蛮有意思的，看完后让我想了解更多数学史危机故事，也激发了我对课堂的兴趣。 7. 你觉得课堂中不太成功的地方在哪？你对老师有什么建议？ 答：我觉得探究活动中计算数据部分用计算器太慢了，也可以用 *excel* 表格中的公式直接导出，这样可以节省时间。							
教师评价							

说明：本内容为《新高考背景下高中数学校本课程开发及其应用研究（立项编号：*XJKX*19*A*119)》课题研究成果。

5 B2U1 Extended reading *Forrest Gump*（Excerpt）教学案例

吴朝菊　姜爱军

《B2u1 Extended》
教学案例

• • ● 教学设计 ● • •

一、课型

Extended reading（拓展性阅读课）

二、内容分析

（一）从教材角度分析

本单元的主题语境是“人与社会”，话题是“电影”，涉及的语篇类型有电影海报、讲稿、影评和剧本。本单元的教学，旨在帮助学生了解电影制作的相关知识，感受光影世界的魅力，引导学生通过电影感悟人生真谛。整个单元的八个板块分别涉及“电影”的多个层面。Welcome to the unit 板块以四张电影海报激发学生对“电影”这一话题的探究欲；Reading 板块介绍了与电影幕后制作相关的三个元素，启发学生关注银幕背后的故事；Grammar and usage 板块的话题为“迪士尼重拍《奇幻森林》”，要求学生在语篇中探索、归纳主谓一致的基本规则，并在语篇情境中加以运用；Integrated skills 板块以写一篇影评为最终任务，通过一系列听、读、说、写的活动培养语言能力，提升学科素养，在 Extended reading 板块，学生通过阅读赏析电影《阿甘正传》剧本节选，了解剖本的文体特征，领略电影艺术的魅力；Project 板块要求学生通过合作学习、探究学习，为电影片段配音。

本板块的语篇是《阿甘正传》这一经典电影的剧本片段，旨在让学生通过阅读剧本、观看视频来了解剧情，感受剧本中阿甘的人物性格特征以及积极的人生态度。教学活动要让学生掌握影视剧本的文体特征，让他们通过阅读剧本把握人物性格，学会欣赏经典影视作品，实现语言和知识的内化，同时培养积极的人生态度。

（二）从学情分析

教学对象为高一年级学生，学生在阅读文本和语言表达方面都有一定的基础，基本具有用英语获取信息、处理信息、分析问题和解决问题的能力。本模块主题贴近生活，新颖有趣，能吸引学生注意力，该节课重点在于引导学生结合文本及观影经历，让学生说一说自己最喜欢的台词并给出理由。基于学生的生活实践和英语基础，学生应该有话想说，有话可说。

（三）自学任务

1. 阅读

预习课文节选部分以及了解该电影的背景常识。

2. 思考

如何欣赏一部电影？

（四）关键问题与英语核心素养培养指向

关键问题：如何通过鉴赏电影人物的语言，把握话剧中人物形象与人物情感？

三、学习目标

基础性目标 文本解读	1. 掌握影视剧本的文体特征 2. 找出主要人物，分析人物关系 3. 根据人物关系划分故事场景 4. 了解故事情节
提高性目标： 应用实践	学会欣赏台词，并通过台词分析出人物性格、情感和态度
拓展性目标： 迁移创新	1. 分享在本节选中自己最喜欢的台词并说明理由 2. 分享在其他电影中自己最喜欢的台词并说明理由 3. 谈谈如何培养积极的人生态度

四、实现路径

基础性目标实现路径	1. 学生观察剧本并自主归纳出文体特征，老师适时引导 2. 绘制思维导图，分析人物关系，并把故事划分为三个场景 3. 阅读文本归纳故事情节
提高性目标实现路径	1. 以表格形式呈现，让学生分场景去欣赏台词，并通过台词分析出人物性格、情感和态度 2. 学生分析的同时，老师引导学生深入分析台词的之美 3. 活动形式：小组讨论，学生展讲，教师点拨，解决疑难问题
拓展性目标实现路径	1. 生自由发言分享在本剧本中自己最喜欢的台词 2. 学生自由表达如何培养积极的人生态度 3. 学生提前搜索一句自己喜欢的台词，课堂上分享并说明理由

五、课堂流程

基本环节	时间	教师活动	学生活动
导入	2 分钟	用一盒巧克力创设语境，告诉学生巧克力有三种口味，让他们选一种，如果正好拿到自己想要的口味，就可以说“You are a lucky dog”。如果没有拿到想要的口味，就引出《阿甘正传》最著名的台词“Life is like a box of chocolates. You never know what you are gonna get.”导入自然流畅，同时也拉近师生距离，为课堂后续环节开展的师生互动做好铺垫	参与教师活动，与教师互动
文本理解 自学存思 问题导思	13 分钟	把这部分分成 5 个任务，并适时引导学生完成。 Task1：引导学生找出剧本的构成要素； Task2：让学生观察图片，通过问题链的形式追问，引发学生思考； Task3：让学生阅读并完成思维导图； Task4：让学生阅读剧本的 Introduction 并完成人物关系思维导图。 Task5：而在对 Who 的讲解过程中对学生进一步提问。“With low IQ，how can he live an amazing life?”	Task1：让学生自主找出剧本的构成要素； Task2：观察图片并思考； Task3：完成思维导图； Task4：找出这个节选的背景和人物以及人物关系，并以此为依据分成 3 个场景； Task5：整体阅读，对故事情节有个整体了解
探索欣赏 问题导思 情境拓思	15 分钟	呈现表格，鼓励学生小组合作，通过赏析台词分析人物性格、情感和态度。老师适时引导，指导学生深入分析。赏析完之后播放本片段视频，整体感知	以小组为单位，找出体现人物性格、情感和态度的台词，并分析。中间穿插角色扮演

续表

基本环节	时间	教师活动	学生活动
自主分享 情境拓思 对话启思	12分钟	鼓励学生讨论如何培养积极的生活态度、分享自己在这个电影剧本中最喜欢的台词，以及在所看过电影中自己最喜欢的台词	学生讨论如何培养积极的生活态度、分享自己最喜欢的台词并说明理由
自我总结 评价反思	2分钟	引导学生总结及情感升华，检测学习效果	学生自我总结本堂课所学内容
家庭作业	1分钟	小组合作，选择自己最喜欢的场景表演，布置学生课后写自己最喜欢的台词并说明理由（50个词以内）	

附录一　自主预习清单

姓名		班次	
课题	B2U1 Extended reading *Forrest Gump*（Excerpt）		
基础性 预习清单	1. 通读全文，找出电影剧本的构成要素 2. 阅读“介绍”部分，找出介绍中的时间、人物、地点 3. 找出该剧本（节选）的背景和人物 4. 了解该剧本（节选）的情节发展		
提高性 预习清单	1. 小组合作，通过欣赏台词探索人物性格和情感 场景一：第一天上学，妈妈对阿甘的叮嘱 场景二：阿甘和司机的对话 场景三：同学对待阿甘的态度 2. 概括阿甘、妈妈和珍妮的人物性格特征 3. 总结阿甘对生活的态度 4. 以小组为单位进行角色扮演，深刻体会人物的性格和情感		
拓展性 预习清单	1. 讨论如何培养积极的人生态度 2. 谈谈自己最喜欢的一部电影的台词，并说明原因		
我 的 问 题			

预习检测练习

一、基础性预习检测

Task 1：Scan for the composition（组成）of the script（剧本）

Task 2：Read the Introduction to find the following aspects

Who ____________________

When ____________________

Where ____________________

Task 3：Read for the setting and characters

setting	
characters	

Task 4：Read for the plot（情节）

Plot
- Scene 1（L5-10）—Momma's ________ for his first day of school.
- Scene 2（L11-21）—The ________ between Forrest and the bus driver.
- Scene 3（L22-58）—The ________ of the four schoolmates towards Forrest.

二、提高性预习检测

Exploring and appreciating（欣赏）

How do we appreciate lines?

Sample
The line “Well，now we aren't strangers anymore” shows Forrest is simple.

Task 1：Explore characters' personalities，attitudes and feelings

	Characters	Personalities（性格）
Scene 1 and Scene 2	Forrest	Simple
	Mrs. Gump	
	Bus driver	

	Characters	Attitudes towards Forrest	Forrest's feelings
Scene 3	Three boys		
	Jenny		

Possible words:

Personalities: simple / warm / kind…

Attitudes: friendly / unfriendly / patient / polite / impolite / direct…

Feelings: happy / excited / thankful / concerned / unconcerned (不在乎的) …

Forrest's attitude towards life: When people are unfriendly to him, he is always ________ about the negative to keep positive.

Task 2: Appreciate the beauty of language

1. Read Scene 3 (L30-58) to find the lines that show Forrest is happy and thankful to Jenny.

① ____

② ____

③ ____

④ ____

⑤ ____

⑥ ____

Forrest's attitude towards life: He always ________ to keep positive.

2. How can he live an amazing life with low IQ?

He lives an amazing life by keeping a (an) ________ attitude towards life.

三、拓展性预习检测

Extended sharing

How can we develop positive attitudes towards life?

____

____

____

What are your favorite lines from other films? Why?

____

____

____

附录二　课后作业和活动

Homework

1. Work in groups and choose your favorite scene and act it out.

2. Continue to write down your favorite lines from other films and explain the reasons.

• • ● 设计依据 ● • •

一、教学目标设计依据

本堂课的教学目标是依据教材内容、课程标准、“五思”教学策略和学情来制订的。思维品质体现英语学科核心素养的心智特征。思维品质的发展有助于提升学生分析和解决问题的能力，使他们能够从跨文化视角观察和认识世界，对事物做出正确的价值判断。思维品质目标要求学生能够辨析语言和文化中的具体现象，梳理、概括信息构建新概念，分析、推断信息的逻辑关系，正确评判各种思想观点创造性地表达自己的观点，具备多元思维的意识和创新思维的能力。

《普通高中英语课程标准》（2017 年版）（以下简称“英语新课标”）指出，英语学科的思维品质指思维在逻辑性、批判性、创新性等方面所表现的能力和水平。在英语教学中，通过中外文化比较，引导学生建构多元文化视角，根据语篇中事实进行逻辑推理，培养学生的逻辑思维。通过对不同观点的讨论，提高学生的鉴别和评判能力，即批判性思维。通过组织更加开放、具有挑战性的项目式学习、研究性学习、创造性学习等活动，激发学生主动参与，引入和利用多种资源，鼓励学生分享感受、经历、看法和个人创作，培养学生的创造性思维。批判思维和创新思维的形成需要教师在设计的时候根据学生的生活经验和认知水平，选择既有意义又贴近学生生活经验的主题，创设丰富多样的语境，激发学生参与学习和体验语言的兴趣，以使学生能够在语言实践活动中反思和再现个人的生活和经历，创造性地表达个人的情感和观点，在发展语言技能的同时，提高分析问题和解决问题、批判与创新的能力。英语学科思维品质的培养可以融合在学习理解、应用实践和迁移创新中。其培养的途径有文本解读、课堂活动、课堂提问等。其中，文本解读是培养思维的基础；课堂活动是培养思维的条件，如开展有效的合作学习活动、根据文章主题巧妙设置读后活动等；课堂提问是培养思维的关键，如设置开放性问题和巧用问题链。这与我校提出的“基于核心素养的高中学科思维‘五思’教学”策略（以下简称“五思”教学）的教学理念相一致。

“五思”教学强调教学的核心是思维能力的培养，一切为思维而教。“五思”教学指的是：自学存思、问题导思、情境拓思、对话启思、评价反思。主题语境是英语学科核心素养的六要素之一。基于主题语境，在上课之前，老师可以布置学生预习相关文章，搜索更多相关的背景材料，有意识地帮助学生了解英美等国家文化背景知识，为新授课做好充足的准备，提高学生学习兴趣和自主性，这体现了“自学存思”。“主题语境”这一要素还要求所有的语言学习活动都应该在一定的主题语境下进行，在解决问题的过程中获取、梳理、整合语言知识和文化知识，深化对语言的理解，同时尝试运用所学语言创造性地表达个人意图、观点和态度，这就要求教师在设计的时候要设创造情境、用一系列问题来启发学生，推动学生对主题的深度学习，帮助他们构建新概念，体验不同的生活，丰富人生阅历和思维方式，树立正确的世界观、人生观和价值观，实现知行合一，体现“问题导思”和“情境拓思”。有问必有答，探索问题答案的活动形式多样化，英语活动通常是以小组合作进行师生对话、生生对话、生本对话，这就体现了“对话启思”。语言学习的目的是为了在真实的语境中运用所学知识，理解意义，传递信息，表达个人情感和观点，比较和鉴别不同文化和价值。如何判断是否达到了该目标？这就需要“评价反思”。教师可以通过观察学生的课堂表现、与学生对话，启发学生自我反思，让学生成为评价自己学习的主体。本节课以“五思”教学为核心，着重培养学生的思维品质，将“五思”教学理念渗透在教学的每一个环节。

本堂课为拓展性阅读课，设置了层层递进的学习任务，着重引导学生关注影视文本节选的特色，通过思维导图和表格的方式概括和梳理文章的内容，通过对比来分析、推断出人物性格、情感和态度，创造性地表达自己如何培养积极态度的观点，培养学生的高阶思维能力，提高拓展性阅读的教学效果。

《阿甘正传》节选的电影剧本的教学活动主要分为三个层次：理解、赏析、迁移。理解属于基础性目标，赏析属于提高性目标，迁移属于拓展性目标。第一层次旨在帮助学生从主题意义、文体特征、关键信息点等方面解构语篇内容。任务活动设计遵循“由浅入深”的原则。第二层次旨在推动学生深度学习和思考，帮助他们拓宽视野，丰富阅历，训练思维，提高人文素养。第三层次的目的是让学生迁移创新，引导学生在阅读活动中表达观点、情感和态度，培养积极的人生观，创造性地解决问题，实现能力素养的转化。三个层次的教学设计环环相扣、层层递进，操作性强。此外，目标制定符合学情。例如，提高性目标难度符合班里所有学生的学习能力状况，提高性目标难度适中，学生经过努力可以达到，拓展性目标具有一定的挑战性，但是能够激励学生表达和展现自我。

二、关键问题设计依据与解决路径

本节课的关键问题有以下 2 个：

(1) Can you guess Forrest's attitude towards life?

(2) With low IQ, how can he live an amazing life?

设计本节课的关键问题依据课程的重、难点和学情。根据“五思”教学的要求，本堂课的重点在于运用“自学存思”立足文本，了解剧本的基本要素（人物台词、舞台说明、画外音）；运用“情境拓思”和“问题导思”探索阿甘对人生的态度，难点在于赏析台词，分析人物性格，推断出阿甘对生活的态度；运用“对话启思”在赏析台词的时候可以锻炼学生分析、应用、评价和创造等高阶思维能力；运用“评价启思”进行总结归纳，培养学生对比分析、综合归纳、批判创新的思维能力。

以上问题的解决途径是学生在老师的引导下完成基础性练习、提高性练习，独立思考，课堂积极参与小组讨论，合作完成剧本基本要素的思维导图和赏析台词。

三、学习目标达成度分析

学生通过课前自主预习导学案的相关内容，能够较好地了解本堂课的内容，为上好本堂课做了铺垫。而且在第一本书的学习中，学生已经了解了小说的基本要素：setting，characters and plot，因此减轻了学生预习的难度。通过课前检测，有效地加强了学生对文本地理解。在课堂上，老师在学生分析台词的时候先做了示范，为学生搭建“脚手架”，降低分析难度。对于难点，老师用图文的方式解释，直观易懂，提高了课堂效率。而且多样化的活动丰富了课堂教学，激发了学生的学习兴趣，如角色扮演进行“情境拓思”，师生对话进行“对话启思”，完成表格或思维导图进行“问题导思”等。一系列的活动旨在启发学生的思维能力。此外，教学内容源于课本，但跳出课本，联系生活，学生有话可说。因此，学生能够迅速融入情境中，分析人物性格特征，体会人物情感，较高质量地达到学习目标。

教学实录

说明：本节课，师生全程用英语进行教学和交流，对于学生不清楚、不熟悉的单词，教师用中文解释，帮助学生理解。为了方便阅读，教师用中文进行了整理。

一、语境导入

师：同学们，大家好。请大家看看我手上拿着什么？

生：巧克力。

师：是的，一盒巧克力。这里面有三种口味：牛奶味，草莓味，葡萄味，你们想要哪一种？

生：（举手，不同的学生说想要不同的口味）

师：（走到学生中让学生从中拿出一个巧克力）你想要哪种口味？

生 1：牛奶味。

师：那你拿到哪种口味？

生 1：牛奶味。

师：你真是个幸运儿（微笑）。（让另外一个下学生拿）你呢？想要哪种口味？

生 2：牛奶味。

师：那你拿到哪种口味？

生 2：牛奶味。

师：你也是个幸运儿（微笑）。（让下一个学生拿）你呢？你想要哪种口味？

生 3：牛奶味。

师：你拿到哪种口味？

生 3：葡萄味。

师：没关系，“生活就像一盒巧克力，你永远不知道你将得到什么（Life is like a box of chocolates. You never know what you're gonna get)”。（引出《阿甘正传》里面的经典台词。）这可不是我说的，这是一部非常著名的电影里面的台词（lines），这部电影叫作《阿甘正传》。所以，我们今天要阅读《阿甘正传》中一个节选的剧本。请大家把书翻到 11 页，观察一下剧本，并告诉我剧本是由那些部分组成的。

二、理解文本，问题导思

生：（个别声音）对话（Dialogues），人物（Characters）。

师：非常好，还有吗？

（学生没人回答）

师：请大家看屏幕，我用红色圈起来的部分叫作什么？

生：（个别声音）背景。

师：在哪个部分里面我们会提到背景？

生：（齐声）介绍（Introduction）。

师：对的。请大家看看蓝色部分圈起来的叫作什么？

生：（一些声音）旁白。

师：叫作舞台说明（Instructions）。那么舞台说明是用来干嘛的呢？（指着 from that day on 作为提示）

生：（一些声音）说明时间（time）。

师：是的，还有吗？请大家看看 wait，pulls up，这说明什么？

生：（一些声音）动作（action）。

师：很好。从舞台说明中大家能够看出地点吗？

生：（一些声音）bus stop。

师：大家很棒。所以舞台说明是用来说明时间、地点和动作的。那请大家看看我用绿色圈起来的部分，voice—over 是什么意思？（停顿一会儿，留一时间给时间思考）请看 11 页的底部，这里有一个解释，我们大家来齐读一下。

（学生齐读）

师：那么现在大家能猜到 voice—over 是什么意思了吗？

生：（个别声音）画外音。

师：是的。

生：（一些声音）旁白。

师：对的，我们通常翻译为旁白。所以，剧本由哪几部分组成呢？

生：（一起回答）Introduction，Instructions，Dialogues，Characters and Voice-over.

师：特别棒。那请同学们看看这幅图，他是谁？

生：（齐声）阿甘。

师：他在干什么？

生：（个别声音）他在等公交。

生：（个别声音）他在期待什么东西。

师：也许在等公交，也许在期待什么。他期待的好事还是坏事？

生：（齐声）好事。

师：那你们能猜猜他对人生的态度吗？

生：（齐声）积极的人生态度。

师：那这节课就让我们阅读这部电影的一个节选去找寻答案吧。首先，我们先读 Introduction 部分，然后找出 who，when 和 where。给你们三十秒钟时间阅读。

（学生阅读）

师：时间到，大家找出来了吗？谁来告诉我 when？

生 4：In the second half the 20th century。

师：when 呢？

生 4：In the United States。

师：非常好，请坐。谁来说说 who？

生 5：Forrest Gump。

师：你能找到关于他的更多信息吗？比如说他的性格（personality），智商（IQ），生活（life）。

生 5：他的性格是简单（simple）和温暖（warm）。智商 75，过着惊人的生活（a truly amazing life）。

师：他智商高还是低？大家知道人类的平均智商吗？大约是 100，所以他的智商是高还是低？

生 5：低。

师：太棒了，请坐。请大家思考：既然他有着低智商，那他如何过上惊人的生活呢？

（学生思考）

师：那就让我们进一步阅读来找出线索吧。我们知道，剧本有三个基本要素：背景（setting）、人物（characters）、情节（plot）。这次，请大家阅读并找出前两个要素，也就是说本次节选的 when，where 和 who。给大家两分钟的时间阅读。

（学生阅读）

师：时间到。找到答案了吗？

生 6：On the school bus. On Forrest Gump's first day of school.

师：很好，请坐。那人物呢？

生 7：Forrest，Mrs. Gump，bus driver，boy1，boy2，boy3，and Jenny.

师：不错，但是还有一个人物，其他人找到了吗？请大家看看 26 行。

生：（个别声音）A larger girl.

师：是的。那 Forrest 和 Mrs. Gump 是什么关系呢？

生：（齐声）母子。

师：和 bus driver 呢？

生：（齐声）Strangers。

师：和三个男孩、两个女孩呢？

生：（一些声音）同学（classmates）。

师：在同一校车上的一定是同学吗？

生：（一些声音）校友（schoolmates）。

师：是的，也许是同学，也许是校友。从人物关系中，我们可以把这个节选分为几个场景呢？

生：（齐声）三个。

师：对了。那现在我们来阅读这三个场景来了解故事情节，并找出每个场景的大意。你们有三分钟的时间阅读。

（学生阅读）

师：时间到。请一个同学来回答。

生 8：场景一：Momma's <u>preparation</u> for his first day of school.

师：很好，还有其他答案吗？请坐。

生 9：Expectation.

师：这个答案也不错。还有吗？妈妈说了什么内容？

生 9："You do your very best，Forrest."

师：所以，我们可以说妈妈的什么呢？

生 9：叮嘱。

师：对，叮嘱，用英语怎么说？

生：（其他学生）Encouragement.

师：对了，encouragement。那场景二呢？

生 10：The <u>conversation</u> between Forrest and the bus driver.

师：很好，或者我们也可以说 dialogues，对吧？

生 10：对。

师：场景三呢？

生 11：The <u>attitudes</u> of the four classmates towards Forrest.

三、探索欣赏，情境拓思

师：同学们真是太棒了。了解每个场景的大意之后，现在就让我们一起来欣赏台词吧。大家知道如何欣赏台词吗？从什么角度欣赏？

（学生思考）

师：比如在你们语文课上，你们是如何欣赏台词的？

（学生思考）

师：比如说可以从人物的…

生1：情感。

师：是的，还有呢？

生4：性格。

师：很好，还有吗？

生3：态度。

师：非常好。除此之外，还有它本身的语言之美，你们觉得呢？

生：（齐声）是的。

师：我先给大家举一个例子：The line “Well，now we aren't strangers anymore” shows Forrest is simple。现在，轮到你们了。请大家，读场景一和场景二，以小组为单位，6人一组，讨论找出体现人物性格的台词，并完成表格。

（学生阅读并讨论，老师巡视全班并给予指导）

师：大家找出来了吗？哪个小组愿意来分享一下。

生12：The line “You do your very best，Forrest” show Mrs. Gump is kind and patient.

师：很棒。还有吗？

生13：The bus driver is very kind.

师：你怎么知道的？

生13：“Are you coming along”，“This is the bus to school” and “I'm Dorothy Harris”.

师：确实如此。请大看这句台词“I sure will，Mama”。为什么他回复妈妈用“I sure will”而不是“I will”呢？

（学生思考）

生5：他很自信。

师：对。他知道将有什么困难等着他吗？

生：（齐声）不知道。

师：说明他是一个什么样的人？

生：（个别声音）simple。

师：是的。分析完了第一和第二场景，那我们分析第三场景吧。请大家找出表现三个男孩和 Jenny 的台词。

生：……（声音不齐）

师：那我们一起读一下，Boy1。

生：（齐读）“This seat's taken”。

师：Boy2。

生：（齐读）“It's taken”。

师：Boy3。

生：（齐读）“You can't sit here”。

师：Jenny 呢？

生：（齐读）“You can sit here if you want”。

师：非常好。我想请四个同学上来表演一下。

（四学生表演，其余学生掌声雷动）

师：谢谢你们。通过他们的表演，请大家告诉我三个男孩对 Forrest 的态度怎样？

生：（齐声）不友好（unfriendly）。

师：确实如此。那么 Jenny 对 Forrest 的态度呢？

生：（齐声）友好（friendly）。

师：对于三个男孩的态度，Forrest 是一种什么样的情感？

（学生思考）

生 15：不开心。

师：你怎么知道不开心呢？Forrest 当时回应他们了吗？

生：（齐声）没有。

师：Forrest 在乎他们说了什么吗？

生：（齐声）没有。

师：所以 Forrest 对他们是 concerned 还是 unconcerned？

生：（齐声）Unconcerned。

师：对了。那 Forrest 对 Jenny 又是怎样的情感呢？

生 6：Happy。

师：对，还有吗？如果别人给你让座，你会说…

生：（齐声）Thank you。

师：所以他当时的情感是？

生 9：Thankful。

师：大家很棒。从 Forrest 对他们的情感来看，他对人生是一种什么样的态度呢？

生：（一些声音）积极的（positive）。

师：所以，在这个情景里，他是如何保持积极的人生态度的？

生 6：When people are unfriendly to him, he is always unconcerned about the negative to keep positive.

师： 的却如此。如果你在车上，你会像三个男孩一样对待 Forrest 吗？

生：（齐声）不会。

师： 像 Jenny 一样？

生：（齐声）是的。

师： 你们真是热心人。我们知道他对 Jenny 的情感是 Happy 和 Thankful，你能够找出相应的台词吗？请以小组为单位找出相应台词。

（学生讨论）

生 17：

1. I do remember the first time I heard the sweetest voice in the wide world.
2. I had never seen anything so beautiful in my life. She was like an angel.
3. Nothing at all, thank you. My legs are just fine and dandy.
4. I just sat next to her on that bus and had a conversation all the way to school.
5. From that day on, we was always together.
6. Jenny and me, was like peas and carrots.

师： 太棒了。请大家注意 peas and carrots，你们知道这是什么意思吗？

（学生思考）

师：（呈现豌豆和胡萝卜图片）他们之间有什么关系？

（学生思考）

师：（呈现出胡萝卜丁炒豌豆图片）

（学生哈哈大笑）

师： 在西方国家，人们通常把豌豆和胡萝卜炒在一起，认为他们不可分离。所以，Forrest 把 peas and carrots 放在这里是为了表示他和 Jenny 之间的……

生：（一些声音）亲密关系。

师： 完全正确。还有一点，请大家观察最后两个句子，有语法错误，你们发现了吗？

生：（一些声音）was。

师： 为什么他在这里用“was”而不是“were”呢？

（学生讨论）

生 1： 因为他想表达他把 Jenny 和他自己看成是一个人。

师： 很好的答案。还有不同答案吗？

生 5： 因为他的智商只有 75，犯语法错误很正常。

师： 你回答得真好。这两种都有可能。那从这些台词中，我们可以看出 Forrest 的性格是……生：（个别声音）warm。

师： 是的。你们觉得他对人生的态度是什么？

生：（一些声音）积极的。

师： 那他如何保持积极的人生态度呢？请找出关键词来。

生 1： The sweetest voice, anything so beautiful, an angel, fine and dandy, all the way to school，always together，like peas and carrots。

师：对啦，这都是他所记住的东西。他所记住的都是什么样的事情？

生：（一些声音）美好的事情。

师：所以，他是如何保持积极的人生态度的呢？

生：（齐声）He always remembers good things to keep positive.

师：你们还记得开头提出的问题吗？他的智商这么低，他是如何过上惊人的生活呢？

生 9：他保持积极的人生态度。

师：具体一点。

生：（齐声）When people are unfriendly to him，he is always unconcerned about the negative to keep positive. He always remembers good things to keep positive.

师：所以......

生：（齐声）He lives an amazing life by keeping a positive attitude towards life.

师：很好。分析完人物的性格和情感态度之后，我们现在来观看本节选的电影。在观看的过程中，请大家体会一下人物的性格、情感和态度。

（学生观看电影）

四、拓展分享，对话启思

师：大家通过观看电影能够感受到阿甘积极的人生态度吗？

生：能。

师：那你们呢？你们也有积极的人生态度吗？

生：（一些说有，一些说没有）

师：那我们如何培养积极的人生态度呢？

生 18：在面对困难的时候，不要放弃。

生 4：要像阿甘一样保持简单和积极。

（接下来是学生各种不同的回答，老师根据每位学生的回答进行简单点评）

师：这是我们从本节课中所学到的东西，那你们一定还看过其他电影吧？

生：（齐声）是的。

师：在其他电影中，你们最喜欢的台词是什么呢？可以分享一下吗？这里有一些电影，你们可以参考。请以小组为单位在组内分享。

（学生在组内分享，老师巡视全班，适时给予帮助和指导。）

师：好，请同学们停下来，哪个小组想分享一下？

生 9：我喜欢……

（接下来是学生各种不同的分享，老师根据每位学生的回答进行简单点评）

师：大家分享的都不错，这里有三部电影，你们知道里面的经典台词吗？

生：（一些声音）《哪吒》，我命由我不由天。

师：对，我命由我不由天。第二个《姜子牙》呢？

（学生不知道）

师：用你自己的方式去成为一个真正的神（Be a true deity in your own way）。那这部电影呢？《公主日记》。

（学生不知道）

师：要想成为公主，你必须相信你自己就是公主（To be a princess，you have to believe that you are a princess）。这三句台词，你们喜欢哪一句呢？

生3：我最喜欢第一句，因为它告诉我们要自己掌握自己的命运。

师：我也喜欢。

生8：我喜欢第三句，因为我们要相信自己才能成功。

师：是的，相信你自己。

生10：我也喜欢第一句，因为我要做自己命运的主人。

五、自我小结，评价反思

师：对，你就是你自己命运的主人。今天大家的表现非常好，现在我们来总结一下本节课大家学到了什么。

生1：我们学到了剧本是由 Introduction，Instructions，Dialogues，Characters，Voice—over 组成。

师：很好。

生10：我们要保持积极的人生态度，才能过上惊人的生活。

师：确实如此，我们只有保持积极的人生态度，才能过上幸福的生活。也就是说：Focusing on the positive helps to live a happy life。请大家记住：Simple but positive，you will be a lucky dog。希望所有人都成为幸运儿，OK？

生：（齐声）OK。

师：今天大家的表现实在是太棒了。本堂课到此结束，感谢大家的配合（鞠躬）。

（掌声雷动）

• • ● 专家点评 ● • •

思维引领，创新驱动

湘潭市教科院副院长、高中英语教研员　　周炜

尊敬的各位专家、各位老师：

大家好。在这次“新视野”赛课中，吴朝菊老师给我们吴现了一堂非常精彩的英语

课。我用八字来概括，那就是“思维引领，创新驱动”。这堂课深挖教材，从不同角度培养了学生的逻辑性思维、批判性思维和创新性思维，落实了英语学科核心素养。在评课之前，我与县一中英语教研组组长袁智君老师进行了交流，得知他们从 2018 年开始就进行了思维教学的研究。袁老师简要向我介绍了湘潭县一中的“五思”思维教学的主要内容，我觉得非常好，学生思维的培养一直应该是我们教学的重点，所以这次我想结合新教材与思维教学来评价吴老师的这堂课。

一、学习目标的设计与达成

结合教材内容和学情分析，本节课的三层目标设置具有学科性、层次性和激励性。同时，目标设置符合“五思”教学策略，也符合英语学科对学生思维品质培养的要求，即学生能够探索和欣赏语言及其中的文化现象，梳理、概括信息，分析、推断信息的逻辑关系。通过思维导图和表格将知识进行整合，有利于思维品质的培养，提升欣赏、分析语言的水平。最后再由学生自主总结，检测整体的目标实现情况。从学生的现场反应来看，学生对这三个目标的达成度良好。

二、实现路径的规划与实施

通过学生课前预习、自主观察、老师适时引导，完成思维导图实现基础性目标。这种前置学习能够提高学生的自主性，体现了“五思”教学中的“自学存思”。通过表格呈现，让学生独立完成、小组讨论、组内同学分享赏析台词，完成提高性目标。通过自主表达和分享完成拓展性目标。

三、关键问题的设计与解决

本堂课教师主要为了解决一个问题，那就是：With low IQ，how can he live an amazing life? 这个问题引发学生思考。另外一个问题“What's his attitude towards life?”贯穿全文，为回答第一个问题服务。关键的解决途径是通过独立思考、小组讨论、随机展讲等形式让学生赏析台词，探索人物性格，最后得出结论。这种“问题导思”的设计体现了学生自主探究学习理念，起到了发展学生思维品质和创造力的作用。

四、教学资源的挖掘与利用

本堂课用到的资源包括学生资源、课件、学案、巧克力等。学生自主学习可以培养学生独立思考的能力，小组学习可以调动学习氛围和学习的积极性，提高学生的活动参与度，培养学生合作探究的精神。课件可以更加直观呈现出教学内容，提高课堂效率。学案可以让学生整体把握整堂课的内容。巧克力既起到了导入的作用，又调动了学生的积极性。

五、多向交流的运用与效果

本堂课主要是以学生为主体，老师适时引导。本节课中多次让学生独立思考、小组讨论、自由发言，自己总结，得出结论。老师在小组讨论期间巡视、倾听、交流，即时给予点拨，激活学生思维，引导学生自我答疑。学生在师生对话、生生对话、生本对话中获取信息，找到问题的答案。这种“对话启思”让学生在对话中强化或修正自己的认识，培养了学生的思考力、判断力和表达力。整体效果不错，当然也有个别同学没有积极参与。

六、教师点拨的智慧与启迪

本堂课教师循循善诱，采用积极恰当的评价，帮助学生完成了学习目标，激发了学生的学习热情。教师的智慧点拨体现在以下方面。

一是在分析情节的时候，老师让学生找出每个场景的大意。第一个场景的参考答案是 Momma's encouragement for his first day of school。学生回答的是 Momma's expectation/preparation for his first day of school。老师当场给予肯定，并引导学生再读一下妈妈说的话，最后学生得出了“Momma's encouragement for his first day of school”的答案。老师适当的引导和肯定调动了学生的积极性。

二是在问学生如何欣赏台词的时候。老师问学生如何欣赏台词，学生没有回答出来，老师便说“在语文上你们是如何欣赏台词的?”学生联想到了语文课，并能够说出一点。老师再引导“比如说，可以从人物的……”学生马上就能够说出“从人物的性格、情感和态度来欣赏”。老师从学生熟悉的情境和已有的知识出发点拨学生，立足于真实情境下的思维能力培养，体现了“情境拓思”，效果良好。

三是在分析 Forrest 对三个男孩的情感的时候，学生可以感受到 Forrest 的情感，但是很难表达出来。老师就问了几个问题“他回应三个男孩了吗? 他在乎他们说了什么吗?”学生恍然大悟，答案很快就出来了。在“问题导思”下，老师作为引导者只要稍微点拨就能打开学生的思维。

整个过程，对于比较难的问题，老师都是循循善诱，及时鼓励和引导。而且，教师的评价用语多样化，如：good job；well done；wonderful；great；I think so；I agree with you；good idea；I like your expression；I believe you；yes，we should learn from Forrest 等，根据学生的不同回答用不同的评价用语，评价内容多面性体现了“五思”教学策略中“评价反思”。通过教师的点拨，学生不仅完成了本堂课的任务，也学会了团队协作。除此之外，学生在听、说、读方面的综合能力也得到了锻炼。学生在一种轻松的民主的氛围内交流学习，大方且自信。

总之，本课践行了“五思”教学策略。课堂教学目标明确、具体，操作性强，整堂课围绕教学目标进行，设计环环相扣，落到实处，按时、按量、按质完成了教学任务和目标。导入新颖，用巧克力引出《阿甘正传》里面的著名台词，与学生互动性强，激发学生兴趣，拉近师生之间的距离；深入挖掘教材，条理清楚，层次分明，深入浅出，重点突出，难点突破，理论联系实际，贴近社会和学生生活；恰当设置问题，启迪学生思维；引导学生自主学习、合作探究，促进多元思维，优化学习策略，提高学习效率，确保语言能力、文化意识、思维品质和学习能力的同步提升。从最后让学生自主总结中可以看得出，学生理解并掌握了所学知识，学会欣赏电影台词；课堂贯穿了德育教育，过程自然且有时效，培养了积极的生活态度，教学取得了良好的效果。从课堂实施上看，课堂结构中各个环节完整、合理，时间安排恰当；课堂教学组织严密、紧凑，过渡自然。在课堂上，老师注意到学生的信息反馈，并及时给予评价；师生双边活动良好，课堂氛围比较活跃。在本堂课中，老师使用希沃白板制作课件，运用了高级现代化教学手段，整堂课变得生动有趣，让老师和学生大开眼界。如果老师再放开一点，把更多的时间留给学生自由讨论，学习效果可能会更加突出。

老师们，学生思维的培养是我们落实学生核心素养最应该聚焦的问题，是新高考综合改革背景下高中一线教师教改最重要的努力方向。县一中在新形势下对思维教学的探索所做出的努力是非常有意义、有价值的，值得全市英语同仁去学习。最后，再次感谢吴老师，感谢湘潭县一中英语教研组。

2020 年 11 月 4 日

教学反思

著名教育家波斯纳说过“经验加反思等于成长”，所以反思是教师成长的必经之路。

本节课的整体设计符合《课标》提出的六要素整合的英语学习活动观理念，也遵循了我校提出的“五思”思维教学理念。教师引导学生通过对《阿甘正传》节选主题的探究、对语篇中所传递的文化知识以及内涵的理解，根据英语学科能力要素进行理解、应用实践和迁移创新，并通过比较、分析、评价，将语言、文化、思维融为一体，培养学生英语学科思维，并在解决问题的过程中发展语言能力、汲取文化精华，联系实际生活，培养学生正确的人生观和价值观。以下是教学设计与实施的经验总结、实施效果与预期差距及原因和教学设计与实施待改进之处。

一、教学设计与实施的经验总结

1. 以学生为主体，激发学生英语学科思维。

本节课教师以引导学生思考和表达为主，老师有意识地在文本学习过程中巧设问题，培养学生的逻辑性、批判性和创新性思维能力。“五思”教学策略中的“问题导思”指出，设疑不是让学生马上回答，教师通过“问题”情境设法造成思维上的悬念，使学生处于暂时的困惑状态。本堂课一开始就设置了具有思考性的问题，帮助学生从表层学习进入了深层学习，锻炼学生的逻辑思维能力，提升思维品质，培养学生多元化的思维。比如在研讨文本插图的时候，设置一系列问题，层层递进，循循善诱，最后引导学生思考阿甘对于人生的态度。在提取导言信息的时候，也设置了一个贯穿全文的问题：With low IQ，how can he live an amazing life？引发学生思考，启迪学生动脑，激发学生的好奇心，同时也引出本堂课的主题：通过分析人物性格、情感、态度来培养学生积极的人生态度。在活动实施的过程中，以问答、讨论、小组合作并分享的方式展开，给学生留下足够的活动时间，鼓励学生独立思考，敢于发表自己的见解，体现了以学生为主体的教学理念，也体现了“五思”教学策略中的“对话启思”。

2. 以文本为核心，超越文本

《阿甘正传》是一部经典电影，对于剧本的阅读并不是要在一堂课中把整部电影呈现出来，而是让学生在共同学习节选文段的过程中感受剧本的魅力，了解剧本的基本要素，激发学生对于整部电影以及更多电影的兴趣，并指导他们如何欣赏电影。本节课以台词为主线，老师一开始就创设情境，从电影中最著名的台词“Life is like a box of chocolates. You never know what you are gonna get.”导入，让学生迅速进入情境中，再让学生观察文本中的插图引发思考，体现了“五思”教学策略中的“情境拓思”。教学过程中分析文本台词，最后以学生分享自己最喜欢的台词结尾。从台词到台词，情节主线清晰。以文本为核心，深入挖掘教材，通过台词分析并体会人物性格、情感态度和价值观，渗透情感教育，培养学生积极的人生态度。在分析的过程中，以学生为主体，以小组为单位，自主探索，老师在关键时候引导，点出中西文化的不同，培养学生的国际视野和跨文化沟通能，提升思维品质与合作精神。比如“peas and carrots”，在西方用来表示形影不离，做到了深入挖掘文本。分析完了台词之后，让学生迁移创新，谈论自己最喜欢的台词，并说明原因，提高学习、表达能力。最后设置一个环节让学生分享其他电影中自己喜欢的台词，跳出文本，在这种真实场景中，学生将所学知识、方法、态度迁移来解决现实问题，提升学生欣赏水平和应用实践能力。

3. 教学过程中渗透情感教育

“五思”教学策略中的“情境拓思”要求我们在应用这一教学策略时，要特别关注学生非智力因素的培养，包括情感因素、意志因素，个性、意识形态、气质、性格等。本堂课主要关注情感因素，从始至终围绕“positive”的情感主线。在分析人物性格、情感、态度的过程中渗透情感教育，培养学生积极的人生态度。“情境拓思”可以是真实情境，也可以模拟情境。在渗透情感教育的时候，老师多用模拟情景。比如在分析three boys' and Jenny's attitudes towards Forrest 以及 Forrest's feelings about them 时，总结出“When people are unfriendly to him, he is always unconcerned about the negative to keep positive”。这时，老师提问：If you were on the bus, would you treat Forrest like three boys or Jenny? 学生的回答是“Like Jenny”，也就是要像 Jenny 一样待人要友善。在讲到 peas and carrots 的时候，老师提问：Are you and your friends like peas and carrots? 让学生处于创设的情境中，引导学生珍惜友谊。这种模拟情境可以让学生在探索中形成正确的价值观，积极的态度和思维能力。在家讲到 Forrest 对 Jenny 的美好回忆时，让学生划出 Forrest 回忆内容的一些词语，比如“sweetest voice, anything so beautiful, an angel, peas and carrots”等，引导学生总结出 Forrest 的人生态度：“He always remembers good things to keep positive”。通过这一系列的分析和总结，学生得出一个结论：“He lives an amazing life by keeping a positive attitude towards life。”这自然而然渗透情感教育，同时还回答了开头提出的问题：How can he live an amazing life with low IQ? 显而易见，答案是：A positive attitude makes him live an amazing life。情感主线贯穿始终，主题得到升华。此时，设置一个环节，创设真实情境，即“情境拓思”中的“应用迁移”情境，让学生联系自己的真实生活经历谈谈如何培养积极的人生态度，达到迁移创新的目的。最后，以电影《哪吒》《姜子牙》和《公主日记》里的励志台词结尾，并引出封面语“Focusing on the positive helps to live a better life”，首尾呼应。从学生的自主总结中可以看出学生对此印象非常深刻，情感教育比较到位，效果很好。

二、实施效果与预期差距及原因

1. 未充分把握课堂节奏。学生自主学习和小组讨论时间不够充分，在欣赏台词的时候有点仓促。老师引导学生分析完台词之后，还可以给学生更多的时间来自主分析剧本里面的台词。在讲到“peas and carrots”的时候，本来是要问学生一句“Are you and your friends like peas and carrots?”来联系生活实际渗透情感教育，但是在实际操作的过程中忘记了，有些遗憾。

2. 老师没有完全放手，未将课堂完全还给学生，所以有时候老师说得比较多。比如在分析人物性格的时候，老师担心学生分析不出来，指导得有点多 。

3. 老师要把控全场能力有待提高，不能只关注眼前的学生，而忽略了坐在后面的学生。

4. 课件中可能因为版本的原因，有几处出现乱码，导致呈现的时候不太美观。

三、教学设计与实施待改进之处

结合教学实际问题，我认为本节课教学设计可以从以下两个方面改进。

第一，增加学生自主欣赏剧本中台词的时间。在欣赏台词的时候，由于时间比较仓促，有些重点台词没有提到或者没有欣赏到位，而且学生参与度也没有达到预期要求。

第二，增加学生互评的环节。在采用“五思”教学策略中“评价反思”时要遵循三个原则：一、评价主体多元性；二、评价内容多元性；三、评价方式多元性。本节课虽然是以学生为主体，但是如果能增加学生互评环节的话，评价才会更加全面。从学生互评的过程中，一方面可以锻炼学生的表达能力，另一方面也培养了学生批判性思维能力，同时还提高学生的积极性和参与度。

附录　学生课堂教学评价反馈表（1）

<table>
<tr><td>姓名</td><td colspan="2">John</td><td>班级</td><td>C1902</td><td>科目</td><td>英语</td><td>授课教师</td><td>吴朝菊老师</td></tr>
<tr><td>课题</td><td colspan="4">B2U1 Extended reading
Forrest Gump（Excerpt）</td><td>日期</td><td colspan="3">2020 年 11 月 4 日</td></tr>
<tr><td rowspan="20">自我评价</td><td rowspan="4">自主学习</td><td colspan="7">○能充分预习教材，全部完成自学清单的任务</td></tr>
<tr><td colspan="7">⊙部分完成预习内容，部分完成自学清单的任务</td></tr>
<tr><td colspan="7">○不能完成预习内容，没有完成自学清单的任务</td></tr>
<tr><td colspan="7">对于自主学习的自我反思：由于时间有限，没有很好地完成自主学习部分的内容，缺乏背景知识，导致上课效果不是很好。</td></tr>
<tr><td rowspan="5">小组活动</td><td colspan="7">⊙我能全程积极参与　○我部分时间参与　○我很少参与</td></tr>
<tr><td colspan="7">⊙我能在活动中努力思考、主动发现、探索问题、完成任务</td></tr>
<tr><td colspan="7">⊙我善于倾听，能与他人合作，尊重他人</td></tr>
<tr><td colspan="7">○我能积极地为解决问题去搜集信息、整理资料</td></tr>
<tr><td colspan="7">○我能积极大胆质疑、提出观点、勇于表达</td></tr>
<tr><td rowspan="11">课堂教学</td><td rowspan="4">小组整体评价</td><td colspan="6">○成员能够积极大胆地发表观点并认真倾听别人的意见，气氛热烈，能及时完成所有活动和任务。</td></tr>
<tr><td colspan="6">⊙成员团结、协作，有组员发表看法，其余成员做到认倾听，基本完整活动和任务。</td></tr>
<tr><td colspan="6">○小组活动时，很少有人发表观点，各做各的，有的同学完成任务，有的没有，缺乏团结、协作精神。</td></tr>
<tr><td colspan="6">对于小组活动的反思评价（个人以及全组成员）：
自我：在小组活动中，我能积极思考问题，与小组成员交流看法，但是由于我英语口语不太好，有点自卑，不太敢发言。我觉得自己应该自信一点，积极回答问题。
组员：小组讨论激烈，认真思考问题，但是可能由于听课的老师太多，大家普遍比较紧张，不敢举手回答问题。</td></tr>
<tr><td colspan="4">对课堂内容的兴趣与热情</td><td>⊙高</td><td>○一般</td><td>○无</td></tr>
<tr><td colspan="4">能否理解、掌握老师所授内容</td><td>○能</td><td>⊙部分</td><td>○不能</td></tr>
<tr><td colspan="4">课堂中专注、认真与否</td><td>○能</td><td>⊙部分</td><td>○不能</td></tr>
<tr><td colspan="4">能否努力积极思考、探究</td><td>○能</td><td>⊙部分</td><td>○不能</td></tr>
<tr><td colspan="4">心情平和愉悦、精神饱满</td><td>○能</td><td>⊙部分</td><td>○不能</td></tr>
<tr><td colspan="7">对于课堂学习的自我反思：在整个课堂中，一步步跟着老师来，积极思考老师的问题，积极参与小组活动，感觉时间过得很快。老师用希沃白板制作的课件精美，使用了很多我没见过的高科技教学手段，让我耳目一新。虽然之前有看过《阿甘正传》这部电影，但是通过这堂课的学习，我对里面的人物性格特征和情感有了更加深入的了解，启发了我的思考。</td></tr>
</table>

续表

<table>
<tr><td>姓名</td><td>John</td><td>班级</td><td>C1902</td><td>科目</td><td>英语</td><td>授课教师</td><td>吴朝菊老师</td></tr>
<tr><td>课题</td><td colspan="3">B2U1 Extended reading
Forrest Gump（Excerpt）</td><td>日期</td><td colspan="3">2020 年 11 月 4 日</td></tr>
<tr><td rowspan="5">课堂教学评价</td><td colspan="7">整体评价　⊙优秀　○良好　○一般　○不成功</td></tr>
<tr><td colspan="7">1. 课堂中你感受最深的是什么？为什么？
角色扮演部分让我印象深刻，因为表演出来更加直观，而且也体现了同学们对剧本的理解。虽然台词不多，但是每一句都值得研究，特别是台词背后所体现的人物性格特征和情感态度。</td></tr>
<tr><td colspan="7">2. 哪些教学活动吸引了你而成为有效的教学行为？它们有何价值？
老师让我们归纳那六句台词的共同点的时候，我们说一句老师就能从中用手拖出来一句，真是太棒了，这是我第一次见到还有这种操作。把拖出来的词放在一起找共同点，一目了然，我们一下子就总结出了阿甘之所以有积极的人生态度是因为他的脑子里装的都是美好的事物，这值得我们学习。</td></tr>
<tr><td colspan="7">3. 课堂有没有注重启发学生思维和能力培养？在课堂中你有没有思考？思考的情形是怎样的？
课堂中有很多注重启发学生思维和能力培养的设计，比如说通过思维导图归纳总结，通过问答的形式启发学生，通过角色扮演加深学生对人物的理解，通过小组讨论得出结论等，都能很好地培养学生的思维能力。
在课堂上我积极思考。角色扮演我虽然没有上台表演，但是我在练习的时候一直在思考如何体现人物的性格和情感。</td></tr>
<tr><td colspan="7">4. 课堂中不太成功或不成功的地方在哪？你对老师有什么建议？
台词欣赏的环节有点仓促，感觉还没尽兴就结束了。其实还有很多台词值得细细品味。如果老师能再多欣赏几句，我们对阿甘会有更加全面的了解。角色扮演的时候学生有点羞涩，没有完全放开，如果给予更多的练习时间，我相信会表演得更好。</td></tr>
<tr><td>教师评价</td><td colspan="7"></td></tr>
</table>

学生课堂教学评价反馈表（2）

<table>
<tr><td>姓名</td><td>Emily</td><td>班级</td><td>C1902</td><td>科目</td><td>英语</td><td>授课教师</td><td>吴朝菊老师</td></tr>
<tr><td>课题</td><td colspan="3">B2U1 Extended reading
Forrest Gump（Excerpt）</td><td>日期</td><td colspan="3">2020 年 11 月 4 日</td></tr>
<tr><td rowspan="19">自我评价</td><td rowspan="4">自主学习</td><td colspan="6">⊙能充分预习教材，全部完成自学清单的任务</td></tr>
<tr><td colspan="6">○部分完成预习内容，部分完成自学清单的任务</td></tr>
<tr><td colspan="6">○不能完成预习内容，没有完成自学清单的任务</td></tr>
<tr><td colspan="6">对于自主学习的自我反思：这部电影我没看过，我虽然按照老师的要求去预习和准备，但是预习和准备得不够充分，有的时有些单词不认识，对文本理解不到位。</td></tr>
<tr><td rowspan="5">小组活动</td><td colspan="6">⊙我能全程积极参与　○我部分时间参与　○我很少参与</td></tr>
<tr><td colspan="6">⊙我能在活动中努力思考、主动发现、探索问题、完成任务</td></tr>
<tr><td colspan="6">○我善于倾听，能与他人合作，尊重他人</td></tr>
<tr><td colspan="6">○我能积极地为解决问题去搜集信息、整理资料</td></tr>
<tr><td colspan="6">⊙我能积极大胆质疑、提出观点、勇于表达</td></tr>
<tr><td rowspan="10">课堂教学</td><td rowspan="4">小组整体评价</td><td colspan="5">○成员能够积极大胆地发表观点并认真倾听别人的意见，气氛热烈，能及时完成所有活动和任务。</td></tr>
<tr><td colspan="5">⊙成员团结、协作，有组员发表看法，其余成员做到认倾听，基本完整活动和任务。</td></tr>
<tr><td colspan="5">○小组活动时，很少有人发表观点，各做各的，有的同学完成任务，有的没有，缺乏团结、协作精神。</td></tr>
<tr><td colspan="5">对于小组活动的反思评价（个人以及全组成员）：
自我：在小组活动中，积极思考，积极参与，回答了很多次老师提出的问题，自我感觉良好。
组员：小组成员在讨论的时候积极参与，但是在举手回答问题的时候有点逃避，最后都是我在举手。我希望大家都能够大胆一点，勇于表现自我。</td></tr>
<tr><td colspan="3">对课堂内容的兴趣与热情</td><td>⊙高</td><td>○一般</td><td>○无</td></tr>
<tr><td colspan="3">能否理解、掌握老师所授内容</td><td>⊙能</td><td>○部分</td><td>○不能</td></tr>
<tr><td colspan="3">课堂中专注、认真与否</td><td>○是</td><td>⊙有时</td><td>○不能</td></tr>
<tr><td colspan="3">能否努力积极思考、探究</td><td>⊙能</td><td>○有时</td><td>○不能</td></tr>
<tr><td colspan="3">心情平和愉悦、精神饱满</td><td>⊙是</td><td>○一般</td><td>○不是</td></tr>
<tr><td colspan="6">对于课堂学习的自我反思：在课堂中，我积极参与小组活动，积极思考老师提出的问题，多次举手回答问题，虽然有两次没有回答正确，但是这不影响我表现的勇气，觉得大家应该多配合老师。通过这堂课的学习，我对阿甘这个人物有了深刻的认识，并决定去看这部电影。</td></tr>
</table>

续表

<table>
<tr><td>姓名</td><td>Emily</td><td>班级</td><td>C1902</td><td>科目</td><td>英语</td><td>授课教师</td><td>吴朝菊老师</td></tr>
<tr><td rowspan="5">课堂教学评价</td><td colspan="7">整体评价　⊙优秀　○良好　○一般　○不成功</td></tr>
<tr><td colspan="7">1. 课堂中你感受最深的是什么？为什么？
导入部分让我印象深刻，因为老师拿着巧克力引出阿甘正传里面的经典名言，进入主题，情境很真实，很自然，一下就引起了我的兴趣。</td></tr>
<tr><td colspan="7">2. 哪些教学活动吸引了你而成为有效的教学行为？它们有何价值？
老师提问、小组合作、思维导图、呈现图片、播放视频等都吸引我成为有效的教学行为。因为老师提问可以引发思考，小组合作可以展开讨论，思维导图清晰简介，一目了然，培养归纳总结的能力。呈现出图和视频感受直观。比如说老师让我们测测“peas and carrots”的意思的时候，我们猜不出来，老师呈现出豌豆和胡萝卜做成一道菜的图片，并告诉我们在西方文化中，这代表“形影不离”我们瞬间恍然大悟，也哈哈大笑，没想到一道菜的寓意如此深刻。同时也体会到了中西文化的差异。</td></tr>
<tr><td colspan="7">3. 课堂有没有注重启发学生思维和能力培养？在课堂中你有没有思考？思考的情形是怎样的？
有。老师在让我们分析人物态度情感的时候，画了个表格让我们讨论去完成。在讨论的过程中，我们一点点去分析。在讨论三个学生对阿甘粗鲁不友好的行为和态度的时候，我们找不到合适的词来表达，老师就反问了我们一句“Is he concerned about it?”，我们一下子就反应过来了：unconcerned。老师在课堂上的点拨和引导很重要，可以启发我们的思维。</td></tr>
<tr><td colspan="7">4. 课堂中不太成功或不成功的地方在哪？你对老师有什么建议？
一、PPT 有一处排版有点乱，看得不是很清楚，建议老师上课前先试着播放一下看看效果。二、最后分享其他电影中的台词有点难度，因为我们准备的时间不够，所以感觉有点冷场，建议老师提前几天让学生去准备一下。</td></tr>
<tr><td>教师评价</td><td colspan="7"></td></tr>
</table>

参考文献

[1] 曹铭仁. 高中英语阅读教学中培养学生高阶思维品质的途径探索 [J]. 中小学外语教学（中学），2019，42(6)：53-57.

[2] 教育部普通高中英语课程标准 [M]. 北京：人民教育出版社，2017：25-28.

[3] 王殿军. 思维第一：教学设计与实施 [M]. 北京：教育科学出版社，2020：69-99

[4] 王守仁，何锋. 普通高中教科书英语教师教学用书：必修. 第二册 [M]. 南京：译林出版社，2020：1-29

6 《实验：探究加速度与力、质量的关系》教学案例

胡　鹏

《实验：探究加速度》教学案例

···●教学设计●···

一、课型

实验探究课

二、内容分析

牛顿第二定律是高中物理学中一个重要的内容，它承上启下，在知识的结构上将几乎所有的高中物理学知识串联起来。因此，在很多的物理老师眼里，牛顿第二定律就是整个高中物理教学的精髓所在。

高中物理的知识体系中涉及了力光声电这四个基本的物理学分支，这些物理学的分支通过“运动”被紧密地联系在一起。力与运动的关系通过牛顿三大运动定律可以完美的解释。运动与力构成了高中物理的基础，在二者之间起连接作用的正是高中物理的精髓一一牛顿第二定律

此次“五思”教学研讨课选择《探究加速度与力、质量的关系》。此节为实验探究课程，是牛顿第二定律得出的实验准备。此节的重点是提出物理问题，形成猜想和假设，获取和处理信息，基于证据得出结论并做出解释，以及对实验探究过程和结果进行交流、评估、反思的能力。“实验探究”主要包括问题、证据、解释、交流等要素。通

过高中阶段的学习，学生应具有实验探究意识，能在学习和日常生活中发现问题、提出合理猜测与假设；具有设计实验探究方案和获取证据的能力，能正确实施实验探究方案，使用各种科技手段和方法收集信息；具有分析论证的能力，会使用各种方法和手段分析、处理信息，描述、解释实验探究结果和变化趋势；具有合作与交流的意愿与能力，能准确表述、评估和反思实验探究过程与结果。

三、学习目标

基础性目标 实验猜想与设计	1. 猜想影响物体加速度 a 大小的因素 2. 针对猜想思考相关物理量的测量方案 3. 联合各物理量的测量综合整个实验实行方案 4. 根据实验结果得出实验结论
提高性目标 设计实现与操作	1. 为何要补偿阻力，如何补偿阻力 2. 非线性关系如何处理，如何“化曲为直”
拓展性目标 误差分析 与创新	1. 实验中为何要保证小车质量远大于铅块质量 2. 实验误差来源的以及对实验结果的影响分析 3. 能否设计一个更好的实验方案，减小实验误差

四、实现路径

本堂课为实验课，重点在于学生自己动手实验。而前期的课堂引入充满趣味性，通过玩游戏的方式，极快地调动了学生的学习积极性。用提问的方式引导学生自我思考，培养学生独立思考的能力，培养学生主动学习的习惯。

本堂课主要有三个关键问题需要解决：

1. 课堂引入阶段，如何找到影响加速度的几个因素。这个问题老师通过一个有趣的游戏完美地解决了这个问题。（创设情境，提出问题，拓展思维）

2. 如何测得小车所受的合外力。这里通过对小车受力分析以及学生之间的激烈讨论，得出关键处理办法“阻力补偿法”（提出问题，环环相扣，启发思维）

3. 数据处理阶段，如何处理加速度和质量的关系。这里首先得到的是一条曲线，通过引导学生处理此类问题的一般方法尝试将其变成一条直线，最后应用电脑软件快速处理佐证猜想。（路遇困难，相互探讨，辨析概念；应用电脑技术辅助课堂教学，实现跨学科融合）

五、课堂流程

流程	时间	教师活动	学生活动
活动引入 “情境拓思”	3 分钟	组织一位男同学一位女同学参与“星球大战”游戏，调动学生积极性	两位同学上台按规则完成游戏

续表

流程	时间	教师活动	学生活动
实验准备 “问题导思” “对话启思”	12 分钟	引导学生思考实验方法，设计实验方案，引导学生思考怎样实现物理量的测量，特别分析合外力的测量，交代清楚如何平衡摩擦力	思考问题，大胆猜想，学习操作注意事项
学生实验 “情境拓思”	20 分钟	组织学生分组实验，实时进行指导	组装实验器材，按照老师交代的进行实验测量，处理实验数据，绘制成图
结论探讨 “问题导思” “评价反思”	15 分钟	展示学生实验所得实验结果，组织学生得出实验结果，关于加速度与物体质量的关系，引导学生“化曲为直”	根据实验图象总结实验结论，学习“化曲为直”的科学处理方法

附录一 自主预习清单

姓名		班次	
课题	《探究加速度与力、质量的关系》		
基础性预习清单	1. 说出电磁打点计时器的使用要点 2. 回顾如何较准确快捷的利用纸带求得加速度 3. 各小组根据所学知识与教材内容设计实验方案并认真分析 实验方案的可行性 4. 根据实验方案列出完成实验所需实验器材		
提高性预习清单	1. 针对实验所需测量的物理量提供相应的测量方法，并探讨分析不同方法的优缺点 2. 设想实验操作过程中可能遇到的困难与问题，并针对预想提供相应的解决方案 3. 列举常用的实验数据处理方法，并分析本实验数据如何处理		
拓展性预习清单	1. 物理实验都存在误差，小组讨论分析自己所设计的实验方案误差来源于哪些地方，对我们的结果有何影响 2. 对于课本给出的两个实验方案，还有何改进之处，或者你还有其他的实验方案，试阐述之		
我的问题			

预习检测练习

一、基础性预习检测

1. 加速度是表示物体运动状态________的物理量。根据事实经验，加速度与物体的________有关。物体________一定时，质量越小，加速度就越大。加速度还与物体________的大小有关，物体________一定时，受力越大，其加速度越大。

2、控制变量法：加速度 a 和质量 m，受力 F 都有关系。研究它们之间的关系时，先保持________不变，测量物体在________的力的作用下的加速度，分析加速度与力的关系，再保持物体所受的力________，测量不同________的物体在该力作用下的加速度，分析加速度与质量的关系。这种先控制一个参量不变，研究其余参量之间变化关系的方法叫控制变量法。

二、提高性预习检测

1. 某同学平衡摩擦力时是这样操作的：将小车静止地放在水平长木板上，把木板不带滑轮的一端慢慢垫高，如图（乙），直到小车由静止开始沿木板向下滑动为止. 请问这位同学的操作是否正确？如果不正确，应当如何进行？

答：____.

2. 为了更直观地反映物体的加速度 a 与物体质量 m 的关系，往往用二者的关系图象表示出来，该关系图象应选用（　　）。

A. $a-m$ 图象　　　　B. $m-a$ 图象

C. $a-\frac{1}{m}$图象　　　　D. $\frac{1}{m}-a$ 图象

3. 如果 $a-\frac{1}{m}$图象是通过原点的一条直线，则说明（　　）。

A. 物体的加速度 a 与质量 m 成正比　　B. 物体的加速度 a 与质量 m 成反比

C. 物体的质量 m 与加速度 a 成正比　　D. 物体的质量 m 与加速度 a 成反比

4. 在“探究加速度与力、质量关系”的实验中，一小组在该实验中得到了如下一组实验数据：

$a/\ (m\cdot s^{-2})$	1.98	4.06	5.95	8.12
F/N	1.00	2.00	3.00	4.00

①请在右图所示的坐标中画出 a-F 图线.

②根据图象判定：当 m 一定时，a 与 F 的关系为________.

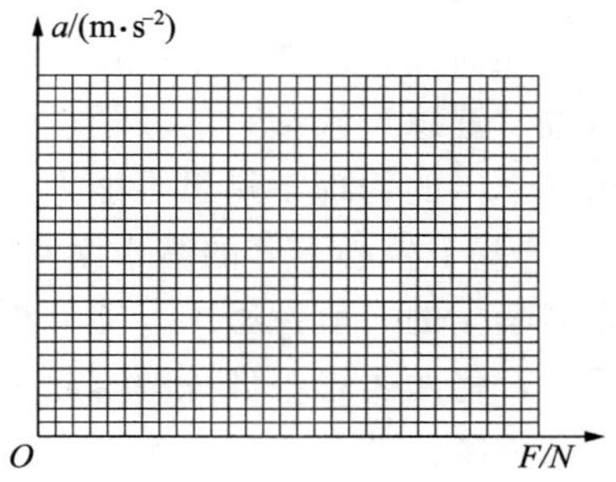

③若甲、乙两同学在实验过程中，由于没有按照正确步骤进行实验，处理数据后得出如图所示的 a-F 图象．试分析甲、乙两同学可能存在的问题：

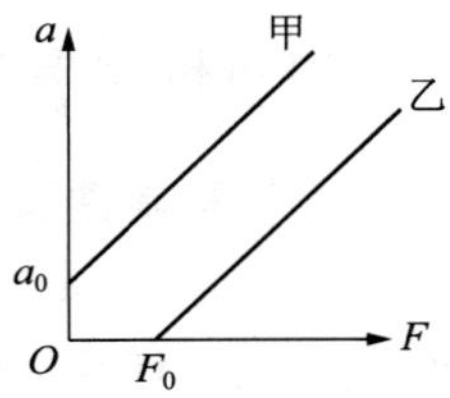

甲：____________________；

乙：____________________．

5．在“验证牛顿运动定律”的实验中，实验装置如图甲所示，有一位同学通过实验测量作出了图乙中的 A 图线．试分析：

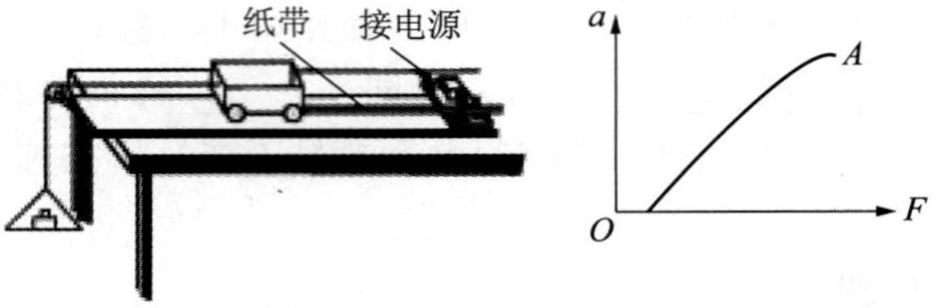

甲　　　　乙

①A 图线不通过坐标原点的原因是____________________；

②A 图线上部弯曲的原因是____________________．

设计依据

物理学科的核心素养是学生在接受物理教育过程中逐步形成的适应个人终身发展和社会发展需要的必备品格和关键能力，是学生通过物理学习内化的带有物理学科特性的品质，是学生科学素养的关键成分。

“物理学科思维”主要包括模型建构、科学推理、科学论证、质疑创新等要素。通过高中阶段的学习，学生应具有建构理想模型的意识和能力；能正确运用科学思维方法，从定性和定量两个方面进行科学推理、找出规律、形成结论，并能解释自然现象和解决实际问题；具有使用科学证据的意识和评估科学证据的能力，能运用证据对研究的问题进行描述、解释和预测；具有批判性思维，能基于证据大胆质疑，从不同角度思考问题，追求科技创新。

如何在物理课堂中，培养物理学科思维？我们认真落实“基于核心素养的高中学科思维‘五思’教学”的教学理念，通过运用“五思”教学的五条教学策略来建构课堂，培养学生的物理学科思维能力，实现提升学生物理核心素养的最终目标。

“基于核心素养的高中学科思维‘五思’教学”特别强调在学科教学中不仅要培养发展学生的一般性思维，即分析、推理、综合等思维品质，更要培养、发展学生的学科思维，将两类思维训练融合起来，培养学生的高阶思维，让学生进入深度学习状态。通过高中阶段的学习，学生能正确认识科学的本质；具有学习和研究物理的好奇心与求知欲，能主动与他人合作，尊重他人，能基于证据和逻辑发表自己的见解，实事求是，不迷信权威；在进行物理研究和物理成果应用时，能遵循普遍接受的道德规范。

本堂课为实验探究课，课前为了提高学生的注意力以及课堂的引入，设计了一个课堂小游戏“星球大战”。通过吹两个质量不一样的乒乓球来体验质量对物体加速度的影响。接下来的实验探究选择采用教材中的实验装置和原理。本实验的研究对象是小车，探究的是小车的加速度 a 与其所受合力 F 以及质量 M 之间的关系。实验涉及多个物理量之间的关系，所以引导学生采用的方法是控制变量法，即在探究加速度与力的关系时，保持小车的质量不变，改变小车的拉力 F；在探究加速度与质量的关系时，保持小桶和铅块的质量不变，改变小车的质量 M。

本节课的第一个重点也是难点就是怎样测量小车所受到的合外力 F。学生一般会想到绳子对小车的拉力就是小车的合外力。所以首先要解决的是要引导学生想到摩擦力的影响。而怎么消除摩擦力的影响呢？这里还需要引导学生想到抬高木板的一端，以重力沿斜面向下的分力来补偿阻力。实验室的器材木板比较轻，垫块位置很容易错位。为此，我们重新制作了专门的器材，提高实验装置的稳定性。

在补偿摩擦力之后绳的拉力就是小车所受的合力 F，而将盘和砝码的重力 mg 近似当作小车的拉力，所以测出了盘和砝码的重力 mg 就测出了小车受的合力 F。其实实验中小车的拉力不等于盘和砝码的重力。但这里暂时没办法解释，也不是这节课的要解决的问题，所以这里选择一句话带过。

由于这节课需要做两组实验，而时间又比较有限，所以选择将全班同学分成两部分，一部分同学保持小车的质量不变，改变小车的拉力 F。而另一部分学生保持小桶和铅块的质量不变，改变小车的质量 M，两组实验同时进行。每个小组的同学又分成两队，一队负责实验操作，另一对负责纸带及数据处理。这样既可以快速得到结果，也可以培养学生团结协作的能力。

根据实验得到的数据，如果用以前的方法逐一的计算每次实验的加速度，课堂剩余时间肯定无法完成教学任务。因此，引导学生利用计算机 Excel 软件来处理实验数据。

通过计算机软件的计算和合成图象，学生很快就发现了：a-F 几乎是一条过原点的直线，a-M 则类似于双曲线的一支。由于 a-M 图象是曲线，并不太利于结论的分析，因此，引导学生尝试做出 a-$1/M$ 图象，结果发现 a-$1/M$ 几乎也是一条过原点的直线。如此一来，学生不仅可以得出“$a \propto F$ 和 $a \propto 1/M$”这样的结论，更体会到了信息技术的用途和“化曲为直”的思想在处理物理量之间反比关系的妙处。信息技术在教学中的应用，简化了数据分析过程，极大地提高数据处理的效率，使本实验探究顺利完成成为可能，可以说 excel 软件的使用是这一环节的创新之处。

“五思教学”的一个特点，就是打破学科界限，注重本学科与实际学科的联系，重视运用本学科知识解决其他问题的能力的培养。不同学科的教材中，有不少内容互为联系，可以相互沟通，学生可以利用其他学科中学到的知识和经验，解决本学科的问题，为新知识的学习铺平道路。所以，跨学科教学有利于拓展学生思维。

二、学习目标达成度分析

本节课的教学目标设计科学、合理，层次清晰。整个过程对学生的激励性很强，很好地培养了学生的思维能力以及动手能力。在实验过程中，各小组成员分工明确，团结协作，对于实验结果很容易接受。

课堂上，教师利用学生游戏、手机投影等方法，使学生的学习更加直观具体。学校配套的实验仪器具有极大的不稳定性，为此，教师专门设计制作实验器材，提高实验成功率。

实验过程中学生表现都很优秀，实验操作组的同学操作很娴熟，而测量数据的同学对于逐差法求加速度的具体操作还有待加强。成功的物理实验不在课前，而在课后。对实验情况进行反思后，会获得许多成功的经验和失败的教训，然后让学生根据这些体会和反馈的信息，寻找到理论学习与实践操作之间的差距，在此基础上，对物理原理进行深入思考领会，为以后学习物理打下基础。同时，也为后续同类课题的实验设计提供经验借鉴。经过这样多次的实践、反思，再实践、再反思，学生对物理知识吐故纳新，有自己新的发现。我们期待学生能在反思中学会学习。

• • ● 教学实录 ● • •

一、情境导入，激思启智

【游戏】星球大战（PPT 第一页）

师：首先我想请一个男生和一个女生上台玩一个游戏，先讲明游戏规则，两位同学用全力各自吹动支架上的一个乒乓球，球移动距离远的同学获胜。（请一个体型健硕的男生，和一个娇小的女生），同学们猜猜是男生会赢还是女生会赢。

生：男生气力大一些，应该是男生赢。

（分给男生一个稍重的乒乓球，分给女生一个稍轻的乒乓球）

——现象：女生吹的球先到中点。

师：同学们，为什么跟我们开始猜想的不一样呢？

生：看起来两个球不一样重。

（教师让台上两位同学感受两个乒乓球的质量区别）

师：同学们，我们可以从运动学的角度来解释一下我们刚刚看到的现象，在吹动乒乓球的过程中，这两个球的加速度相同吗？

生：不一样，质量小的球加速度大。

师：比赛之前我们都猜想男生会赢，为什么我们会认为男生吹的球加速度大一些？

生：我们觉得男生气力大一些，球的加速度会更大一些。

师：通过这个游戏，我们知道一个物体的加速度大小跟它受到的力和它自身质量都有关系，那到底是有怎样的关系呢，接下来我们就通过实验一起来探究一下。（转 PPT 第二页）

二、完成实验，反思总结

实验思路

1. 实验目的：探究加速度 a 与力 F、质量 m 的关系（板书标题，转 PPT 第三页）

师：我们怎样完成实验呢？采取什么方法呢？（引导学生思考实验方法）

生：控制变量法（点击 PPT）

2. 实验方法：控制变量法

$$\begin{cases}\text{保持 } m \text{ 一定，探究 } a \text{ 与 } F \text{ 的关系} \\ \text{保持 } F \text{ 一定，探究 } a \text{ 与 } m \text{ 的关系}\end{cases}$$

3. 实验准备：（点击 PPT）

师：完成实验我们需要测量物体加速度 a、物体受力 F、物体质量 m。这个力 F 是指物体受到的哪个力？

生：应该是指物体受到的合外力。

师：接下来请同学们利用桌上的实验仪器，设计一种可行的实验方案

4. 实验方案

师：我们可以研究小车在长木板上的运动，用重物拉动小车，并用打点计时器记录小车运动情况。（转 PPT 第四页）

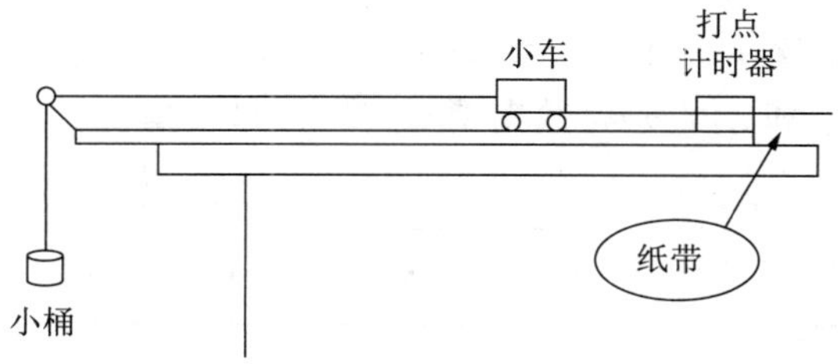

师：小车是我们的研究对象，其质量和加速度都容易测量，小车所受合外力怎么测量？（转 PPT 第五页）（请另外一名学生回答该问题）

生：绳子对小车的拉力就等于小车的合外力。（回答完毕请学生坐下）

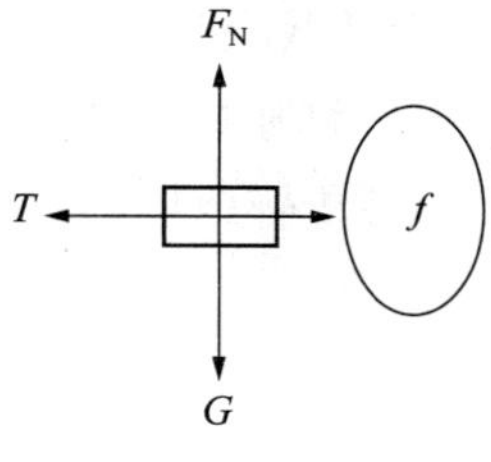

师：同学们还有不同意见吗？

生：小车还受到摩擦力。（点击 PPT）

师：如何解决摩擦力的问题？（给学生半分钟思考）

（点击 PPT）

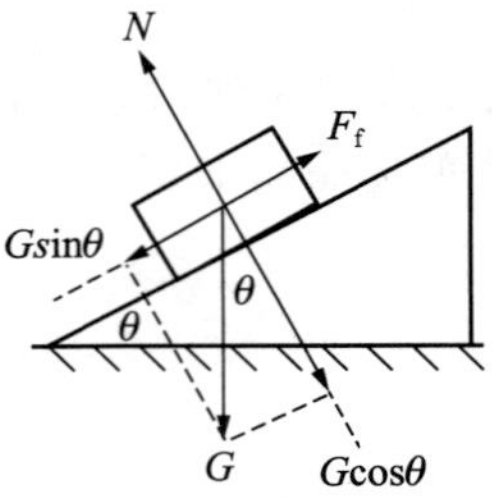

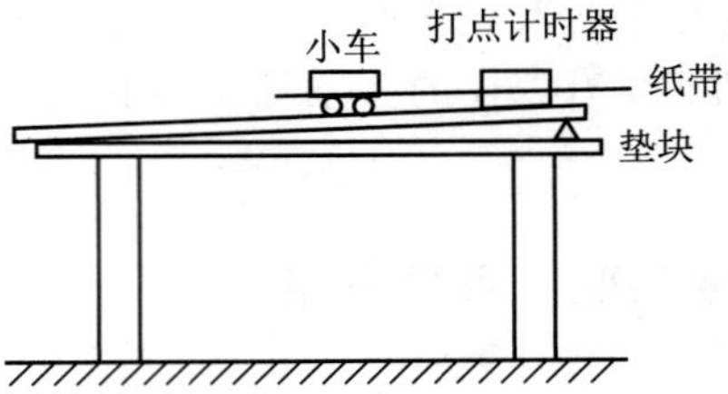

师：我们可以将长木板的不带定滑轮的一端下面垫上一块薄木板，反复移动薄木板的位置，直至小车在斜面上运动时以保持匀速运动状态，这时小车受到的摩擦力恰好与小车所受的重力在斜面方向上的分力平衡。(摩擦力补偿法)

师：平衡摩擦力之后，保持细绳与木板平行，此时绳对小车的拉力就等于小车的合力，这个拉力还是要测量。(点击 PPT) 实验证明：小车质量远大于小桶质量时，小车所受的拉力可认为与小桶所受重力相等。

师：接下来我们根据刚刚的方案组装桌上的相关器材，完成实验。

5．实验操作（需仔仔细细交代清楚）(转 PPT 第六页)

(1) 全班同学分成 10 个小组。

(2) 安装好实验装置，在小车上装好纸带，纸带另一端穿过计时器限位孔，调整木板倾斜程度，平衡摩擦力。

(3) 其中 1～5 组同学控制小车质量不变，各组小桶总质量按 10g、15g、20g、25g、30g 依次增加，测 5 组数据，得到对应纸带。(塑料桶自重 5g，铅块每个 5g)

(4) 另外 6～10 组同学控制小桶质量（拉力不变），各组小车质量按 200g、250g、300g、350g、400g 依次增加，测 5 组数据，得到对应纸带（小车质量统一为 200g，每个钩码重 50g）(转 PPT 第七页)

(5) 各小组从某点 O 开始每 5 个点取一个计数点，连续取 6 段，用刻度尺测出 OA 与 OB 的长度值记为 x_1 和 x_2，并将数据填写在实验报告单上。

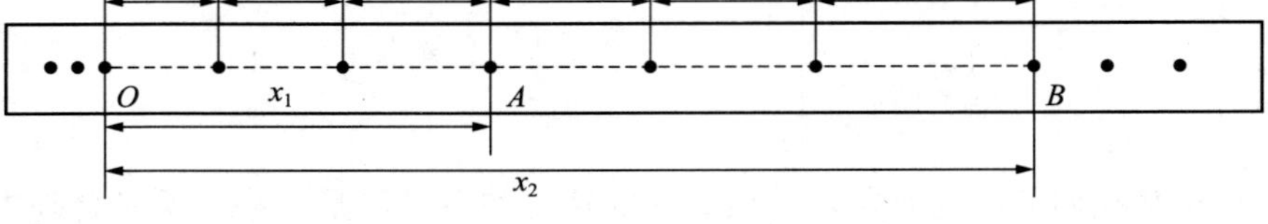

师：接下来的时间请同学们团结合作，合理分工，快速完成实验并填写好报告单，待会儿我会选取一组同学的数据展示在黑板上。

(教师在课堂上巡视，指导学生正确完成步骤)(转 PPT 第八页)

(实验时间约 20 分钟，教师收集学生数据，填写在 Excel 表格当中)

5. 数据处理

	次数	小桶质量 m/kg	拉力 F/N	x_1/cm	x_2/cm	(x_2-2x_1)/cm
当小车质量不变时	1	0.010	0.098			
	2	0.015	0.147			
	3	0.020	0.196			
	4	0.025	0.245			
	5	0.030	0.294			

(1) 探究加速度与合力的关系

师：同学们，我们由表格处理数据得到小车加速度，如何更直观地看出拉力 F 和小车加速度 a 之间的关系呢？

——以加速度为纵轴，拉力 F 为横轴建立坐标系，将五组数据描点在坐标图中，观察点迹分布特点。

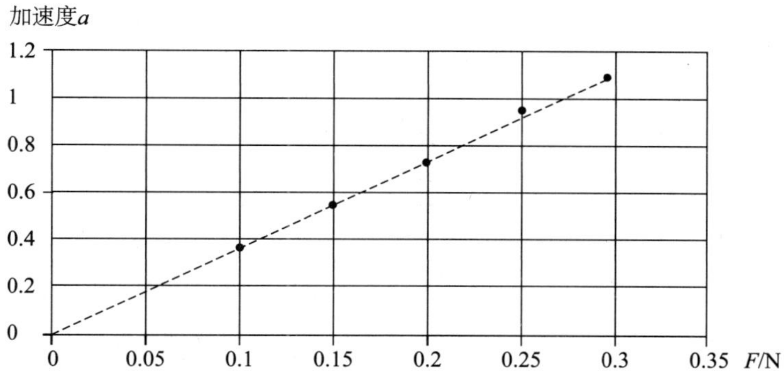

师：可以得出什么结论？——在误差匀速范围内，m 一定时，a 与 F 成正比。

(2) 探究加速度与质量的关系

	次数	小车质量 M/kg	x_1/cm	x_2/cm	(x_2-2x_1)/cm
当拉力不变时	1	0.200			
	2	0.250			
	3	0.300			
	4	0.350			
	5	0.400			

师：按照上面的方法得到的图象是曲线怎么办？能看出两者是什么样的函数关系吗？

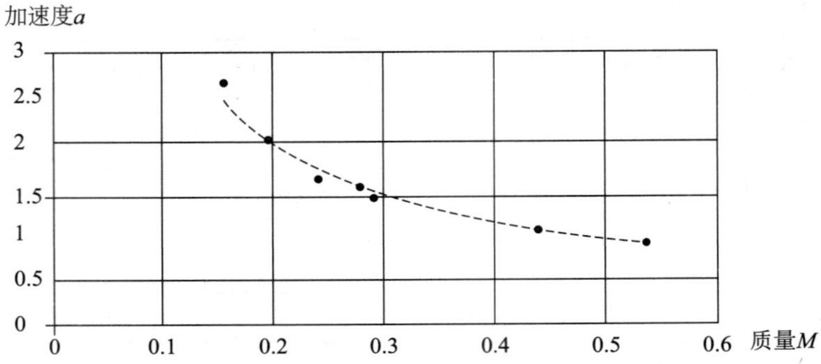

师：我们能够直接看出来的关系是什么样的图线？

——可尝试其他关系，如可以画 a 与$\frac{1}{m}$的图象。

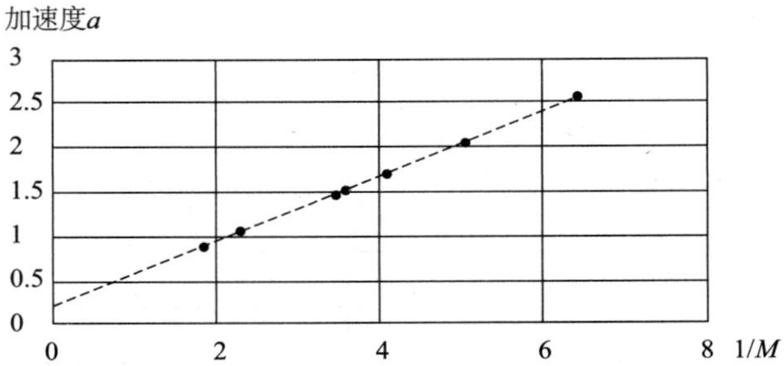

师：可以得出什么结论？——在误差匀速范围内，F 一定时，a 与 m 成反比。（转 PPT 第九页）

专家点评

时间：2020 年 11 月 4 日

地点：湘潭县一中录播室

与会人员：湘潭县一中物理教研组、湘潭市各兄弟学校物理同仁

主持人——赵锦春老师（湘潭县一中物理教研组组长）：首先，欢迎各位领导，各位专家，各位物理届的同仁莅临我校，您的到来，让我们本次活动精彩纷呈。

今天是湘潭市“新视野”赛课的决赛。就如何有效落实新课程核心素养，如何用好新教材，增强教学的针对性，通过本次赛课活动，群策群力，进行了深入有效的探讨。

胡鹏老师的这堂课的设计非常的用心，是新理念支撑下的课堂教学。他因材施教，发现每个同学的不同特点，再一一分配实验任务，使得学生在有限的课堂时间内高质量地完成实验的探究，并很好地落实了思维训练。学生之间有差异，但每个人都是某一方面的熟练者，分担各自的责任，共同分享。重要的是，学生不是片面发展，而是在学习中通过人际关系，运用书本、电子设备等工具，通过对话与合作使课堂成为播撒思考的种子、展开交流的场所，所以这堂课的教学提供了学生多样性发展的方向与机会，也呈现了我校推行“五思”思维教学后课堂的变化。

当然，这堂课有很多的亮点，也会有其不足之处，下面请各位专家对胡鹏老师的课提出宝贵意见。

潘志威老师（湘乡市东山学校物理教研组长）：本堂课是一节学生实验课，这种课型教师对于学生的可控性比较弱，但今天胡鹏老师做得非常好，个人素质高，非常老练。整堂课亮点颇多，精彩纷呈。

首先，通过游戏的方式引入课堂，设计非常巧妙，一开始就使学生进入了思考的状态，极大地吸引了学生的注意力，提高了学生的学习兴趣。其次，实验器材的改进，很好地解决了学生在实验过程中木板容易移动的缺点，提高了实验的可操作性。再次，数据处理的方法新颖高效。运用电脑软件 Excel 直接得到实验图象，并结合手机实时同步学生的数据处理图象。最后，注重学生科学探究能力的培养，把主动权交给学生，充分利用学生的实验数据，积极引导学生思考实验结果。

物理学科核心素养的培养和提高体现在课程教学的方方面面，课堂教学传授的不仅仅是知识和技能，更应该是获取更多知识和技能的核心素养的培养；传授的不仅仅是解决问题的能力，更应该是适应社会生活的能力；培养的不仅仅是一个适应现代社会需要的人才，更应该是一个日趋完善的“自我”。

谭正秧老师（湘潭县物理教研员）：我认为这是一堂充满生命活力的课，是一堂能促进学生全面发展的课，如何采用合理的实验设计，探索加速度与力、质量的关系，是本节课的重点。胡鹏老师进行了精心的安排和设计：首先，从教学设计上看，本着让物理走向社会的基本理念，本节课采用生活小游戏和动手实验等手段将让物理走向生活，面向全体学生。这节课彻底改变了学生被动接受的传统的教学模式，“为思维而教”的主线贯穿整个课堂教学，落实了湘潭一中思维教学中的“自学存思、情境拓思、问题导思、对话启思、评价反思”的教学思想。其次，从课堂教学来看，老师能很好地把握住教材的要求，始终以引导学生为主，启迪学生思维，渗透物理思维和方法。再次，展示了老师扎实的基本功，整个课结构严谨，一气呵成，课堂内容丰富充实，老师对课堂的驾驭能力在本节课上也发挥得淋漓尽致。

教学反思

牛顿第二定律是在实验基础上建立起来的重要规律，它是动力学的核心规律，也是学习其他动力学规律的基础。本节课强调学生的探究能力的培养，主要有通过实验测量加速度、力、质量，分别作出表示加速度与力、加速度与质量的关系的图象，根据图象写出加速度与力、质量的关系式。体会探究过程中所用的科学方法。通过定律的探究过程，渗透物理学研究方法，是整个物理教学的重要内容和任务。应使学生明确对于牛顿第二定律应深入理解、全面掌握，即理解物理量和公式的内涵和外延。

本节课教学由一个学生游戏开始切入，设计这个环节的目的是让学生集中精力，全身心投入课堂。通过游戏的参与创设一种情境，发散学生的思维。这一点与我们的“五思教学”策略的“情境拓思”相融合。对于关键问题的处理，在教学的过程中我并没有采取直接讲授的方式，而是采取提问以及小组组内讨论的形式引导学生思考深层次的理论逻辑。尽管时间不是很充裕，但通过“问题导思”，给学生一定的时间，鼓励学生积极参与，提高他们独立思考的能力。课堂上让学生发表自己的观点，对于不同意见进行激烈的讨论，这也体现了“五思教学”策略中的“对话启思”。

这堂课内容充实，在实验操作能力、分析归纳能力层面，对学生要求较高，课堂中学生出现的不确定因素也较多，所以课堂上有些环节难以把控。比如实验数据处理的时候就出现了有数据点偏离很严重的情况，这个情况的出现是我事先没有想到的，但这又是我们实验过程中可能出现的情况，该如何处理？我选择将这个问题抛给学生。本次课堂，数据处理采用的是电脑计算机作图，实现跨学科教学的融合，但由于我对电脑软件特别不熟练，导致处理这个错误点的时候有一些技术上的问题，影响到了课堂。

本节课最大的遗憾是来自课堂设计本身，由于实验器材和时间的限制。留给学生思考的时间太少，整个过程的活动设计还需要思考，但仍因教学内容太多，进度太紧而忽视了学生个性化的发展，这可能是最大的遗憾吧。我想有些活动下次可以先安排学生课前分组完成。

如何做到让学生都乐于发挥、积极发言呢？这是值得我思考的，我欠缺的不只是经验还有学生活动过程中出现问题时处理问题的能力。如果我们能够在课堂上敢于直面发生于瞬间的鲜活学情，顺应学生的需求，巧妙地转化为一种难能可贵的教学契机，那么展现在我们眼前的就将是一片更为广阔的舞台空间。

附录一　学生课堂教学评价反馈表

<table>
<tr><td>姓名</td><td>陈显赤</td><td>班级</td><td>C2004</td><td>科目</td><td>物理</td><td>授课教师</td><td>胡鹏</td></tr>
<tr><td>课题</td><td colspan="3">《探究：加速度与力、质量的关系》</td><td>日期</td><td colspan="3">2020 年 11 月 4 日</td></tr>
<tr><td rowspan="17">目我评价</td><td rowspan="4">自主学习</td><td colspan="6">○能充分预习教材，全部完成自学清单的任务</td></tr>
<tr><td colspan="6">⊙部分完成预习内容，部分完成自学清单的任务</td></tr>
<tr><td colspan="6">○不能完成预习内容，没有完成自学清单的任务</td></tr>
<tr><td colspan="6">对于自主学习的自我反思：大部分学习清单上的任务都能够自主完成，但有一部分是跟同桌一起讨论完成，剩下一些关键的地方准备上课的时候认真听讲，争取弄懂。</td></tr>
<tr><td rowspan="4">小组活动</td><td colspan="6">⊙我能全程积极参与　　○我部分时间参与　　○我很少参与</td></tr>
<tr><td colspan="6">⊙我能在实验过程中很好地完成我的任务　　○部分完成</td></tr>
<tr><td colspan="6">⊙我能在同学需要帮助的时候提供建议</td></tr>
<tr><td colspan="6">⊙我能在自己遇到困难时提出问题，求助老师</td></tr>
<tr><td rowspan="9">课堂教学</td><td rowspan="4">小组整体评价</td><td colspan="5">⊙小组成员分工明确，每个人都有自己的任务。组长居中协调，组员团结协作，实验结果很成功。</td></tr>
<tr><td colspan="5">○组长安排实验任务，其余组员能做到听从调度，基本完整实验，实验结果准确性有待提高</td></tr>
<tr><td colspan="5">○分组实验时，很少有人发表观点，各做各的，配合不默契，有的甚至无所事事，缺乏团结、协作精神，实验不成功。</td></tr>
<tr><td colspan="5">对于小组活动的反思评价（个人以及全组成员）：
自我：在分组实验的时候，我是负责操作打点计时器，这一步看似很简单，但要将纸带从复写纸下面穿过固定在小车后面还是有很大的技巧的。多次操作之后我对于实验的一些注意事项有了深刻的理解。
组员：由于老师将我们每 6 个人分成一个小组，而且细化了每个人的分工，所以小组成员都知道自己要干什么，目的明确。实验过程中也会遇到一些问题，但我们 6 个人会聚在一起讨论，或者是举手问老师。最终实验结果很成功，也被老师采用在课堂上展示。</td></tr>
<tr><td colspan="3">对课堂内容的兴趣与热情</td><td>⊙高</td><td>○一般</td><td>○无</td></tr>
<tr><td colspan="3">能否理解、掌握老师所授内容</td><td>○能</td><td>⊙部分</td><td>○不能</td></tr>
<tr><td colspan="3">课堂中专注、认真与否</td><td>○是</td><td>⊙有时</td><td>○不能</td></tr>
<tr><td colspan="3">能否努力积极思考、探究</td><td>○能</td><td>⊙有时</td><td>○不能</td></tr>
<tr><td colspan="6">对于课堂学习的自我反思：课前预习的时候对于怎么平衡摩擦力有了一定的思考，但我们实际操作的时候确实找了很久才找到合适的角度。这也让我认识到理论与实践还是有很大差距的。</td></tr>
</table>

续表

<table>
<tr><td>姓名</td><td>陈显赤</td><td>班级</td><td>C2004</td><td>科目</td><td>物理</td><td>授课教师</td><td>胡鹏</td></tr>
<tr><td>课题</td><td colspan="3">《探究：加速度与力、质量的关系》</td><td>日期</td><td colspan="3">2020 年 11 月 4 日</td></tr>
<tr><td rowspan="5">课堂教学评价</td><td colspan="7">整体评价　⊙优秀　○良好　○一般　○不成功</td></tr>
<tr><td colspan="7">1. 本堂课你最喜欢的环节是什么？为什么？
本堂课我最喜欢的就是分组实验环节，平常上课老师在课堂上做演示实验比较多一点，像这样由我们学生自己动手的机会很少。我觉得通过自己动手，对于实验原理的把握以及操作过程中的细节我们有了更深层次的认识。</td></tr>
<tr><td colspan="7">你觉得这堂课上老师的教学方式和课堂形式跟平常有哪些不同？
这堂课老师在各个环节都有精心设计，感觉比平常更加的紧凑，游戏引入，课堂讨论，实验操作，形式多种多样。让我们整堂课都聚精会神，紧跟老师的脚步。相比于平常老师讲，我们听，我觉得这种学生参与度更加的高，对于我们物理思维的培养有很大的帮助，更有利于我们对物理原理的理解与应用。</td></tr>
<tr><td colspan="7">3. 课堂对你的物理学科思维的培养有哪些帮助？
游戏引入的形式我觉得比较特别，就是我们身边发生的一些现象，看起来很神奇，但是如果我们从物理学的角度去建模思考，会发现其中的奥秘。这让我意识到物理其实并不是那么的抽象，它就在我们的生活当中。我们学习知识，是可以认识这个世界，以后我们还可通过知识去改变这个世界。</td></tr>
<tr><td colspan="7">4. 这堂课还有哪些地方需要加强改进的地方？你有什么建议？
实验数据处理的时候，老师用到了 Excel 处理。我觉得可以先让学生通过传统的描点作图法，然后展示在黑板上，毕竟我们以后做得更多的是传统做法。还有就是处理加速度和质量的关系时，我觉得还可以展示其他可能的关系，多方向多角度探索更显严谨。</td></tr>
<tr><td>教师评价</td><td colspan="7"></td></tr>
</table>

附录二　学生实验报告

班级：2004 班　　　　姓名：蔡　睿

一、实验目的

通过实验探究物体的加速度与它所受的合力、质量的定量关系。

二、实验原理

1. 控制变量法

(1) 保持 M 一定，改变物体受力 F 测出加速度 a，用图象法研究 a 与 F 关系。

(2) 保持 F 一定，改变物体质量 M 测出加速度 a，用图象法研究 a 与 M 关系。

2. 物理量的测量

(1) 小车质量的测量：天平。

(2) 合外力的测量：小车受四个力，重力、支持力、摩擦力、绳子的拉力。重力和支持力相互抵消，物体的合外力就等于绳子的拉力减去摩擦力。小车所受的合外力不是钩码的重力。为使合外力等于钩码的重力，必须：

①平衡摩擦力：平衡摩擦力时不要挂小桶，应连着纸带且通过打点计时器的限位孔，将长木板倾斜一定角度，此时物体在斜面上受到的合外力为 0。做实验时肯定无法这么准确，我们只要把木板倾斜到物体在斜面上大致能够匀速下滑（可以根据纸带上的点来判断），这就说明此时物体合外力为 0，摩擦力被重力的沿斜面向下的分力（下滑力）给抵消了。由于小车的重力 G、支持力、摩擦力 f 相互抵消，那小车实验中受到的合外力就是绳子的拉力了。

②绳子的拉力不等于沙和小桶的重力：砂和小桶的总质量远小于小车的总质量时，可近似认为绳子的拉力等于沙和小桶的重力。

3. 加速度的测量

根据纸带上打出的点来测量加速度，由逐差法求加速度。

三、实验器材

一端附有滑轮的长木板、小车、细线和小桶、天平、砝码、钩码、打点计时器、学生电源、纸带、刻度尺。

四、实验步骤

1. 用天平测出小车和小桶的质量 M 和 m 把数值记录下来。

2. 按实验装置把实验器材安装好，使长木板有滑轮的一端伸出桌面。

3. 在长木板不带定滑轮的一端下面垫一小木块，通过前后移动，来平衡小车的摩擦力。

4. 把细线系在小车上并跨过定滑轮，此时要调节定滑轮的高度使细线与木板平行。

5. 将小车放于靠近打点计时器处，在小桶内放上铅块（5g），接通电源，放开小车得到一打好点的纸带（注意不要让小车撞到定滑轮，打好的纸带要标明条件 M 和 m 的值）

6. 保持小车的质量 M 不变，改变小桶内铅块的质量（10g、15g、20g、25g），再做几次实验

7. 在每条纸带上都要选取一段比较理想的部分，算出每条纸带的加速度

8. 把各次实验中的数据填入表一内，作用力的大小认为等于小桶和砝码的重力做出 a 与 F 的图象

9. 保持小桶内铅块质量不变，在小车上放钩码改变小车的质量（分别加 50g、100g、150g、200g），重复上面的实验。把各次实验中的数据填入表二内，做出 a 与 $1/M$ 图象

五、实验数据分析与处理

1. 小车质量 M 一定时，a 与 F 的关系的有关数据资料如下表：

保持小车质量一定						
次数	小桶质量 m/kg	拉力 $F=mg$/N	x_1/cm	x_1/cm	(x_2-2x_1)/cm	$a=\frac{x_2-2x_1}{(3T)^2}$
1	0.010	0.098	10.18	22.69	2.33	0.259
2	0.015	0.147	9.79	23.09	3.51	0.39
3	0.020	0.196	10.62	25.98	4.74	0.527
4	0.025	0.245	10.89	27.52	5.74	0.638
5	0.030	0.294	12.15	30.87	6.57	0.73

（1）根据表中数据，画出 $a-F$ 图象。

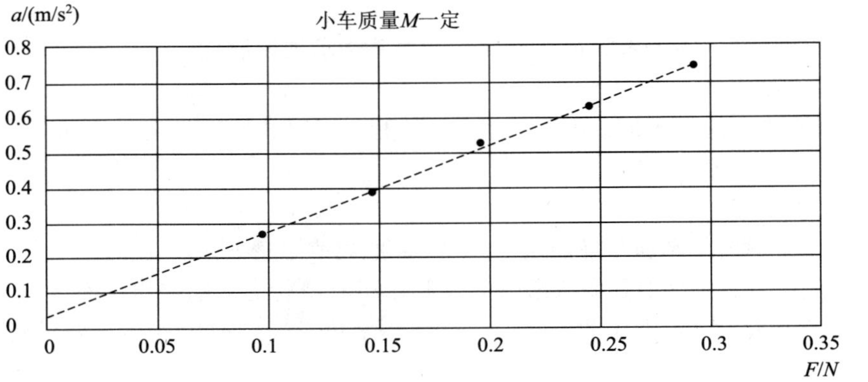

（2）从图象可以判定：在误差允许范围内，当 M 一定时，a 与 F 的关系为成正比。

2. 小车受力 F 一定时，a 与 M 的关系数据如下表所示：

保持小车合力 F 一定						
次数	小车质量 m/kg	小车质量倒数 $1/M$ kg^{-1}	x_1/cm	x_2/cm	(x_2-2x_1)/cm	$a=\frac{x_2-2x_1}{(3T)^2}$
1	0.20	5	13.29	32.49	5.91	0.657
2	0.25	4	12.84	30.40	4.72	0.524
3	0.30	3.333333	12.25	28.60	4.1	0.456
4	0.35	2.857143	12.40	28.19	3.39	0.377
5	0.40	2.5	11.32	25.70	3.06	0.34

（1）根据表中所列数据，画出 $a-1/M$ 图象。

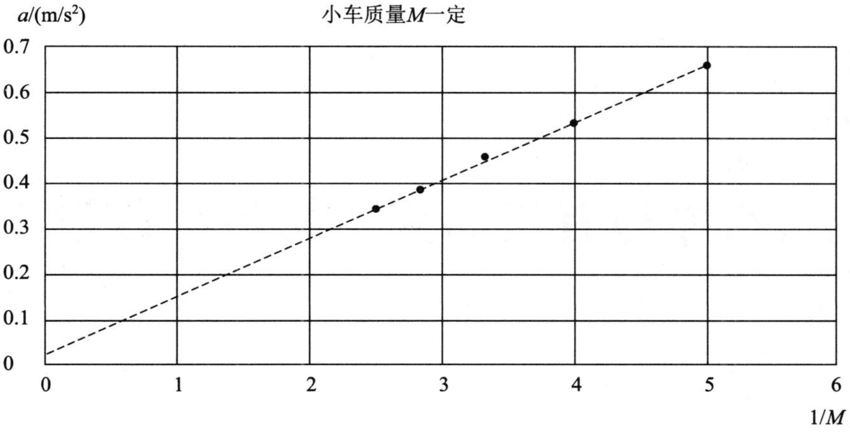

（2）由 $a-1/M$ 关系可知，当 F 一定时，a 与 M 成反比关系

六、实验所得

在研究加速度与质量的关系时，为什么描绘 $a-1/M$ 而不是描绘 $a-M$ 图象？在相同力的作用下，质量 M 越大，加速度越小，这可能是“a 与 M 成反比”，但也可能是“a 与 M^2 成反比”，甚至可能是更复杂的关系。我们从最简单的情况入手，检验是否“a 与 M 成反比”，实际上“a 与 M 成反比”就是“a 与 $1/M$ 成正比”，如果以 $1/M$ 为横坐标，加速度 a 为纵坐标建立坐标系，根据 $a-1/M$ 图象是不是过原点的直线，就能判断加速度 a 是不是与质量 M 成反比。当然，检查 $a-m$ 图象是不是双曲线，也能判断它们之间是不是反比例关系，但检查这条曲线是不是双曲线并不容易；而采用 $a-1/M$ 图象，检查图线是不是过原点的倾斜直线，就容易多了。这种“化曲为直”的方法是实验研究中经常采用一种有效方法，在以后的学习中也会用到。

7 《乙烯与有机高分子材料》教学案例

姚　胜　丁益民

《乙烯与有机高分子》
教学案例

• • ● 教学设计 ● • •

一、课型

新课讲授

二、内容分析

乙烯是石油化学工业重要的基本原料，通过有机化学反应可以由乙烯得到多种烃的衍生物及高分子材料；同时，乙烯也是较简单的含有官能团的有机物。通过对乙烯的学习，学生可以更深入地了解有机物的结构、性质、用途及相互转化规律，并将初步接触决定有机物分类与化学性质的特征基团（官能团）。基于此，本节教材在编排上依次从物理性质、分子结构、化学性质和用途这几个方面介绍乙烯，给出在中学阶段认识有机物的一般流程，建立认知模型，使学生进一步认识有机物的结构特点，体会物质结构对其性质和用途的决定作用。

（一）单元定位

本节内容选自人民教育出版社高中化学必修第二册第七章第二节（第一课时），本节内容是乙烯与有机高分子材料，这一课时重点学习乙烯的化学性质。在第一节中以甲烷为例，学生掌握了简单烷烃的结构和主要化学性质，以及烷烃在物理性质方面的递变规律并在一定程度上初步学习了认识某一类烃的方法，对有机物中结构决定性质的观点已有了初步认识，但需要对这一关系进行强化认识；乙烯的教学就起到了这一作用，建立有机物“结构（组成）一性质一用途”的认识关系，使学生了解学习和研究有机化合物的一般思维方法，养成一定的分析解决问题的能力。同时，本节内容又是对不饱和烃的首次学习，也是首次接触到加成反应这一有机化学中不饱和烃的重要反应，通过代表物乙烯的学习，为今后不饱和烃的学习奠定基础。因此，它在高中化学有机物的学习中有着不可或缺的地位，起着承上启下的作用。另外，学生能从生活实际出发，认识乙烯的广泛应用，强化理论与实际的联系，使学生能够学以致用。

（二）知识关联

在本节课之前，学生已经学习了以甲烷为代表的简单烷烃的结构、性质等有机物的基础知识，也掌握了碳的四价理论，为本节课的学习奠定了基础。但学生但对乙烯和不饱和烃是初次接触，缺乏相关的知识，故对有机物反应原理的理解有一定的难度。

本节内容不要求学生系统地学习有机化学知识，不强调按官能团分类学习有机化合物的知识。教学的关键是让学生建立有机物“结构（组成）一性质一用途”的认识关系，使学生了解学习和研究有机化合物的一般思维方法，养成一定的分析解决问题的能力，同时体会化学源自生活，通过实验演示体验自主合作探究学习的过程。

（三）自学任务

1. 阅读教材，了解乙烯的物理性质。
2. 熟悉本课实验流程和操作。
3. 思考学习有机化合物的方法。

三、学习目标

基础性目标： 乙烯的物理性质和结构特点	1. 了解烯烃的概念 2. 了解乙烯的物理性质 3. 熟悉乙烯的分子结构特点
提高性目标： 乙烯的化学性质	1. 熟悉乙烯的化学性质 2. 掌握乙烯的加成反应特点 3. 掌握乙烯加聚反应的相关概念
拓展性目标： 迁移应用	1. 乙烯加成反应的迁移应用 2. 取代反应和加成反应对比 3. 了解加聚反应的实际用途

四、实现路径

基础性目标实现路径	1. 学生观察集气瓶中气体，总结物理性质 2. 学生根据碳原子的四价理论，老师适时引导，完成分子式、电子式、结构式和结构简式的书写 3. 学生阅读教材，掌握加聚反应及其相关概念
提高性目标实现路径	1. 学生通过观察教师演示实验，书写化学反应方程式 2. 学生通过小组探究实验，探究学习乙烯的化学性质
拓展性目标实现路径	1. 学生依据加成反应特点，迁移应用，完成化学方程式书写 2. 学生回顾取代反应特征，与加成反应对比，思考二者之间的不同点

五、课堂流程

流程	时间	教师活动	学生活动
情境拓思	2 分钟	【引入】新闻报道乙烯的情况 乙烯是一种重要的石油化工产品，也是重要的石油化工原料。乙烯的产量是衡量一个国家化工产业发展水平的标志。这节课我们一起来学习乙烯 板书：乙烯	倾听、观看、联想，进入本节课学习
对话启思 师生对话	4 分钟	展示一瓶乙烯 提醒学生总结物理性质 [设问]：实验室制备乙烯该如何收集？	认真观察，从色、味、态、密度等角度总结乙烯的物理性质 学生回答：
对话启思 师生对话	4 分钟	展示小贴士，引导学生由乙烷推测乙烯的球棍模型。引导学生依据球棍模型完成学案，书写电子式、结构式和结构简式 [设问]：对比乙烷与乙烯中碳碳键的键能数据，能得出什么结论？ [板书]：一、组成与结构 电子式　结构式　　结构简式	分组制作乙烯的球棍模型 完成书写电子式、结构式和结构简式 学生回答：

续表

流程	时间	教师活动	学生活动
对话启思 师生对话	4 分钟	演示乙烯的燃烧试验 [设问]：你能写出乙烯燃烧反应方程式吗？ [板书]：二、化学性质 [板书]：1. 与 O_2 反应： $C_2H_4+3O_2\xrightarrow{点燃}2CO_2+2H_2O$ [设问]：试解释产生黑烟的原因？ 说明：产生黑烟是因为乙烯含碳量较高，燃烧不充分；火焰明亮是碳微粒受灼热而发光。燃烧反应可用于鉴别 CH_4 和 $C_2H_4=CH_2$	观察实验现象并完成学案上表格 描述实验现象，并写出乙烯燃烧的化学反应方程式 学生回答：
对话启思 生生对话	10 分钟	(分组实验) 讲述实验注意事项： 提醒学生注意观察溶液颜色的变化 [板书]：2. 与酸性 $KMnO_4$ 溶液反应 [讲述]：酸性 $KMnO_4$ 能将乙烯氧化生成 CO_2 [板书]：$CH_2=CH_2\xrightarrow{KMnO_4\ (H^+)}CO_2$ [设问]：鉴别甲烷和乙烯可以用什么试剂？ [板书]：3. 与溴水/溴的四氯化碳反应 [动画演示]：乙烯与溴反应 [板书]：$CH_2=CH_2+Br_2\rightarrow \underset{\mid \atop Br}{CH_2}\underset{\mid \atop Br}{CH_2}$ [讲述]：有机物分子中不饱和碳原子与其他原子或原子团直接结构生成新的化合物的反应叫作加成反应	按实验步骤分组完成 2 个实验实验，观察溶液颜色的变化，完成表格 小组讨论、交流 学生回答 倾听、思考
问题导思 对比学习	4 分钟	回顾取代反应 取代反应和加成反应的比较	比较取代反应和加成反应，完成表格
情境拓思 应用迁移	4 分钟	$CH_2=CH_2+H-H\xrightarrow[\triangle]{催化剂}$ $CH_2=CH_2+H-Cl\xrightarrow[\triangle]{催化剂}$ $CH_2=CH_2+H-OH\xrightarrow[\triangle]{催化剂}$	学生完成迁移训练
对话启思 生本对话	6 分钟	乙烯聚合反应动画展示，学生自主阅读教材，并完成相关概念的理解。展示乙烯在生活中的广泛应用	观看动画，阅读教材，完成表格 感受、体会

续表

流程	时间	教师活动	学生活动
评价反思	4 分钟	可以用来除去甲烷中混有的乙烯，得到纯净甲烷的方法是（　　） A. 通过足量的酸性高锰酸钾溶液 B. 通过足量的溴水 C. 在一定条件下通入氢气 D. 分别进行燃烧	学生思考完成随堂检测
自我总结 评价反思	4 分钟	回归主要任务，对课堂内容进行小结	学生总结并思考

附录一　自主预习清单

姓名		班次	
课题	《乙烯与有机高分子材料》		
基础性 预习清单	1. 说出乙烯的物理性质 2. 阐述乙烯的组成与结构 3. 阅读教材，理解加聚反应及其相关概念		
提高性 预习清单	1. 小组合作实验，探究乙烯的化学性质 2. 从熟悉物质的性质入手，归纳乙烯的化学性质		
拓展性 预习清单	1. 对比加成反应和加成反应的不同点并能概括 2. 了解乙烯在工业生产中的重要用途，依据加成反应特点，迁移应用，完成化学方程式书写		
我的问题			

预习检测练习

一、基础性预习检测

1. 乙烯的物理性质

物质	颜色	气味	状态	密度	溶解性

2. 乙烯的组成与结构

物质	分子式	电子式	结构式	结构简式

3. 加聚反应

化学方程式			
单体		链节	

二、提高性预习检测

1. 探究乙烯与 O_2 反应

实验内容	实验现象	解释和结论
燃烧		

2. 探究乙烯与酸性 $KMnO_4$ 溶液反应

实验内容	实验现象	解释及结论
乙烯与酸性 $KMnO_4$ 溶液反应		

3. 探究乙烯与溴的四氯化碳溶液（或溴水）反应

实验内容	实验现象	解释及结论
乙烯与溴的 CCl_4 溶液（或溴水）反应		

4. 加成反应和取代反应比较

	取代反应	加成反应
概念		
举例		
产物种类		
反应特征		

5. 应用迁移

$$CH_2=CH_2+H-H \xrightarrow[\triangle]{催化剂}$$

$$CH_2=CH_2+H-Cl \xrightarrow[\triangle]{催化剂}$$

$$CH_2=CH_2+H-OH \xrightarrow[\triangle]{催化剂、加压}$$

附录二　课后作业和活动

在两个透明的塑料袋中各放一个未成熟的水果，向其中一个袋子里再放一个成熟的水果，将袋口密封，观察并比较两个口袋里未成熟水果的变化，请查阅资料，与同学交流，解释以上现象。

设计依据

一、教学目标设计依据

本堂课的教学目标依据教材内容、课程标准、“五思”教学理念与学情设计。《普通高中化学课程标准》(2017 年版)(以下简称“化学新课标”)提出五个方面的化学学科核心素养即“宏观辨识与微观探析”“变化观念与平衡思想”“证据推理与模型认知”“科学探究与创新意识”“科学态度与社会责任”，明确了学生在学习高中化学课程后应形成的正确价值观念、必备品格和关键能力，是知识与技能、过程与方法、情感态度与价值观三个方面全面发展的综合表现，体现了中国学生发展核心素养与学科课程教学的内在联系，体现了学科课程教学在全面贯彻党的教育方针、落实立德树人根本任务、发展素质教育等方面独特的育人价值。

“五思”教学强调教学的核心是思维能力的培养，为思维而教。“五思”教学是五条教学基本策略，即自学存思、问题导思、情境拓思、对话启思、评价反思。第一，本课开始通过一小段视频展示乙烯在生产生活中的应用，创设情境引入新课。第二，探究乙烯结构的组成，既体现了化学学科核心素养“证据推理与模型认知”，又落实了“五思”教学中的“问题导思”这一教学策略，乙烯不同于烷烃的碳碳单键结构，会使乙烯具有哪些不同于烷烃的化学性质呢？学生在这一问题情境中，进入化学实验探究。第三，在实验探究过程中，培养学生的“科学探究与创新意识”，通过“生生对话”和“师生对话”环环相扣，使乙烯的化学性质慢慢展示在学生眼前。第四，乙烯的产量能够衡量一个国家石油化工发展水平的标志，作为化工原料，乙烯的教学同样可以培养学生的“科学态度与社会责任”，化学知识源于生产生活，同样也会为生产生活做贡献，学生在评价反思环节必定会意识到化学对社会发展所做出的贡献，最终将化学学科素养在教学中得到真正体现，培养学生成为会思考的人。

二、实现路径

基础性目标实现路径	1. 学生观察集气瓶中气体，总结物理性质 2. 学生根据碳原子的四价理论，老师适时引导，完成分子式、电子式、结构式和结构简式的书写 3. 学生阅读教材，掌握加聚反应及其相关概念
提高性目标实现路径	1. 学生通过观察教师演示实验，书写化学反应方程式 2. 学生通过小组探究实验，探究学习乙烯的化学性质
拓展性目标实现路径	1. 学生依据加成反应特点，迁移应用，完成化学方程式书写 2. 学生回顾取代反应特征，与加成反应对比，思考不同点

三、《乙烯与有机高分子材料》学习的时间预设

学习过程	任务	预估用时
第一课时	新课导入	2 分钟
	物理性质和分子模型组装	10 分钟
第二课时	化学性质——燃烧实验演示	6 分钟
	小组实验——酸性高锰酸钾溶液	8 分钟
	小组实验——溴的四氯化碳溶液	8 分钟
	乙烯的聚合反应	8 分钟
第三课时	学生总结所学内容，课堂检测	6 分钟

四、学习目标达成度分析

《乙烯与有机高分子材料》通过视频导入新课一乙烯与有机高分子材料，简单介绍乙烯的物理性质后，学生动手完成乙烯的电子式、结构式、结构简式的书写，再分组完成乙烯球棍模型的组装，帮助学生初步认识乙烯分子中的碳碳双键。学生再通过与乙烷的结构式进行对比，发现碳碳双键键能数据的差异，意识到乙烯分子中的碳碳双键是乙烯分子的最大特点。由于结构决定性质，乙烯的碳碳双键结构决定乙烯的化学性质较活泼。

根据乙烯结构特点推测其化学性质是本节课的难点，在此基础上，进入乙烯化学性质的学习。

学生通过分组实验，物质观察实验现象并记载，同时，通过教师讲解和动画演示说明加成反应的断键过程，引导学生完成反应方程式的书写。通过对比取代反应，加深对

这两类重要有机反应的认识与理解。加聚反应中涉及的新概念，结合乙烯生成聚乙烯的反应进行解释。

化学性质的学习是化学学习的重点，通过实验探究、观察实验现象，有利于加深对化学性质的理解和掌握。另外，加成反应方程式的书写对于刚接触有机反应的学生来说有难度，需放慢进度，更多的启发学生动笔书写和思考。

最后，简单介绍乙烯在生活中的用途，学生认识到化学来源于生活，又为生产生活服务。

课堂总结时，学生自主思考并总结在知识方面和有机物学习方法上的收获。

开放式的课堂总结设计，学生自我总结本堂课收获，有助于学生构建属于自己的知识框架，为以后的化学学习奠定基础。

教学实录

【视频导入】

生：起立（敬礼），老师好！

师：同学们好！请坐。首先，我们来观看一小段视频。

【观察记录】

师：通过刚刚的视频知道，乙烯主要来源于石油化工，也知道乙烯的产量是衡量一个国家石油化工发展水平的标志。

那么，今天这堂课我们一起来探究学习乙烯的相关知识。

这是一瓶已收集好的乙烯，请同学们仔细观察并总结乙烯的物理性质。

生：稍有气味的无色气体，密度小于空气，难溶于水。

师：非常好！这位同学总结得很全面。根据物理性质，同学们思考实验室制备乙烯气体，如何收集？

生齐答：排水法收集

师：结构决定性质。那我们先来学习乙烯的组成与结构。

已知，乙烯的分子式是 C_2H_4，结合资料卡片，完成表格。

请一个同学到黑板板书自己的答案。

生：黑板板书学案表格中的内容。

师：根据结构式和桌上的模型，以小组为单位，组装乙烯的球棍模型。

分组活动：学生以小组为单位，组装乙烯的球棍模型。

师：请同学们观察乙烯的空间构型。

生：平面型，6 个原子是共平面的。

师：这是乙烯的空间填充模型。

师：上节课我们学习了烷烃，对比乙烷和乙烯的结构式，不同之处在哪里？

生：乙烷结构中是碳碳单键，乙烯中是碳碳双键。

师：请大家结合碳碳双键的键能数据分析，乙烯分子中碳碳键有什么特殊之处？

（学生讨论）

生：乙烯分子中的一根碳碳键键能较小，更容易断裂，因此，乙烯的化学性质更活泼。

师：那我们一起来探究乙烯的化学性质。

【观察现象】

师：我们先来看看乙烯燃烧的实验现象。（由老师演示）你看到了怎样的实验现象？

生：火焰明亮，伴有黑烟。

师：对比甲烷在空气中燃烧的实验现象，思考：乙烯燃烧为什么会有黑烟产生？

（学生思考并讨论）

生：乙烯含碳量高，燃烧不完全。

师：到目前为止，如何鉴别甲烷和乙烯呢？

生齐答：燃烧方法，根据实验现象的不同进行鉴别。

【分组实验】

师：烷烃不与酸性高锰酸钾溶液反应，那么乙烯能否和酸性高锰酸钾溶液反应呢？我们通过分组实验来进行探究。进行实验之前同学们认真阅读实验步骤。现在，开始小组实验探究。

生：分组实验探究，并完成导学案上的表格。

师：分组实验完成的得差不多了。现在，请一个小组来展示你们组的实验现象？

生：溶液褪色了。

师：为什么溶液会褪色？得到怎样的结论呢？

生：酸性高锰酸钾是强氧化剂，

生：乙烯被酸性高锰酸钾溶液氧化。

师：这组同学观察仔细，同时，结合氧化还原反映的内容，做出了很好的解释。乙烯和酸性高锰酸钾溶液反应会有二氧化碳气体生成，根据碳元素的化合价变化，乙烯发生氧化反应。

师：鉴别甲烷和乙烯可以用什么试剂？

（学生思考并讨论）

生：酸性高锰酸钾溶液鉴别

师：能否用酸性高锰酸钾溶液除去甲烷中的乙烯？

生齐答：不能。会有二氧化碳气体引入，不符合除杂的原则。

师：乙烯能否和其他氧化剂反应呢？接下来，我们继续动手实验：乙烯和溴的四氯化碳溶液的反应。

师：请一个小组来展示你们组的实验现象？

生：溴的四氯化碳溶液褪色。

师：反应过程中，乙烯的化学键是如何断键的呢？我们通过一个动画来了解乙烯和溴反应时的断键方式。

（黑板板书方程式书写）

师：请一个同学到黑板书写完反应方程式。

生：黑板上书写方程式。

师：我们把组成碳碳双键的碳原子称为不饱和碳原子。有机物分子中不饱和碳原子和其他原子或原子团直接结合生成新的化合物的反应叫作加成反应。

【难点突破】

师：加成反应是有机化学的第二类重要反应类型，那第一类是什么反应呢？

生：取代反应。

师：接下来，我们对这两类进行比较。从概念出发，取代反应的概念是什么呢？

生：有机分子中的某些原子或原子团被其他原子或原子团所替代的反应。

师：举例？

生齐答：甲烷和氯气在光照条件下的反应。

师：产物种类？

生：取代反应的产物种类有：两种，加成反应的产物只有一种。

师：反应特征呢？

（学生思考讨论）

生：取代反应，有上有下，产物多样；加成反应：只上不下，产物单一。

【迁移运用】

师：加成反应是否真正的掌握了呢？我们通过检测来验证，请完成以下反应。请同学到黑板上写出反应产物。

（学生黑板写出产物）

【实际用途】

师：同学们想一想，在一定条件下，乙烯分子间也能发生加成反应。我们通过一个动画来看一看这一反应过程。

师：接下来，请大家阅读教材 P68～69，聚合反应，找出相关概念。并完成学案的表格。

（学生自主阅读教材）

师：大家基本上完成了相关概念的填写。请一个同学来回答一下相关的概念。

生：能合成高分子的小分子物质成为：单体。乙烯就是聚乙烯的单体。重复的结构单元成为：链节。链节数目 n 称为聚合度。

师：同学总结相当全面，链节是重复单位，不仅指分子式的重复，还需要空间结构的重复。

师：乙烯用途广泛，可以用于制造聚乙烯塑料、合成纤维、有机溶剂和果实催熟等。布置一个课外作业，用两个透明塑料袋，各方一个未成熟的香蕉，向其中一个袋子里在放一个成熟的水果，将袋口密封，观察比较水果的变化。

【课堂小结】

师：以上是我们这堂课的所有内容，我们一起来总结本堂课的主要内容。请同学们总结并归纳本堂课的主要内容。

生：乙烯的物理性质；无色、稍有气味、难溶于水的气体。

生：结构中碳碳双键是其最大的特点。

生：化学性质较活泼，能够发生氧化反应和加成反应。

生：用途广泛，是一种重要的化工原料。

师：以上同学对本节课的内容掌握很到位。通过本堂课的学习，我们可以从哪些方面来了解有机化合物呢？

（学生思考并讨论）

生：有机物的结构决定性质，性质决定有机物用途。

【课堂检测】

师：大家看看这道题。

（一起来回答）

【教师结语】

师：有机物的学习把握“结构－性质－用途”的主线。同时，有相同结构的有机物，化学性质相似。

• • ● 专家点评 ● • •

2021 年湖南 H11 教育联盟校长峰会暨新教材研讨会

湘潭县一中姚胜老师《乙烯与有机高分子材料》研讨课教师点评实录（节选）

时间：2021 年 4 月 8 日

地点：湘潭县一中办公楼二楼会议室

与会人员：湘潭县一中高一化学备课组，来自各兄弟学校的化学教师。

主持人（湘潭县一中正高级教师贺勉之老师）：感谢各位领导、各位专家、各位老师莅临我校，您的到来，让湘潭县一中春意盎然。我是今天上午化学学科校际活动的主持人贺勉之。

今天活动的主题是如何有效落实新课程核心素养、用好新教材，提高教师对高一新教材的驾驭能力，增强教学的针对性，落实学科核心素养的课堂教学路径。我们希望通过联盟教育教学平台，传播联盟专家先进的教学经验助力联盟学校，突破新教材的授课瓶颈，开启全新的教学理念。

首先感谢湘潭县一中姚胜老师为我们带来的精彩一课。姚胜老师是去年 9 月份刚参加工作的一名新秀老师。我们学校注重新教师培养，鼓励新教师参加县市举办的各种赛课活动，努力提高教育教学水平。在此过程中，有许多有经验的老教师无条件提供帮助。今天，姚胜老师的课既是新教材研讨课，同时也是我校“五思”学科思维教学展示课。

欢迎大家结合自己思维教学与新教材的教学实践，对我校姚胜老师的这堂课提出宝贵的指导意见。谢谢。

望城一中杨老师：我主要讲四点感受：第一，姚老师的课体现了化学核心素养宏观辨识与微观探析。通过乙烯分子模型的组装和键能数据分析，掌握乙烯化学性质活泼的原因。第二，体现了科学探究与创新意识。本节课的实验部分非常精彩，不仅有教师演示实验，还有小组分组实验和模型组装，让学生真真切切地参与到课堂中来，充分激发学生思考，极好地落实了思维训练。以学生为主体，教师引导，课堂氛围热烈。第三，信息技术应用广泛。上课过程中，多次用到视频动画展示新概念和新反应，帮助学生在理解概念的基础上，使难懂的断键成键过程变得更直观。第四，课堂容量大，学生掌握情况好。县一中学生果然优秀，整堂课容量很大，从物理性质到结构，以“结构—性质—用途”为主线，学习乙烯的碳碳双键结构和化学性质，最后学习乙烯在生活中的应用。从随堂检测来看，学生基本掌握了本节课的重难点内容，并且为有机物的学习方法和思路建立了一定的基础。

会同一中杨老师：我有一个小问题，大家对教材实验是如何处理的？

贺勉之老师：新课讲授过程中，我们会在课堂上完成每一个实验，并且对新教师要求是尽量亲自动手操作每一个教材中的实验。

会同一中杨老师：在姚老师的课堂教学中，我发现教师和学生对教材都非常重视，课堂注重师生对话、生生对话和生本对话。特别是加聚反应的学习中，学生自主通过阅读教材，学习相关概念，并利用实例进行理解。将抽象概念转化为形象的化学符号，印象深刻。

耒阳市二中杨老师：刚才前面几位专家已经评价得非常到位了，我只是感觉湘潭县一中学生的素质都非常高。在小组实验阶段，大家分工合作，有动手操作的学生，有负责记录实验现象的学生，最后，也有负责展示实验现象以及汇报实验现象的人。总之，整个实验过程井然有序，各司其职。这种小组合作学习的方式一定是长期训练出来的。最后，学生评价反思，重反馈。学生反馈本堂课收获，结果令人欣喜，学生掌握情况很好，并且能自主总结本堂课主要知识内容以及方法。课堂呈现出来的学生素质应该也是教师长期努力贯彻自主合作学习理念的结果。

周南中学高老师：前面几位老师的点评，都已经很到位了，我提一个小小的问题。

乙烯和溴单质反应生成1，2-二溴乙烷，产物的书写看到学生有错误，这一点姚老师是否提前设想过？如何避免这一书写方式？

姚胜老师：乙烯是第七章的第二节内容，也是接触到的第二类有机化合物。结构式和结构简式还不能快速区分。我计划从有机化学反应断键、成键的角度入手，直接书写出产物的结构式。在结合第一节学习的同分异构体，分子式相同，结构可能不同，不属于同一种物质。计划是这样，但在实际教学过程中，仍不能避免学生错误书写结构简式，这也是之后教学过程中，我需要重点关注的易错点。

主持人：我们评课的环节就到这里，谢谢各位老师的点评。

教学反思

一、内容设计方面

本堂课在内容设计上，存在一些问题，主要是环节太过紧凑，时间太少，导致在小组实验后，学生回答观察到的实验现象时，没能更好地阐述自己实验现象和相关实验结论，从而没能在课堂上更好地打开学生的思维。在乙烯分子结构组装环节，学生未能每人自己组装乙烯模型，若每位学生都能动手操作，对往后有机物结构和共面问题会更加深刻。

本堂课得到的收获是，将模型与数据结合，牢牢抓住单元“结构决定性质”这一核心观点培养，体现证据推理和模型认知的化学核心素养。从理论的基础上理解，通过学生分组实验证明“乙烯化学性质较活泼”的结论，培养实验探究和创新意识的化学核心素养。

二、教学理念方面

“五思”教学强调培养学生学科思维能力，我感受到关键还在于老师需要更多充当“后勤”角色，把课堂所需材料与问题准备好，帮学生搭建好学习舞台，迎接学生的思维风暴。而常规意义上老师的“导演”角色，在“五思”教学中，其实角色分量下降了许多，老师不需要去模拟课堂，规定标准答案，引导学生到这一条既定的求知道路上来，而更多是倾听、串场与及时地点拨。学生核心素养的培养，不是来自老师的满堂灌输，而是培养思维习惯，掌握了思维方法之后，学生会自发地探究思考并实现知识迁移。

课后，我进一步认识到思维方式培养的重要性。基础性知识可能在一段时间内不会有太多改变，但教学过程可以有所改变，启发学生思考，并使学生形成对本学科的认识。这样，学生会成为课堂的真正主角，那么，教师也将会感慨，学生的真正收获如此之大！

附录　学生课堂教学评价反馈表（1）

姓名	朱敏婷	班级	2019	科目	化学	授课教师	姚胜老师
课题	《乙烯与有机高分子材料》			日期	2021 年 4 月 8 日		

<table>
<tr><td rowspan="19">自我评价</td><td rowspan="4">自主学习</td><td colspan="2">⊙能充分预习教材，全部完成自学清单的任务</td></tr>
<tr><td colspan="2">○部分完成预习内容，部分完成自学清单的任务</td></tr>
<tr><td colspan="2">○不能完成预习内容，没有完成自学清单的任务</td></tr>
<tr><td colspan="2">对于自主学习的自我反思：在自主学习部分，我认为还应该更加积极完成，以便更好地深入了解课文，使上课效果更好。</td></tr>
<tr><td rowspan="9">小组活动</td><td colspan="2">⊙我能全程积极参与　　○我部分时间参与　　○我很少参与</td></tr>
<tr><td colspan="2">○我能在活动中努力思考、主动发现、探索问题、完成任务</td></tr>
<tr><td colspan="2">⊙我善于倾听，能与他人合作，尊重他人</td></tr>
<tr><td colspan="2">○我能积极地为解决问题去搜集信息、整理资料</td></tr>
<tr><td colspan="2">⊙我能积极大胆质疑、提出观点、勇于表达</td></tr>
<tr><td rowspan="4">小组整体评价</td><td>○成员能够积极大胆地发表观点并认真倾听别人的意见，气氛热烈，能及时完成所有活动和任务。</td></tr>
<tr><td>○成员团结、协作，有组员发表看法，其余成员做到认倾听，基本完整活动和任务。</td></tr>
<tr><td>⊙小组活动时，很少有人发表观点，各做各的，有的同学完成任务，有的没有，缺乏团结、协作精神。</td></tr>
<tr><td>对于小组活动的反思评价（个人以及全组成员）：
自我：在小组活动中，我能积极思考问题，与小组成员交流看法、尊重他人，认真倾听别人观点，但我自己还更应该积极回答问题，观点表达不充分，下次要改进。
组员：能认真思考问题，但在讨论问题时有些偏题，下次讨论时主持人、协调员应该把话题引回正轨。组员表达观点的能力有待加强，有的组员表达观点时语言啰嗦、缺乏条理性。</td></tr>
<tr><td rowspan="6">课堂教学</td><td colspan="2">对课堂内容的兴趣与热情　　⊙高　　○一般　　○无</td></tr>
<tr><td colspan="2">能否理解、掌握老师所授内容　　○能　　⊙部分　　○不能</td></tr>
<tr><td colspan="2">课堂中专注、认真与否　　⊙是　　○有时　　○不能</td></tr>
<tr><td colspan="2">能否努力积极思考、探究　　○能　　⊙有时　　○不能</td></tr>
<tr><td colspan="2">心情平和愉悦、精神饱满　　○是　　⊙一般　　○不是</td></tr>
<tr><td colspan="2">对于课堂学习的自我反思：在整个课堂中，我认真倾听老师授课，积极思考问题，积极参与小组活动，通过这堂课，我对《乙烯与有机高分子材料》中乙烯分子模型的小组组装和键能数据的了解、对“结构决定性质”有了更深刻的认识。
　　不足的地方，实验操作时，我作为小组长缺乏组织能力，没有将大家更好地集合起来思考和讨论。</td></tr>
</table>

续表

<table>
<tr><td>姓名</td><td>朱敏婷</td><td>班级</td><td>2019</td><td>科目</td><td>化学</td><td>授课教师</td><td>姚胜老师</td></tr>
<tr><td>课题</td><td colspan="3">《乙烯与有机高分子材料》</td><td>日期</td><td colspan="3">2021 年 4 月 8 日</td></tr>
<tr><td rowspan="5">课堂教学评价</td><td colspan="7">整体评价 ⊙优秀 ○良好 ○一般 ○不成功</td></tr>
<tr><td colspan="7">1. 课堂中你感受最深的是什么？为什么？
乙烯分子结构模型的组装，结合相关数据，深刻体会“结构决定性质”。</td></tr>
<tr><td colspan="7">2. 哪些教学活动吸引了你而成为有效的教学行为？它们有何价值？
同学们通过小组实验探究乙烯与溴的四氯化碳溶液的反应，不同小组有不同的实验现象，老师请不同的小组同学回答，引导学生推导出导致实验现象的化学本质原因，最后推导出乙烯和溴单质发生反应的方程式和加成反应的概念。环环相扣，有理有据，印象深刻。</td></tr>
<tr><td colspan="7">3. 课堂有没有注重启发学生思维和能力培养？在课堂中你有没有思考？思考的情形是怎样的？
课堂形式多样，小组分子模型组装、小组讨论、小组实验探究和自主阅读学习等方式，体现学生为课堂主体，体现化学学习核心思想，并且，培养理科学习思维和动手操作能力。
在这堂课上，我深刻认识到了“结构决定性质”，结合分子模型和相关键能数据，我深刻理解乙烯的碳碳双键结构，不同于上节课所学习的甲烷；因此，化学性质乙烯也比甲烷活泼，能参加更多的化学反应，体现更加活泼的化学性质。</td></tr>
<tr><td colspan="7">4. 课堂中不太成功或不成功的地方在哪？你对老师有什么建议？
在课堂快要结束时，同学们自主思考本节课收获的时间太短。可以留更多时间让我们回顾本节课的所学内容，同时，请更多的学生谈本节课的收获和感受。
在小组实验部分，实验可以稍微留长一点，让每个人尽可能地将观察到的记录下来并思考原因。</td></tr>
<tr><td>教师评价</td><td colspan="7"></td></tr>
</table>

学生课堂教学评价反馈表（2）

<table>
<tr><td>姓名</td><td>杨逸岚</td><td>班级</td><td>2019</td><td>科目</td><td>化学</td><td>授课教师</td><td>姚胜老师</td></tr>
<tr><td>课题</td><td colspan="3">《乙烯与有机高分子材料》</td><td>日期</td><td colspan="3">2021 年 4 月 8 日</td></tr>
<tr><td rowspan="24">自我评价</td><td rowspan="4">自主学习</td><td colspan="6">⊙能充分预习教材，全部完成自学清单的任务</td></tr>
<tr><td colspan="6">○部分完成预习内容，部分完成自学清单的任务</td></tr>
<tr><td colspan="6">○不能完成预习内容，没有完成自学清单的任务</td></tr>
<tr><td colspan="6">○对于自主学习的自我反思：在自主学习部分，我认为还应该更加积极完成，以便更好地深入了解课文，使上课效果更好。</td></tr>
<tr><td rowspan="9">小组活动</td><td colspan="6">⊙我能全程积极参与　○我部分时间参与　○我很少参与</td></tr>
<tr><td colspan="6">○我能在活动中努力思考、主动发现、探索问题、完成任务</td></tr>
<tr><td colspan="6">⊙我善于倾听，能与他人合作，尊重他人</td></tr>
<tr><td colspan="6">○我能积极地为解决问题去搜集信息、整理资料</td></tr>
<tr><td colspan="6">⊙我能积极大胆质疑、提出观点、勇于表达</td></tr>
<tr><td rowspan="4">小组整体评价</td><td colspan="5">○成员能够积极大胆地发表观点并认真倾听别人的意见，气氛热烈，能及时完成所有活动和任务。</td></tr>
<tr><td colspan="5">○成员团结、协作，有组员发表看法，其余成员做到认倾听，基本完整活动和任务。</td></tr>
<tr><td colspan="5">⊙小组活动时，很少有人发表观点，各做各的，有的同学完成任务，有的没有，缺乏团结、协作精神。</td></tr>
<tr><td colspan="5">对于小组活动的反思评价（个人以及全组成员）：
自我：作为本组组长，能够组织本组同学全体参与到实验中，并能调动大家的动手积极性，同时，积极思考课堂的相关内容。作为本组的发言代表，能够准确描述实验现象，并给出本组得出相关结论的原因。
组员：本组成员认真思考问题，笔记记录工整、完善，积极动手实验操作和模型组装，上课积极性极高，互帮互助，共同学习进步。</td></tr>
<tr><td rowspan="6">课堂教学</td><td colspan="3">对课堂内容的兴趣与热情</td><td>⊙高</td><td>○一般</td><td>○无</td></tr>
<tr><td colspan="3">能否理解、掌握老师所授内容</td><td>○能</td><td>⊙部分</td><td>○不能</td></tr>
<tr><td colspan="3">课堂中专注、认真与否</td><td>○是</td><td>○有时</td><td>○不能</td></tr>
<tr><td colspan="3">能否努力积极思考、探究</td><td>○能</td><td>⊙有时</td><td>○不能</td></tr>
<tr><td colspan="3">心情平和愉悦、精神饱满</td><td>○是</td><td>⊙一般</td><td>○不是</td></tr>
<tr><td colspan="6">对于课堂学习的自我反思：在整个课堂中，我认真倾听老师授课，积极思考问题，积极参与小组活动，通过这堂课的小组实验探究，我准确掌握了乙烯的相关化学性质，对比加成反应和取代反应的不同点，熟悉了两类有机化学反应的重要特征。
　　不足的地方，在本堂课总结阶段，没有积极参与到课堂总结中，失去了将本堂课内容自我总结的机会。</td></tr>
</table>

续表

<table>
<tr><td>姓名</td><td>杨逸岚</td><td>班级</td><td>2019</td><td>科目</td><td>化学</td><td>授课教师</td><td>姚胜老师</td></tr>
<tr><td rowspan="5">课堂教学评价</td><td colspan="7">整体评价　⊙优秀　○良好　○一般　○不成功</td></tr>
<tr><td colspan="7">1. 课堂中你感受最深的是什么？为什么？
乙烯小组实验探究。化学实验是学习化学的基础研究方法和重要模块。</td></tr>
<tr><td colspan="7">2. 哪些教学活动吸引了你而成为有效的教学行为？它们有何价值？
同学们通过小组组装乙烯的球棍模型，对比甲烷的结构模型，亲自体会甲烷和乙烯结构上的差别，从根本上理解结构决定性质。同时，对比甲烷的空间正四面体结构，理解乙烯的平面结构。对我们来说，不熟悉的物质结构，通过小组模型组装，亲自体验，为化学性质的学习奠定了基础，更好地理解了不同有机化合物化学性质的差异。</td></tr>
<tr><td colspan="7">3. 课堂有没有注重启发学生思维和能力培养？在课堂中你有没有思考？思考的情形是怎样的？
有。我学习乙烯的加聚反应时，老师通过乙烯的加成反应作基础引导我们思考，当多个乙烯分子发生加成反应时，所得到的产物会是什么样的呢？我积极思考后尝试写出产物，在通过动画演示后，发现自己写对了，特别满足。</td></tr>
<tr><td colspan="7">4. 课堂中不太成功或不成功的地方在哪？你对老师有什么建议？
本小组有同学反映，加聚反应学习时，阅读课本时间稍短，同时，动画展示反应过程速度稍快，可以播放两遍。这样在后面总结本堂课所学内容时，同学们总结会更加全面。</td></tr>
<tr><td>教师评价</td><td colspan="7"></td></tr>
</table>

8 《酶的作用和本质》教学案例

欧璐萍　罗放粮

《酶的作用和本质》
教学案例

・・● 教学设计 ●・・

一、课型

新授课

二、内容分析

（一）从课程标准分析

课程标准对本节的要求为："概述酶的作用和机理，有关酶实验的分析"。在化学学科中，学生已掌握双氧水的分解反应和有关无机催化剂的知识，可以用于有关实验和生物催化剂的教学，将化学知识与生物学教学进行双向渗透。在数学学科中，学生可用函数的知识来进行变量的学习，将数学知识和生物学知识进行渗透。但学生的分析、推理和抽象思维能力不强；在学习方法和认识水平方面还不够熟练；对本节知识有亲身体验，求知欲强，积极性高，学习潜力很大。学生在初中学习了有关消化酶的知识，做了相关的实验，并根据生活经验，通过报刊、电视、互联网等媒体，获得许多与酶有关的信息，对酶有了一定的认识，但仍有限。在实验操作方面，学生已经能够正确使用一般的实验器具，对探究实验有较高的兴趣，但对探究的程序还不熟练。

（二）从教材角度分析

该节主要介绍了酶在细胞代谢中的作用、酶的本质以及酶的3个主要特性，一般加上实验共需3个课时，本节是第一课时，主要探究酶在细胞代谢中的作用。教材安排了“比较过氧化氢在不同条件下分解速率快慢”的实验，引导学生自己得出结论，从而切身体会到酶具有很高的催化速率，该实验还介绍了生物实验的常用方法，要特别注意理解掌握设计对照实验的原则——单一变量原则，确定实验结果的不同就是由该变化的条件造成的。在学生获得感性知识的基础上，教材通过卡通式插图、图解和文字叙述，指出醉能够显著降低化学反应所需的活化能，这种编排有助于引导学生学会确认和控制变量，此外，“降低化学反应活化能的酶”是在学习了有关细胞学知识的基础上来学习的，酶是生物体进行新陈代谢不可缺少的条件，为后面学习ATP、光合作用和呼吸作用等做了铺垫。

三、学习目标

（一）生命观念

讨论酶催化作用的具体实例，说明酶在细胞代谢中的作用，明确活化能、变量等概念。

（二）科学探究

通过相关实验探究，初步掌握对照实验的设计方法和变量的控制。

（三）科学思维

通过酶作用机理的数学模型，初步形成建模思维。

（四）社会责任

阅读分析资料，认同科学是在不断地探索和争论中前进的，通过小组间的讨论、合作与交流，培养合作互助精神。

四、实现路径

（一）基础性目标实现路径

1．课前

能说出“过氧化氢在不同条件下的分解实验”过程及结果。熟记酶的作用和本质，完成自主预习清单上中的基础性预习检测题。

2．课堂

展示部分学生的预备性知识练习，指出练习中常见错误，给出标准答案。

（二）提高性目标实现路径

1．课前

85％以上学生自主完成拓展性练习。

2．课堂

在教师的引导下，进行小组合作互评。核对自主学习单中的基础性问题答案。

（三）拓展性目标实现路径

1．课前

鼓励15％～20％学有余力的学生自主完成提高性预习检测题。

2．课堂

时间充裕的情况下，学生讲典型的拓展性问题。

小组讨论、完成自主学习单中的课堂探究问题。教师点拨，解决疑难问题，总结重要概念，学生自主进行更正、归纳、再学习。

五、课堂流程

流程	时间	教师活动	学生活动
创设情景 导入新课	4分钟	展示两份同时蒸制而成的牛肉，请同学试吃其差别并猜原因	试吃两份牛肉
答疑解惑、 问题导思	10分钟	展示学生在自主预习清单中集中出现的问题并予以解答，提出本节课要解决的问题	每名学生核对和完善自己的答案，带着问题探究，对不明确的地方可进行小组讨论，也可以向教师提问
讲明要求 实验助思	12分钟	展示实验任务，完成记录表格及收获展示实验器材展示实验器材和用具及注意事项注意事项： 1．单一变量原则：自变量、因变量、无关变量 2．对照原则：对照组 实验组 3．随时指导学生实验，并记录下学生出现的问题	分组实验，记录在实验过程中遇到的问题，学生听清要求，完成自主学习单上的探究问题，小组讨论，合作学习

续表

流程	时间	教师活动	学生活动
合作学习 对话启思	8 分钟	1. 待学生展示完成后，展示学生实验过程中教师拍下的错误实验操作，并引导学生订正 2. 教师巡视，收集学生存在的普遍问题，展示答案，点拨关键点，对易错点进行提示	1. 分小组展示实验成果 2. 帮助学生弄清楚酶的作用特点 3. 总结实验变量 4. 每名学生核对和完善自己的答案，最后对照教师给出的标准答案进行修改
难点突破 问题导思	3 分钟	1. 提出探究问题 2. 播放视频“活化能” 3. 变量与实验设计原则 4. 模型构建：酶本质的探索历程 5. 组织学生回答提高性练习中的问题，适时引导和点拨，最后对提高性练习进行总结和提升	1. 观看视频、小组讨论，帮助学生理解“活化能” 2. 通过习题理解实验中的变量及实验原则 3. 学生尝试回答提高性练习中的问题，聆听教师的点拨，自主归纳结论
自我小结 评价反思	3 分钟	教师再次给出本节课的学习目标，选择 1～2 个学生在全班分享本节课的收获。教师对本节内容进行小结，巩固本节课关键问题所含知识点	对照学习目标自查本节课主要内容的掌握情况，并总结本节课的收获

附录一　自主预习清单

高一生物自主预习清单

姓名		班次	
课题	《酶的作用和本质》		
基础性 预习清单	1. 能说出“比较过氧化氢在不同条件下的分解实验”过程及结果。熟记酶的作用和本质，自主预习清单上中的自主检测题 2. 展示部分学生的预备性知识练习，指出练习中常见错误，给出标准答案 3. 归纳对照实验中的自变量、因变量和无关变量 4. 陈述对照实验的原则		
提高性 预习清单	1. 结合教材 P78“科学方法”，找出“比较过氧化氢在不同条件下的分解实验”中的对照组、实验组及各种变量 2. 归纳实验的四组中相互对照可得出结论 3. 总结无机催化剂和酶的作用机理的异同点		
拓展性 预习清单	查询关于“酶的本质”探究中的诺贝尔奖获得者所做的研究及贡献；查询感兴趣的某些酶的结构和功能，如消化酶、基因工程中的酶等；查询了解酶研究的前沿技术等，以小组为单位完成课后查询，做成 PPT 或者小报，进行班内交流		

续表

我的问题	

预习检测练习

一、基础性预习检测

(1) 实验过程中可以变化的因素称为________，其中人为改变的变量称作________，随着自变量的变化而变化的变量称作________，除自变量以外，实验过程中可能还会存在一些可变因素，对实验结果造成影响，这些变量称为________。

(2) 除了一个因素以外，其余因素都保持不变的实验叫作________，该类实验中一般要设置________组和________组。

(3) 本节实验中，各组过氧化氢溶液的剂量保持相同，属于________变量。1号试管处于室温条件，属于________组。

二、提高性预习检测

依据变量的控制，设计对照实验，解释比较过氧化氢在不同条件下的分解实验的研究过程。

实验记录表格

试管号	3%的过氧化氢溶液	实验处理	气泡多少	卫生香复燃情况
1				
2				
3				
4				

1. 请结合教材P78“科学方法”，完成以下问题：

对照组：________________

实验组：________________

自变量：________________

因变量：________________

无关变量：________________

2. 通过实验，请回答以下问题：

①试管1、试管2对照说明了什么问题？

____

②试管 1、试管 3 对照说明了什么问题？

____

③试管 1、试管 4 对照说明了什么问题？

____

④试管 3、试管 4 对照说明了什么问题？

____

3. 请从下图中找出无机催化剂、酶和无催化剂三种条件下化学反应进程和能量关系的曲线图，并标出无机催化剂降低的活化能 E_1 和酶降低的活化能 E_2。

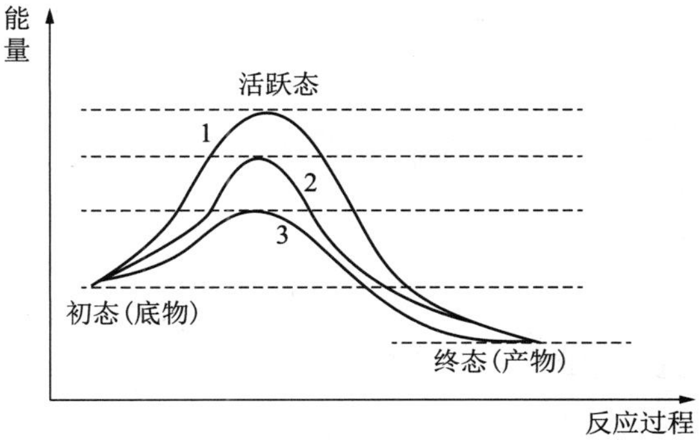

附录二 课堂检测练习

1. 请判断下列有关酶的作用和本质的表述是否正确：

(1) 酶具有催化作用（ ）

(2) 酶能为化学反应提供能量（ ）

(3) 一般情况，酶降低的活化能比无机催化剂多（ ）

(4) 酶只能在活细胞中发挥作用（ ）

(5) 细胞代谢离不开酶（ ）

(6) 无关变量不会影响实验结果（ ）

(7) 设计实验时必须要遵循单一变量原则（ ）

(8) 滴加肝脏研磨液和氯化铁溶液时可以共用一支吸管（ ）

2. 下图中新鲜土豆片与 H_2O_2 溶液接触后，产生的现象及推测错误的是（ ）。

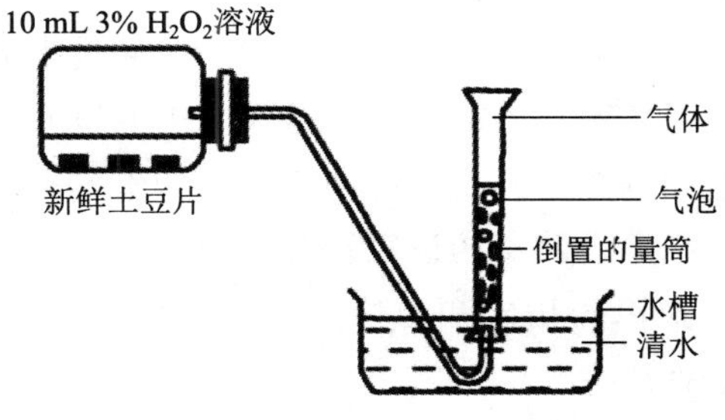

A. 若有气体大量产生，可推测新鲜土豆片中含有过氧化氢酶

B. 若增加新鲜土豆片的数量，量筒中所产生的气体速度加快

C. 一段时间后气体量不再增加是因为土豆片的数量有限

D. 为保证实验的严谨性，需要控制温度等无关变量

附录三　课后作业和活动

查询关于“酶的本质”探究中的诺贝尔奖获得者所做的研究及贡献；查询感兴趣的某些酶的结构和功能，如消化酶、基因工程中的酶等；查询了解酶研究的前沿技术等，以小组为单位完成课后查询，做成 PPT 或者小报，进行班内交流。

设计依据

一、分层目标设计依据

生物学的学科思维旨在训练学生的科学思维，提高思维品质，而本学科的科学思维即尊重事实和证据，崇尚严谨和务实的求知态度，运用科学的思维方法认知事物、解决实际问题的思维习惯和能力。本节课以学生的生活经验为开端，在与同学合作开展实验探究过程中，学生及时发现并提出问题，有助于提升他们的批判性思维。生物新课标关于该部分内容的要求是：说明绝大多数酶是一类能催化生化反应的蛋白质，酶活性受到环境因素（如 pH 和温度等）的影响。

酶的作用和本质是高中生物教学的难点，需要教师尝试多种教学方式，以实现学习目标的有效达成。在各种教学方式的尝试中，必须充分考虑学情，从多角度发现分析问题，以便设计出适合特定学生的教学方式，让学生能顺利地掌握知识技能，最终提升思维能力。

基础性目标：在这一节课的学习中，学生可以重温酶的本质的探索之路，通过对比较过氧化氢在不同条件下的分解实验的解释，理解并明确本节课最重要的概念——酶的作用，为后续细胞的能量供应和利用的学习打下基础。

提高性目标：控制变量是科学研究中常用的方法，通过本节课的学习，学生可以更加熟练地掌握控制变量法及实验设计的流程，并在未来的研究中尝试使用这种方法。酶降低化学反应活化能示意图的数学模型，有利于帮助学生实现跨学科综合发展的能力。

拓展性目标：本节课拓展性目标的设置旨在培养学生的发散思维，综合分析并解决问题的能力。学生通过对知识的拓展和延伸，尝试从相互联系的事例中总结出一般规律，从而提升了自身的概括能力。

二、关键问题设计依据及解决路径

本节课的关键思维问题是：酶在细胞代谢中的作用是什么？作用机理如何？酶的本质是什么？

要解决这个问题，首先以过氧化氢酶为例探究不同条件下过氧化氢的分解，通过在常温、90 ℃左右加热、$FeCl_3$ 溶液和新鲜肝脏研磨液四种条件下观察过氧化氢产生的气泡及卫生香复燃情况，各试管反应结果进行两两对比，分别得出高温、无机催化剂和酶对过氧化氢分解速率的促进作用。在实验过程中，应注意过氧化氢的量、过氧化氢的体积分数、$FeCl_3$ 溶液的质量分数等无关变量应保持相等，只控制处理条件的不同。使用新鲜肝脏研磨液是因为它富含过氧化氢酶，新鲜是为了避免研磨出来的过氧化氢酶因时间过久而降低或失去活性，影响实验效果。实验过程中共用到三支胶头滴管，分别滴加过氧化氢溶液、$FeCl_3$ 溶液和新鲜肝脏研磨液，为控制单一变量，切勿滴加时使用同一支胶头滴管。在实验结果的基础上，分析其作用机理是显著降低化学反应的活化能，酶的本质是活细胞产生的具有催化作用的有机物，其中绝大多数酶是蛋白质。

关键问题的设计是为了实现拓展性目标：我能分析比较过氧化氢在不同条件下的分解实验，掌握对照实验的设计方法和变量的控制，并归纳形成一定的联系和规律。这个问题的设计可以激起学生探究的欲望，引发其建立起问题间的相互联系的意识，再用联系的观点与已学知识相呼应，体现科学研究从现象到本质再到一般规律的研究方法。

三、学生自主合作学习的要求

学生自主合作学习的要求：每位同学先自学课本，完成自主学习单上的预习部分，对于有疑问和不能独立完成的部分再进行合作探讨，也可向老师询问。

四、学习目标达成度分析

基础性知识练习是本节重难点相关概念的填空，目的是让学生在基础性练习的引导下，有目的性地为本节课的学习做好准备，学生通过练习、核对及教师课前的纠错能完成思维教学的相关练习，目标达成度 100%。

提高性目标难度较高，从自主学习单的提高性练习的完成情况看，目标达成度 85%。

拓展性目标难度增加，需要学生通过课前预习和课堂讨论两部分来共同完成。自主学习单中设置的拓展性练习从学生完成度来看达到 90%，基本完成了“我能用最简练的数学模型（降低反应活化能示意图）表示酶的作用机理”这一目标。课堂讨论部分，学生的完成度约 75%。

• • ● 教学实录 ● • •

【创设情景，导入新课】

（课件展示本节课的学习目标）

师：小时候老师特别喜欢吃妈妈做的牛肉，同学们喜欢吃牛肉吗？

生（齐声）：喜欢。

师：老师今天仿照妈妈的做法，做了两份蒸牛肉，哪位同学想尝尝？和大家分享一下有什么区别？

生（齐声）：一个嫩一些，一个老一些。

师：这一份嫩牛肉就是嫩肉粉中的木瓜蛋白酶导致的，那么酶的作用及其本质如何，就是这节课的学习内容。

【答疑解惑，问题导思】

师：给出基础性练习、提高性练习的答案，解答学生的问题。展示学生在预习案中集中出现的问题，并提出本节课通过探究要解决的问题。

【讲明要求，实验促思】

师：今天我们以过氧化氢酶为例，来比较过氧化氢在不同条件下的分解实验，下面给大家一点时间进行分组实验，做好实验记录，注意安全。

生：分组开展实验。

师：请一个小组派代表和大家分享下你们看到的实验现象。

生：1 号加入 2 毫升 3%过氧化氢溶液，不做处理，少量气泡，卫生香不复燃；2 号放在 90 ℃左右水浴加热，产生较少气泡，卫生香不复燃；3 号滴加 2 滴 3.5% $FeCl_3$ 溶液，产生较多气泡，卫生香复燃；4 号滴加 2 滴新鲜肝脏研磨液，产生很多气泡，卫生香剧烈复燃。

师：非常棒！其他小组看到的现象和他们小组都一样吗？

生：我看到的 3 号和 4 号也没有复燃。

师：那你认为我们小组实验失败的原因有哪些呢？

生：可能是我们组的卫生香有问题，滴加 $FeCl_3$ 溶液和新鲜肝脏研磨液之后反应时间过久，氧气都跑走了，导致卫生香没有复燃。

师：所以反应的时间、卫生香质量、配制溶液的时间等都会影响实验结果。

【合作学习，对话启思】

师：那在本实验中存在着许多可以变化的因素，影响着实验结果，我们称之为什么？

生：变量。

师：请大家阅读教材 78 页，指出本实验中的各种变量，实验组和对照组。

生：3 分钟内找到答案。

师：请一个小组展示你们的合作研讨结果。

生：变量分为自变量、因变量和无关变量。这个实验自变量是各种实验的处理方法。因变量是过氧化氢的分解速率。无关变量就是过氧化氢的剂量、浓度和滴加各种溶液的剂量。

师：回答得非常准确！自变量就是我们人为控制的对实验对象进行处理的因素；因变量是因自变量改变而变化的变量，过氧化氢的分解速率是通过气泡的多少与卫生香的复燃情况表现出来的；而无关变量是不是和实验无关呢？

生：（齐声）不是。

师：那与实验有什么关系呢？

生：影响。

师：没错，在实验过程中存在的一些对实验结果造成影响的可变因素就是无关变量，不止包括记录表格体现出来的因素，还有现在我们所处的实验环境，比如大气压强、湿度等，这些无关变量要保持相同且适宜，其实也就是要遵循对照实验的等量原则。

师：那 1 组为对照组，2、3、4 组为实验组遵循了实验的什么原则呢？

生：（齐声）对照原则。

师：那各组对照之下，我们分别能得出什么结论呢？

生：2 号与 1 号相比：加热能提高过氧化氢的分解速率；3 号与 1 号相比：无机催化剂能提高过氧化氢的分解速率；4 号与 1 号相比：酶能提高过氧化氢的分解速率；4 号与 3 号相比：酶比无机催化剂的催化效率更高。

师：很好！基于这些结论，我们进而分析其作用机理，首先，为什么加热能提高反应速率？

生：因为提高了反应物的能量。

师：这部分提高的能量就是活化能。下面，我们通过一则视频详细了解一下活化能。

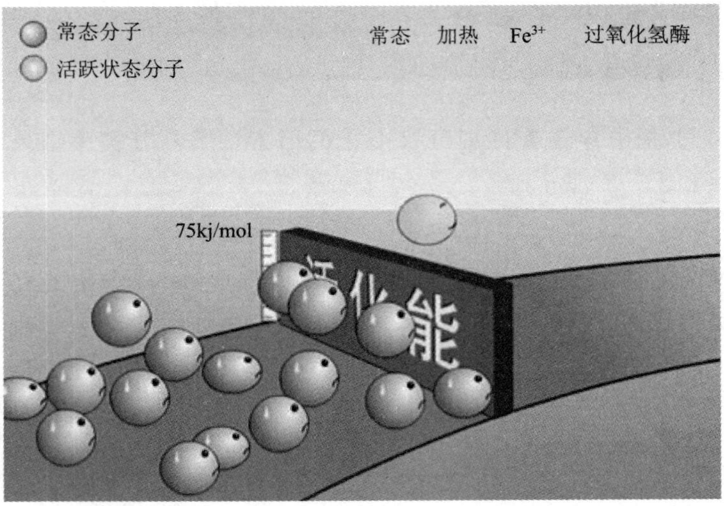

师：从视频中可知，加热确实是为 H_2O_2 分子提供能量，那 $FeCl_3$ 和过氧化氢酶也是提供了能量吗？

生：（齐声）不是。

师：那这两者的作用机理如何解释呢？

生：这两个都是降低了过氧化氢分解这个化学反应的活化能。

师：那无机催化剂与酶相比，又可以得出什么呢？

生：酶比无机催化剂降低活化能的作用更显著！

师：没错！这也是下节课我们要学习的酶的特性之一：高效性。

【难点突破，问题导思】

师：下面，这是一幅某化学反应中活化能相关的数学模型图，请同学们找出无机催化剂、酶、无催化剂三种条件下化学反应进程和能量关系的曲线图，并标出无机催化剂降低的活化能 E1 和酶降低的活化能 E2。

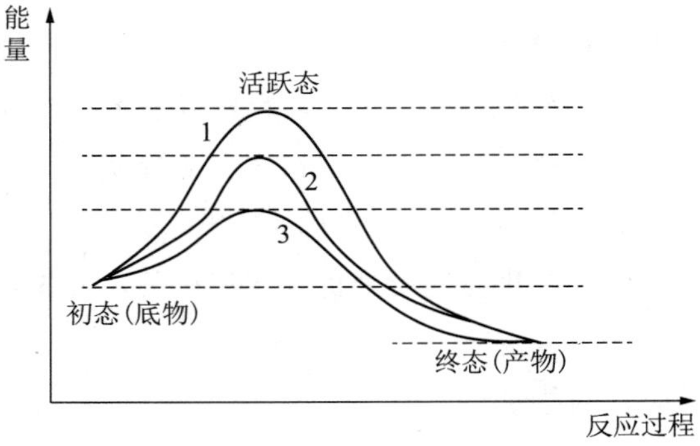

生：在草稿纸上标记后展示

师：利用希沃授课助手同屏展示学生反馈的完成情况。

师：想必大家对酶的作用及活化能已经有了一定的了解，那么酶到底是什么呢？科学家的探索过程不是一蹴而就的，经历了漫长坎坷的过程，下面请大家自主阅读课本79 页，完成以下图解。

生：在自主学习单上完成。

师：请一位同学在希沃白板上将答案配对至正确位置。

生：所以酶其实是一类由活细胞产生的具有催化作用的有机物，其中绝大多数酶是蛋白质。

【自我小结，评价反思】

师：现在请大家将本节课所学知识做一个归纳总结

生：我们学了酶的作用和本质。

师：老师把它归纳为酶的三个“一”，一个作用。

生：催化作用。

师：一个作用机理。

生：降低化学反应的活化能。

师：一个本质。

生：大多是蛋白质，少数是 RNA。

师：还有三个变量。

生：自变量、因变量和无关变量。

师：所以现在我们知道牛肉的嫩是由于其中的木瓜蛋白酶把牛肉中的蛋白质催化分解成了小分子物质，使其口感嫩滑，回家后，大家也可以尝试下厨为妈妈做一道特别的牛肉。本节课上到这里，下课！

专家点评

湘潭县一中欧璐萍老师《酶的作用与本质》研讨课教师点评实录

时间：2020 年 11 月 18 日

地点：湘潭县一中图书馆二楼录播室

与会人员：湘潭县一中高一生物备课组以及部分高二、高三生物教师。

主持人（湘潭县一中高一生物备课组长张勇平老师）：感谢各位老师百忙之中参与欧璐萍老师的研讨课点评，本次研讨主题是如何有效落实新课程核心素养，探究“五思”教学模式进一步提升路径。我们希望通过本次研讨，大家可以加深对新教学理念的理解以及对思维教学的研讨。

欧老师是去年 9 月份刚参加工作的一名老师，该老师十分优秀，工作一年时间就荣获湘潭市新视野赛课一等奖。今天，欧老师的课既是新教材研讨课，同时也是我校“五思”学科思维教学展示课。首先有请我校“五思”学科思维教学生物课题组的主持人方喜珍老师发言。

方喜珍老师：老师们好！我校从 2018 年上期开始推进基于核心素养的学科思维教学“五思”教学课题研究。近年来，通过对思维课堂的探索，我校树立了“为思维而教”的总体指导思想，形成了有一定特色的“五思”学科思维教学理论。在新课程标准下，学生的发展不再只是简单的知识累积，更多是关注学生在具体问题情境中解决问题的实际能力、情感培养及思维品质的提升，核心素养的培养最应该聚焦思维素养。

对于生物学科而言，学科思维即生物学科核心素养中的科学思维。科学思维需要在尊重事实和证据，崇尚严谨的思维方法的基础上形成认识事物、解决实际问题的思维习惯和能力。需要学生有积极的认知动机，从事实和证据出发的认知行为，运用科学的认知方法、形成质疑与批判的认知品质。教师帮助学生建立科学思维的途径可将思维训练与探究活动有机结合，去提升学生思维的深刻性、灵活性、独创性、批判性、敏捷性。

谢谢大家！

主持人：谢谢方老师。欢迎大家结合自己对思维教学与新教材的教学实践，对欧璐萍老师的这堂课提出宝贵的指导意见。

罗放粮老师：本节课所有环节均在师生互动、生生互动中展开，从课堂预设到动态生成，层层递进。学生深入有序地进行组内与组间交流，整节课小组内讨论两次，用时约 5 分钟，氛围热烈，形式多样，有效达成了本节课的拓展性目标。在师生互动中，教师的提问非常有启发性，点拨科学，恰到好处，有利于激活学生的思维。提起理科概念课，往往会想到教师晦涩的讲解和辨析，这样的课堂，容易让学生浑浑噩噩。而欧老师的这节生物课，有效落实了思维导学对概念课教学的要求，引导学生“发现概念”，探索“规律”，这样不仅能满足学生的好奇心，而且能增强学生的成就感，更重要的是能培养学生的创造思维。在讲评基础性练习时，学生全员参与，整体评价，教师点拨时间恰当，点拨的均为关键内容。学生在探究前，教师进行整体点拨，引导学生先思考后探究。对于课堂巩固中的习题，学生进行个别展示后，师生共同评价，教师最后适时点拨和总结。欧老师使用微课与蒸牛肉作为学具，使抽象的教学内容具象化，化解了学生学习中的困难。同时，欧老师要求学生根据实验结果，分别分析其作用机理，既充分复习了前面学习的内容，又增强了两种催化剂之间的区别与联系的辨析，有利于学生构建知识整体结构。假如在学生总结完规律后，引导学生对规律的原因进行认真探讨，这样更有利于学生对本节课关键问题的理解。

莫立强老师：为了使班级内不同层次学生对本节课内容有较深的理解，特设计了基础性、提高性和拓展性三种学习目标。其中基础性目标的达成通过学生的自主阅读及教师的讲授即可轻松达到；提高性目标则需要在课本知识基础上，通过自主学习单上的各项活动问题进行针对性训练从而让学生掌握利用模型表示酶的作用机理；拓展性目标是让一些学有余力的学生在课堂上的留白时间内进行思考，课后完成归纳实验设计的一些联系与规律。欧老师根据“预习反馈—确定问题—分组实验—讨论总结”的设计思路，精心设计了这节课的学习目标和实现路径，并把每一个学习目标转化为符合学情的问题。

刘志勇老师：本节课的关键问题是根据教学重难点设计的，目的在于引发学生的高阶思维。“酶的作用和本质”这一关键问题，欧老师设计了一系列活动：组织学生自学、小组讨论、组内同学互教和小组随机展讲等，充分发挥了学生的主动性和积极性，取得了较理想的效果：90％以上的学生能说出酶的作用和本质，有75％的学生能根据数学模型分别出酶与其他无机催化剂的区别与作用机理，有20％的学生能对高考试题进行改编。

冯若元老师：首先，教师设计了与酶相关的预备性知识练习，重点突出，贴近生活。其次，布置学生完成好自主预习，预计课前花费时间约20分钟，培养其阅读及提取信息的能力。最后，本节课设置了课堂分组实验与小组讨论活动，时间分别为8分钟、3分钟。我们重点观察了3个小组，都做到了全员参与。特别是在实验结束后，学生热情高涨，急切地想表达自己组观察到的实验结果，并且在组间交流中完成了课堂探究问题。这堂课充分创设了让学生思考的平台，学生绽放了一朵朵思维之花，但交流时间略显仓促，学生讨论可以更加深入。从思维教学的课堂实施看，欧老师充分运用高中生已有生活经验，引导学生回忆日常使用的物品，自然而然地进入新知识的学习。先是从口感嫩滑的牛肉到酶的作用，从分组实验到小组讨论，从活化能的相关微课到数学作用模型，最后把课堂各项活动小结融于拓展性问题的解决中。这节课的实施过程，如行云流水，非常自然，在已知的知识与将要学习的知识之间为学生搭建了“桥梁”，从而大大减弱了学生学习生物的畏难情绪。假如能把引导学生进行练习改编渗透到这节课中，这节课将会更加完美。

康雪伟老师：本节课教师用到的资源有学生资源、自主学习单、教学课件、模拟实验与高考试题等，小组内学生能够形成一个整体。率先完成的学生起到“小老师”的作用。教师充分挖掘高考试题，研究命题方向，结合学生实际情况，设计整理出一份高质量的自主学习单，帮助学生有效地完成本节课的学习目标。针对班级学生学习基础较弱的实际，欧老师根据思维导学“少即多”“易更难”的设计理念，尽量压缩不必要的教学内容，设法把一个个复杂问题拆分成几个相对容易的问题，层层递进，环环相扣，为达成学习目标创造了条件。假如教师对学生的信任度再高一些，设计一些更具有挑战性的问题，则更能释放学生的学习潜能，学生思考的空间也会更宽广。

主持人：我们评课的环节就到这里，感谢各位老师的参与。

教学反思

非常感谢罗放粮老师一对一的指导和学校生物教研组全体教师的大力支持，有了老师们的帮助，本节课才得以顺利开展。下面对本次研究课及思维教学的相关问题进行反思和总结。

一、教学设计

本次备课得到生物组全体老师的悉心指导，设计初稿形成后，我多次利用空闲时间和组内老师进行探讨，并利用教研组活动进行了两次设计研讨，各位老师对教学设计中思维教学部分的改进提供了以下宝贵意见。初稿设计以课本实际问题导入、展开，引导学生在问题解决中产生对酶探究的兴趣，缺乏新意，且未考虑到学生生活经验不足的问题。张勇平老师建议仔细观察学生的学习生活，拉齐学生基础，引导学生主动回忆探究，先猜想，后证明，由特殊到一般，更符合学生认识问题的思维规律，有利于激发学生探究问题的兴趣。上课前一天和刘凤良老师进行了教学设计交流。刘老师对学习目标和路径规划的撰写提出了宝贵意见，指出目标要具体、明确、可测，让学生一看就懂；三层目标要层次分明，每个目标都要有对应的问题或练习设计。问题是思维的起点，是学生主动探索的动力，路径规划要注重关键问题即生物学科的核心问题的设计，这样才能遵循学生思维发展的规律，有助于“五思”教学的实施。

二、课堂实施

本节课顺利完成了教学任务，学生能够主动深入探究，思维活跃，但有些具体教学细节还有待进一步探讨和改进。做得好的方面：本节课中，学生通过自主探索、合作交流，亲身经历了猜想、归纳、证明、应用的过程，成为“酶的作用”的“发现者”和“创造者”，参与度高；小组合作探讨各类催化剂的作用机理时，合理安排分工合作，为后面拓展性目标的落实争取了时间。下次可优化之处：在组间进行表达交流时，3组的谭同学提出了疑问，我只是顺着学生的思路处理了这个问题。当时若能从实验失败的原因入手，分析影响实验的可能因素来突破“变量”这一重难点，学生一定会更好地理解和掌握。若当时实时调整教学进度，对这类问题归纳总结，教学效果可能更好。课堂是活的，对课堂上生成的问题进行及时有效的处理是一种非常重要的能力。今后我一定多听课、多学习、多思考、多总结，尽力处理好教学细节。

总之，培养学生思维能力的主渠道是课堂教学，引导学生思维达到最佳状态是我努力的方向。在课堂中，我们应设计形象生动的教学情境，激发学生探求欲望，使学生处于一种积极的思维状态；进而沿着不同方向和角度认识、思考、分析并解决问题，避免形成“思维定势”。最后还应引导学生从特殊到一般进行推理、归纳、总结。孔子说“学而不思则罔，思而不学则殆”，针对性的思维训练有助于学生独立解决问题，深化创新意识，进一步发展思维能力。

附录　学生课堂教学评价反馈表

姓名	谭家浩	班级	2022	科目	生物	授课教师	欧璐萍 老　师
课题	《酶的作用与本质》			日期	2020 年 11 月 3 日		

<table>
<tr><td rowspan="19">自我评价</td><td rowspan="4">自主学习</td><td colspan="2">⊙能充分预习教材，全部完成自学清单的任务</td></tr>
<tr><td colspan="2">○部分完成预习内容，部分完成自学清单的任务</td></tr>
<tr><td colspan="2">○不能完成预习内容，没有完成自学清单的任务</td></tr>
<tr><td colspan="2">对于自主学习的自我反思：在自主学习部分，我认为还应该更加积极完成，以便更好地深入了解课文，使上课效果更好。</td></tr>
<tr><td rowspan="9">小组活动</td><td colspan="2">⊙我能全程积极参与　○我部分时间参与　○我很少参与</td></tr>
<tr><td colspan="2">○我能在活动中努力思考、主动发现、探索问题、完成任务</td></tr>
<tr><td colspan="2">⊙我善于倾听，能与他人合作，尊重他人</td></tr>
<tr><td colspan="2">○我能积极地为解决问题去搜集信息、整理资料</td></tr>
<tr><td colspan="2">⊙我能积极大胆质疑、提出观点、勇于表达</td></tr>
<tr><td rowspan="4">小组整体评价</td><td>○成员能够积极大胆地发表观点并认真倾听别人的意见，气氛热烈，能及时完成所有活动和任务。</td></tr>
<tr><td>○成员团结、协作，有组员发表看法，其余成员做到认倾听，基本完整活动和任务。</td></tr>
<tr><td>⊙小组活动时，很少有人发表观点，各做各的，有的同学完成任务，有的没有，缺乏团结、协作精神。</td></tr>
<tr><td>对于小组活动的反思评价（个人以及全组成员）：
自我：在小组活动中，我能积极思考问题，与小组成员交流看法、尊重他人，认真倾听别人观点，但我自己还更应该积极回答问题，观点表达不充分，下次要改进。
组员：能认真思考问题，但在讨论问题时有些偏题，组员表达观点的能力有待加强，有的组员表达观点时语言啰嗦、缺乏条理性。</td></tr>
<tr><td rowspan="6">课堂教学</td><td colspan="2">对课堂内容的兴趣与热情　⊙高　○一般　○无</td></tr>
<tr><td colspan="2">能否理解、掌握老师所授内容　○能　⊙部分　○不能</td></tr>
<tr><td colspan="2">课堂中专注、认真与否　⊙是　○有时　○不能</td></tr>
<tr><td colspan="2">能否努力积极思考、探究　○能　⊙有时　○不能</td></tr>
<tr><td colspan="2">心情平和愉悦、精神饱满　○是　⊙一般　○不是</td></tr>
<tr><td colspan="2">对于课堂学习的自我反思：
在整个课堂中，我认真倾听老师授课，积极思考问题，积极参与小组活动，通过这堂课，我对《酶的作用与本质》中的实验原则及作用机理有了进一步的认识。</td></tr>
</table>

续表

<table>
<tr><td>姓名</td><td>谭家浩</td><td>班级</td><td>2022</td><td>科目</td><td>生物</td><td>授课教师</td><td>欧璐萍
老　师</td></tr>
<tr><td>课题</td><td colspan="3">《酶的作用与本质》</td><td>日期</td><td colspan="3">2020 年 11 月 3 日</td></tr>
<tr><td rowspan="5">课堂教学评价</td><td colspan="7">整体评价　⊙优秀　○良好　○一般　○不成功</td></tr>
<tr><td colspan="7">1. 课堂中你感受最深的是什么？为什么？
自己动手进行实验，从肝脏研磨液、氯化铁和加热三种条件，我们小组自己得出结论，感触最深的是我们小组的实验没有做得那么好，在第四组实验中卫生香没有复燃，总结原因可能是没有用手堵住试管口、反应时间过长等等，以后有机会做实验我一定会更仔细预习后再进行，避免实验失败。</td></tr>
<tr><td colspan="7">2. 哪些教学活动吸引了你而成为有效的教学行为？它们有何价值？
课堂上老师引导我们总结各组实验间的对比得出结论，生生对话的教学活动让我受益颇深。让同学们评价，不仅深化了我们对本实验的理解，更提升了我们的语言表达能力。最后，老师对课堂进行总结，引发同学们更深层次的思考，未来还能学以致用。</td></tr>
<tr><td colspan="7">3. 课堂有没有注重启发学生思维和能力培养？在课堂中你有没有思考？思考的情形是怎样的？
课堂能注重启发思维和能力培养，在课堂中我积极思考问题，将问题落实到实验的具体操作过程中，与小组成员进行交流讨论，搜集信息并且整理资料。
在课堂上我进入了全神贯注的思考状态，并积极动手操作。我把自己化作当时的这位科学家去思考，顺着他的实验思路总结酶的作用，并根据几则科学史，尝试总结酶的本质。</td></tr>
<tr><td colspan="7">4. 课堂中不太成功或不成功的地方在哪？你对老师有什么建议？
在课堂快要结束时，欧老师的总结言简意赅，但我认为最后几分钟可让所有人再次回归课本，这样印象更深刻。
在分小组实验的时候，有部分小组没有把握好时间，可以限制时间，更有利于课堂进度的推进。</td></tr>
<tr><td rowspan="2">他人评价</td><td colspan="7">1. 小组活动或课堂中哪些同学的良好表现让你印象深刻？为什么？
张湘毅在实验时细致入微，与老师对答如流，课前准备非常充分。
罗天胜在评价别的组时，将实验失败原因分析得十分透彻，语言大方自然，积极踊跃，表现良好。</td></tr>
<tr><td colspan="7">2. 小组活动或课堂中你认为需要改进的同学有谁？为什么？有什么建议？
我同组的个别组员（某某），因为他在讨论问题有时偏离了问题本身，我建议可以让同组的组员互相督促。有的同学损坏了实验用品，应该多注意保护实验器材，规范实验操作。</td></tr>
<tr><td>教师评价</td><td colspan="7"></td></tr>
</table>

9 《我国法治建设的历程》教学案例

马洪亮

《我国法治建设的历程》教学案例

教学设计

【本框教材内容分析】

第一框“我国法治建设的历程”，简要回顾了我国法律发展的历史，阐明了马克思主义法律思想，重点阐述了新中国法治建设的成就。

第一框“我国法治建设的历程”，以“探究与分享”的形式导入，包括三目。

“探究与分享”通过对材料所示观点的分析讨论，引导学生结合法治名言或具体法律，深入理解法律在国家治理中的作用。

第一目“我国法律发展的历史”，简要回顾了我国从古代到近代法律发展的历史。

第二目“马克思主义法律思想”，从法的本质、产生、发展规律、作用等多个角度，阐述了马克思主义法律思想。

第三目“新中国法治建设的成就”，介绍了在党的领导下，新中国的法治建设取得的巨大成就。

三目总体遵循历史线索，引导学生从法律文明发展的角度把握我国法治建设的历程，从而更好地理解全面推进依法治国这一主题。

【教学目标：核心素养】

政治认同：

通过学习，相信中国自古以来就有法治观念和法治尝试，对我国的法治建设充满信心。

科学精神：

通过我国法治建设历程的学习，明白我国法治建设的渐进性，知道马克思主义法律思想是科学的。

公共参与：

通过资料查询和合作探究，理解和掌握马克思主义法律思想，感受我国法治建设的成就。

【教学重难点分析】

教学重点：

马克思主义法律思想的主要内容；新中国法治建设的成就；新中国法治建设的新目标与新实践。

教学难点：

法律的本质和作用；我国法律的发展历程；法的历史类型；法的特征（作用）与法的职能；我国新中国法治建设的成就。

【教学过程】

流程	时间	教师活动	学生活动
任务导入	2 分钟	通过视频展示情境，明确课堂定位	了解课堂情境与课堂定位
标准制定 自学存思 问题导思	5 分钟	通过问题展示，帮助学生回顾“四个全面”，把握三个单元之间的知识逻辑	明确标准制定，明确课堂导向
第一目 小视频 问题导思 情境拓思	7 分钟	分议题 1，串联知识，引导分析，组织讨论	学生了解法的产生、法的本质与作用、法的发展历程，感受我国古代法律的辉煌成就，以及近代 发展落后的因素
第二目 小视频	7 分钟	分议题 2，串联知识、层层递进，引导分析，组织探讨	学生进行小组讨论，分析马克思主义法律思想主要内容，对法的产生、本质、决定因素有更深刻认识，进而归纳出法的历史类型、法的特征（作用）
镜头视频 情境拓思 对话启思	6 分钟	结合教材“探究与分享”，组织讨论	结合实例，辩论说明法的政治职能和社会职能

续表

流程	时间	教师活动	学生活动
第三目 资料镜头 小视频	8分钟	分议题3，组织观看视频、讨论议题	学生分析新中国法治建设的成就（原因、表现），感悟我国法治建设的进步，增强政治认同
课堂小结 归纳整理 评价反思	5分钟	回归主要任务，指导学生对课堂内容进行整理	学生自主构建知识体系
随堂练习	5	引导解答疑问、补充完善	学生完成练习，提出疑问

附录一　自主预习清单

高一政治自主预习清单

姓名		班次	
课题	《我国法治建设的历程》		
基础性 预习清单	1. 搜集历史上的法治名言或结合一部具体的法律，说说法律在国家治理中的作用 2. 查找资料，了解法的产生、法的发展历程、我国法律发展历程 3. 了解马克思主义法律思想的主要内容 4. 了解法的历史类型、法的特征 5. 查找资料，论证说明新中国法治建设的成就		
提高性 预习清单	1. 结合实际生活，说说法的本质和作用；社会物质生活条件包含的主要内容 2. 结合现实生活，说明法治建设一直在路上 3. 举例说明法的政治职能与社会职能 4. 结合实例说明法的决定因素、法的本质		
拓展性 预习清单	小组合作讨论以下问题： 1. 宪法的核心地位体现在哪里？ 2. 中华法系有哪些特征？ 3. 我国法治建设的进程对你有什么启示？ 4. 如何理解“全面依法治国是国家治理的一场深刻革命”？		
我 的 问 题			

预习检测练习

一、基础性预习检测

知识点一　我国法律发展的历史

1. 法律的产生和作用

法律是人类社会发展到一定历史阶段的产物。法律体现着________的意志，是实现________的工具。

2. 中国法治发展史

春秋战国时期开始制定________，并通过________、________等方式发布法律；

两汉时期________成为政治生活的主导思想，强调________；

唐朝时期我国形成了较为完备的________，并为以后历代封建王朝所传承和发展；

鸦片战争后，一些人志士试图将近代西方国家的________移植到中国，以实现变法图强的梦想。但由于各种历史原因，他们的努力最终归于失败。

知识点二　马克思主义法律思想

1. 法的产生以及决定因素

(1) 马克思主义认为，法是人类社会发展到一定历史阶段，随着________、________和国家的出现而逐步产生的。在阶级社会中，法反映的是该社会中在经济上、政治上居于________的阶级的根本利益和共同意志；

(2) 马克思主义认为，法所反映的统治阶级意志的内容最终是由社会________决定的。

2. 法的类型

人类历史上出现过四种历史类型的法，即________法、________法、________法和________。

3. 法的基本特征

(1) 法是维持________、调整________的一种社会规范。

(2) 法是由国家制定或认可的社会规范。________和________是国家创制法律规范的两种基本形式。

(3) 法是由国家________保证实施的具有普遍________的社会规范。

4. 法的职能

法在国家治理中既具有________职能，又具有________职能。

5. 我国当代法的性质

我国当代的法是________。我国社会主义法是工人阶级领导的广大人民群众的根本利益和共同意志的体现。

知识点三　新中国法治建设的成就

1. 原因

(1) 一国的法治总是由该国的________和________所决定并与其相适应的。

(2) 在党的领导下，中国的法治建设取得了巨大成就。

2. 表现

（1）法律体系：形成了以________为核心的中国特色社会主义法律体系。

（2）法律实施：依法行政和公正司法水平不断提高

①通过建立健全科学完备的________和司法体制，保证了行政机关和司法机关按照法定权限和程序行使权力、履行职责。

②行政机关不断________、优化服务，严格规范文明执法，________建设不断推进。

③审判机关和检察机关________行使审判权、检察权，坚持以________为依据、以________为准绳，坚持公民在法律面前一律平等，维护和实现司法公正和权威。

（3）人权法治保障：人权的法治保障取得巨大成就

二、提高性预习检测

判断正误：

1. 法治是人类社会发展到一定历史阶段的产物。
2. 西汉时期，中国开始制定成文法。
3. 法在国家治理中既具有政治职能，又具有文化职能。
4. 法反映的是全体人民的意志。
5. 审判机关和检察机关依法独立行使审判权、检察权，坚持以法律为依据、以事实为准绳，维护和实现司法公正和权威。
6. 我国形成了以民法为核心的中国特色社会主义法律体系。

三、拓展性预习检测

查找资料探究：

1. 如何理解公民在法律面前一律平等的原则？请运用案例加以说明。
2. 什么是中华法系？运用查找的资料，简单概述其发展，说明中华法系源远流长。
3. 宪法的核心地位体现在哪里？结合查找的资料加以说明。

设计依据

一、教学目标设计依据

本堂课的教学目标是依据教材内容、思想政治课课程标准、“五思”教学理念和具体学情来制订的。2017年版课程标准出台后，高考进行了考试内容改革。在新课程标准下，新高考更加注重立德树人的政治导向，更加偏向于学科关键能力和学科素养的考查，高考由知识立意、能力立意向素养立意转变。思维品质、思维能力体现了高中政治学科核心素养的特征。思维品质的发展有助于提升学生分析和解决问题的能力，使他们能够从跨越历史、跨越国界、跨越民族的视角观察和认识世界，对事物做出正确的价值判断和价值选择。政治学科核心素养中的思维素养，主要包括辩证思维、逻辑思维、归纳概括、论证与阐述等。政治学科思维目标要求学生能够辩证看待法在人类历史发展进程中的作用，梳理、概括有关历史和现实信息，理解新概念（如马克思主义法学思想），推断事物发展趋势，分析、推断有关信息的逻辑关系，进而正确评判各种思想观点，创造性地表达自己的观点，具备多元思维的意识和创新思维的能力。

《普通高中思想政治课程标准》（2017 年版 2020 年修订）（以下简称“政治新课标”）指出，思想政治学科的核心素养包括：政治认同、科学精神、法治意识、公共参与。具有科学精神素养的学生，应能够用马克思主义基本立场、观点和方法，观察事物、分析问题、解决矛盾；解放思想、实事求是，对经济、政治、文化、社会和生态文明建设的实践，作出科学的解释、正确的判断和合理的选择；感悟人生智慧，过有意义的生活，以锐意进取的态度和负责任的行动促进社会和谐。在思想政治教学中，通过中外法律发展历程比较、历史上法的思想和马克思主义法学思想、习近平新时代法治思想的比较，引导学生提升辩证思维能力，根据课堂提供的多个情境和材料里呈现的事实进行归纳概括、逻辑推理，培养学生的归纳概括能力、逻辑思维能力。通过对不同观点的讨论，提高学生的鉴别和评判能力，即批判性思维；通过组织更加开放、具有挑战性的项目式学习、研究性学习、创造性学习等活动，激发学生主动参与，引入和利用多种资源，鼓励学生分享感受、看法，培养学生的社会参与意识、批判性思维、创造性思维。

“五思”教学强调教学的核心是思维能力的培养，一切为思维而教。“五思”教学主要内容是指的五条教学策略：自学存思、问题导思、情境拓思、对话启思、评价反思。这堂课中“情境拓思”运用情境和议题教学，针对教学目标，创设或引入一个或多个生动具体的生活情境以及学术情境，调动学生的思维注意力和求知兴趣，引发学生思考。这种教学策略能够帮助学生更好地理解教材，提高学生的学科思维能力和学科素养，其核心在于激发学生的情感，引发学生思考。

基于本课主题语境，在上课之前，老师可以布置学生搜集整理更多相关的背景材料，有意识地帮助学生了解法的发展历程，为新授课做好充足的准备，提高学生学习兴趣和自主性，这体现了“自学存思”这一教学策略。“议题—情境”还要求所有的学习活动都应该在一定的“议题—情境”下进行，在解决问题的过程中获取、梳理、整合知识，提升思维能力，同时表达个人意图、观点和态度，这就要求教师在设计的时候要创设新活情境、并用一系列问题来启发学生，推动学生对议题知识的深度学习，帮助他们构建新概念，树立正确的世界观、人生观和价值观，实现知行合一，从而体现“问题导思”“情境拓思”的教学策略。

有问必有答，探索问题答案的活动形式多样化，课堂教学中通过以小组合作进行师生对话、生生对话、生本对话，这就体现了“对话启思”。议题学习的目的是为了在真实的情境中综合运用所学知识，理解材料意旨，传递信息，表达个人情感和观点，从而提高辩证思维、创新思维能力，这就需要“评价反思”。教师可以通过观察学生的课堂表现、与学生对话，启发学生自我反思，让学生成为评价自己学习的主体。本节课以“五思”教学为指导，着重培养学生的思维品质，将“五思”教学理念渗透在教学的每一个环节。

二、关键问题设计依据与解决路径

本节课的关键问题有以下两个：

（1）马克思主义法律思想的主要内容（法的本质、法的决定因素、法的作用和职能）。

（2）新中国法治建设的成就。

设计本节课的关键问题要依据课程的重、难点和学情。根据“五思”教学的要求，本堂课的重点在于运用“自学存思”立足教材文本，了解教材三目内容的基本逻辑和结构；运用“情境拓思”和“问题导思”教学策略，探索我国法律的发展历程、中华法系成为世界上独树一帜的法律文明、新中国法治建设的成就等议题确立起中国法律文化自信，坚定走中国特色法治发展道路的自信。通过对不同社会形态下法的内容举例，概括归纳出法的本质和特征；运用“对话启思”教学策略，在学生讨论社会职能和政治职能的过程中，学生批判性思维、创新性思维、逻辑性思维能力得以提升；运用“评价反思”进行总结归纳，学生制作思维导图，提高学生记忆能力、理解能力、逻辑思维能力和创造能力。

三、学习目标达成度分析

学生通过课前自主预习导学案的相关内容，能够较好地了解本堂课的内容，为上好本堂课做了铺垫。通过课前检测，有效地加强了学生对教材文本的理解。在课堂上，老师通过不断的展示新情境，牢牢把握住了学生的注意力，通过不断的设问、提问，不断引发学生思维，有效提升了逻辑思维、辩证思维、创新思维的能力。对于难点，老师用课堂辩论的方式，生生交流、师生交流、生本交流，层次多、方式活，提高了课堂效率，而且多样化的活动丰富了课堂教学，激发了学生的学习兴趣。结合新时政情境进行“情境拓思”，师生对话进行“对话启思”，完成表格或思维导图进行“问题导思”等，一系列的活动旨在启发学生的思维能力。此外，教学内容源于课本，但跳出课本，紧密联系生活，锻炼了学生社会公共参与能力。因此，整堂课较高质量地达到学习目标，学生和听课者反响好。

• • ● 教学实录 ● • •

【任务导入】

生： 起立（敬礼），老师好！

师： 同学们好！请坐下。

习近平总书记提出“四个全面”的发展战略，大家还记得是哪“四个全面”吗？

生齐答：全面建设社会主义现代化国家、全面深化改革、全面依法治国、全面从严治党。

师：答得好！依法治国是党领导人民治理国家的基本方略，法治是国家长治久安、繁荣发展的重要保障，是社会文明进步的重要标志，必须全面推进依法治国，建设社会主义法治国家。

播放视频：《奋斗百年路，启航新征程：全面依法治国，建设法治中国》

展示总议题：从古代到近代再到当代，我国的法治建设经历了怎样的历程？新中国法治建设取得了哪些成就？

【制定标准　问题导思】

展示情境1：播放视频《亚洲文明之光》之《汉穆拉比法典》。

师：法律是如何产生的？是人类一出现就产生的吗？法律维护的是谁的利益？古巴比伦国王汉谟拉比发布法典的目的是什么？

生：法不是从来就有的，法律是人类社会发展到一定历史阶段的产物。

师：法是维护社会中大多数人的利益不？还是说法是维护广大人民的利益？

生：法具有阶级性。法的本质是：法律体现着统治阶级的意志，是实现国家职能的工具。

师：那么法具有什么作用呢？

生：它既维护公共管理秩序，也保障正常的社会生活。

【情境拓思　对话启思】

展示情境2：多媒体投影——《汉穆拉比法典》内容判刑举例。

事例一：【某好心人收留一不堪主人虐待而逃亡的奴隶】→定刑：【死刑】

事例二：【奴隶主将奴隶伤害致死】→定刑：【无罪】

事例三：【奴隶不承认主人是自己的主人】→定刑：【割除双耳】

事例四：【理发匠剃去奴隶的发式标记】→定刑：【砍去双手】

事例五：【贵族打死贵族】→定刑：【赔款】

师：结合古代《汉穆拉比法典》和近代《人权宣言》这两部重要法律，思考人类的法律经历了一个怎样的发展历程？古代法律和近代法律有什么不同？

给大家两分钟时间小组讨论一下。

（学生热烈讨论）

生：法律从古至今，都是维护当时那个社会统治阶级的利益，近代以来，法的地位越来越高。

师：在古代社会，法律确认和保护人剥削人的等级制度，特权阶层常常凌驾于法律之上，存在有法不行有法不遵的现象。

近代以来，法律的地位和权威不断提升，法律面前人人平等逐渐成为现实，法治代替了人治，成为一种全新的国家治理方式。

展示情境3：我国的法律发展历程（从古代到近代）

播放视频：《法治中国》第一集《奉法者强》：我国法律从古代到近代的发展历程

教师：通过以上镜头材料，简要总结我国从古代到近代法律发展的历程，以及古代法律在人类法治发展史上的地位和贡献。

生1：我国是一个具有五千多年文明史的古国，中华法系源远流长。

生2：我国古代法律的发展历程：春秋战国时期，开始制定成文法，并通过铸刑鼎、书竹简等方式发布法律；西汉时期，儒家思想成为政治生活的主导思想，强调礼法结合；唐朝时期，形成了较为完备的封建法典，并为以后历代封建王朝所传承和发展；

生3：我国古代法律在历史上的地位、贡献：中华法系成为世界上独树一帜的法律文明，古老的中国为人类法治发展作出了重要贡献。

师：近代中国的各种变法图强运动是否成功付诸实践？

生：1840年鸦片战争后，中国逐渐成为半殖民地半封建社会。为了改变国家和民族的苦难命运，一些仁人志士试图将近代西方国家的法治模式移植到中国，以实现变法图强的梦想。

生：但由于各种历史原因，他们的努力最终归于失败。

展示情境4：播放视频《习近平总书记在中国政法大学考察时强调：立德树人、德法兼修抓好法治人才培养》

师：习近平总书记为什么要强调坚持以马克思主义法学思想等理论为指导？马克思主义法学思想的主要内容有哪些？

生：人类法律文明的进步促进了法学思想的创新和发展。马克思主义的产生和发展谱写了人类法治思想史上的新篇章。

师：马克思主义法学思想的主要内容有哪些？（从法律的产生、法的本质、法的决定因素等角度回答）

生1：马克思主义认为，法是人类社会发展到一定历史阶段，随着私有制、阶级和国家的出现而逐步产生的。

生2：在阶级社会中，法反映的是该社会中在经济上、政治上居于统治地位的阶级的根本利益和共同意志。

生3：马克思主义认为，法所反映的统治阶级意志的内容最终是由社会物质生活条件决定的。社会物质生活条件指与人类生存相关的地理环境、人口和物质资料的生产方式。生产方式即生产力与生产关系的对立统一，是社会发展的决定性因素，也是法产生、存在和发展的决定性因素。

展示情境5：播放视频：《中华人民共和国婚姻法》：新中国颁布的第一部法律

师：请大家结合《十二铜表法》《法经》《拿破仑法典》《中华人民共和国婚姻法》，总结分析法的历史类型以及其作用。

生1：人类历史上出现过四种历史类型的法，即奴隶制法、封建制法、资本主义法和社会主义法。

生2：法是维持社会秩序、调整社会关系的一种社会规范。法反映并调整一定的社会关系，用规定权利和义务的方式规范人们的行为。法确认、保护和发展有利于统治阶级的社会关系和社会秩序。

生 3：我国的法律特征（作用）：在我国，人民是国家的主人，国家、集体和个人的根本利益是一致的，公民的权利和义务是统一的。公民在法律面前一律平等，既平等地享有权利，也平等地履行义务。

师：那么法的特征或者说作用是什么呢？

生：法是由国家制定或认可的社会规范。制定和认可是国家创制法律规范的两种基本形式。

师：怎样理解“制定”和“认可”？有什么区别？

生热烈讨论后回答。

生：“制定”的含义：是指国家根据社会生活发展的需要，通过相应的国家机关按照法定程序制订、修改和废止各种规范性文件以确立规则的活动。

“认可”的含义：国家以一定形式赋予在社会生活中已经存在的某种行为规则以法律效力的活动。

【情境拓思　对话启思】

展示情境 6：“青岛教师公开招聘笔试出现试题泄露情况：5 人被刑拘”

师：5 名犯罪嫌疑人因泄露试题，被公安机关依法刑事拘留，这体现了法律有什么样的特点？

生：法是由国家强制力保证实施的具有普遍约束力的社会规范。

师：在任何国家，违反法律规定的行为都将由专门国家机关依照法定程序追究行为人的法律责任，责任人将受到法律的制裁。

师：通过以上内容的学习，我们可以知道法在国家治理中发挥重要作用，那么法到底具有哪些职能呢？请结合以下镜头回答。

展示案例：“庆阳中院一审宣判四起故意杀人案 四人被判死刑”；“郑爽诉张恒借贷案终审判决：张恒归还 2000 万元并支付利息”

生热烈讨论，表达观点

师：以上材料体现了法在国家治理中发挥什么职能？以上两个镜头体现的法的职能表现在哪些领域中？请结合实例说明。

生：法的政治职能，指法维护一定阶级统治的作用。法的社会职能，指法管理一定社会公共事务的作用。法在国家治理中既具有政治职能，又具有社会职能。

生：法所具有的这两种职能体现在经济建设、政治建设、文化建设、社会建设和生态文明建设等各领域中。

师：能否列举实例说明？社会职能和政治职能能否决然分开？（小辩论）

生：近些年，国家扫黑除恶，铲除了一些人民深恶痛绝、社会影响极坏的犯罪分子，这是政治职能；国家整顿市场经济秩序，对某电商平台“二选一”涉嫌恶性竞争给予处罚，这是社会职能。

师：举例很恰当，表扬！

生：（鼓掌）

师：中国特色社会主义法治道路，是历史和人民的选择；依法治国的根本目的是保障人民合法权益。

情境7：播放视频：《全面推进依法治国》

师：请大家结合视频，思考我国为什么要全面推进依法治国，建设社会主义法治国家？

生观看视频并思考、交流分享。

生1：一国的法治总是由该国的国情和社会制度决定并与其相适应的。

生2：依法治国，建设社会主义法治国家，是中国人民的主张、理念，也是中国人民的实践。

师：那么，在党的坚强领导下，我国的法治建设取得了哪些巨大成就呢？我国形成了什么样的中国特色社会主义法律体系？

生交流讨论后回答。

生1：形成了以宪法为核心的中国特色社会主义法律体系

①在现行宪法基础上，制定并完善了一大批法律、法规，法律体系日趋完备，国家经济、政治、文化、社会和生态文明建设的各个方面实现了有法可依。

②立法的科学化、民主化水平和立法质量不断提高，法律在促进经济社会发展、维护社会公平正义、保障公民权利、确保国家权力正确行使等方面的作用不断增强。

师：是的，到目前为止，我国现行有效法律275件、行政法规600多件、地方性法规12000多件，国家和社会生活各方面都实现了有法可依。

师：展示“依法行政：职权法定，法定职责必须为，法无授权不可为”“我是检察官：检察监督工作前置，维护司法公正”“中国多个社会组织在联合国人权会议阐述中国人权主张和成就”等资料，设问：以上镜头体现了我国取得了什么样的法治建设成就？

生1：依法行政和公正司法水平不断提高。①通过建立健全科学完备的行政执法和司法体制，保证了行政机关和司法机关按照法定权限和程序行使权力、履行职责。②行政机关不断简政放权、优化服务，严格规范文明执法，法治政府建设不断推进。③审判机关和检察机关依法独立行使审判权、检察权，坚持以事实为依据、以法律为准绳，坚持公民在法律面前一律平等，维护和实现司法公正和权威。

生2：人权的法治保障取得巨大成就。①在通过经济社会发展改善人民的生存权和发展权的同时，国家高度重视通过宪法和法律保障公民的基本权利和自由。我国将人权保障贯穿法治建设的各个环节，使人权法治保障水平达到了新的高度。

②事实表明，中国人民享有越来越广泛、越来越充分的经济、政治、文化、社会等权利。

师：在中国共产党的领导下，在习近平法治思想的指引下，中国特色社会主义法治事业蓬勃发展，中华民族正在民主与法治的道路上阔步前进，努力开创人类政治文明发展的新境界。

【归纳整理 评价反思】

请大家结合本节课所学，整理出本框题思维导图，将选取两位同学上讲台在黑板书写，其他同学补充完善。

生：（讨论、比较、评价同学思维导图）

专家点评

湘潭县教研室　中小学思政教学教研员　陈武进

本堂课是高中思想政治必修3《政治与法治》模块第三单元《全面依法治国》第七课《治国理政的基本方式》的第一框题《我国法治建设的历程》，旨在通过学习，让学生理解我国依法治国这一治国理政的基本方式的合理性，既有历史传统，又有理论依据，而且是实践探索的结果。

这堂课内容纵贯古今、跨越中外，既要突破理论认识，又要有实践认同，对高中学生来说思维难度比较大。

本堂课定位为培育学生的学科核心素养、核心思维，让学生体会我国的法系渊源。通过“情境拓思”“对话启思”等教学策略，让学生理解马克思法治理论和我国法治建设成就，从而认同我国的法治方式，增强了政治认同，提升学生的归纳概括和逻辑思维能力；通过运用用历史思维、比较思维，运用历史唯物主义的观点科学理解我国治国方式，培育科学精神；通过理解法治的必然，从而增强学生的法治意识、尊崇法律；学生通过学习增强推行法治的紧迫感，看到法治建设成就，增强法治自觉。

从教学形式来看，教师尝试采用议题式教学，围绕教学议题，创设教学情境，基于情境设计大量探究性问题，这些情境的设置使理论思维脉络清晰有层次，把学生的思维逐步引向深入。本堂课选取了丰富的历史和现实的教学资源，采用文字叙说或者视频形式，创设了很多的问题情境，激发了学生学习兴趣，激活了学生思维。教师基于教学情境设计探究性问题，能够引发学生思考，既探究理解了书本知识，又形成了学科思维能力。

本堂课践行了湘潭县一中“五思”教学理念。课堂教学目标明确、具体，操作性强，整堂课围绕教学目标进行，设计环环相扣，落到实处，按时、按量、按质完成了教学任务和目标。能深入挖掘教材，条理清楚，层次分明，深入浅出，理论联系实际，恰当引用相关教学资源，贴近社会和学生生活；能恰当设置问题，启迪学生思维；注重引导学生自主学习、合作探究，促进多元思维，优化学习策略，提高学习效率，确保政治认同、法治意识、科学精神和社会参与能力的同步提升。从最后让学生自主总结中可以看得出，学生理解并掌握了所学知识，构建了知识体系；课堂贯穿了德育教育、法治教育、爱国主义教育，过程自然且有时效，培养了积极的生活态度，教学取得了良好的效果。从课堂实施上看，课堂结构中各个环节完整、合理，时间安排恰当；课堂教学组织严密、紧凑，过渡自然。在课堂上，老师注意到学生的信息反馈，并及时给予评价；师生双边活动良好，课堂氛围比较活跃。

在本堂课中，老师充分运用了现代化教学手段，插入了较多视频情境、教学资源，整堂课变得生动有趣，让老师和学生大开眼界。如果老师再放开一点，把更多的时间留给学生自由讨论，学习效果可能会更加突出。

教学反思

本节课的整体设计符合《新课标》提出的合作探究学习理念，也遵循了我校提出的“五思”教学理念。教师引导学生通过对社会生活中相关案例、视频资料的探究、分析，根据对教材知识的的阅读和理解，培养学生政治学科思维，并在解决问题的过程中发展语言能力，汲取中华传统文化精华，联系实际生活，培养学生正确的人生观和价值观。

政治课是一门时代性和实践性都很强的学科。脱离时代的政治课往往是一味地说教，课堂如同缺乏生气的一潭死水。教学中要有目的有意识地培养学生观察、联系、分析、说明实际问题的能力，轻松愉快地形成对知识的综合、迁移、拓宽和加深，从而达到我们预期的教学目的和要求。这使“理论联系实际”的朴素真理不只是漂亮的装饰，而真正成为我们行动的指南。

本课的教学设计指导思想是根据高中学生的特点，多采取案例情境教学，用学生生活中常见易懂的事例，激发学生的学习兴趣，层层深入引导学生探究问题，采取互动的教学方式，让学生在学习过程中自觉检查和调整自己，真正实现“立德树人、培根育魂”的思想教育目的。

一、教学设计与实施的经验总结

1. 以学生为主体，激发学生政治学科思维

本节课教师以引导学生思考和表达为主，老师有意识地在教材学习过程中巧妙设置情境、提出问题，培养学生的逻辑性、批判性和创新性思维能力。“五思”教学中的“问题导思”指出，设疑不是让学生马上回答，教师通过“问题”情境设法造成思维上的悬念，使学生处于暂时的困惑状态。本堂课一开始就设置了具有思考性的问题“什么是法？法的本质和作用是什么？”启发学生从表层学习进入深层学习，锻炼学生的逻辑思维能力，提升思维品质，培养学生多元化的思维。在研讨法的发展过程中，通过展示《汉穆拉比法典》、古罗马十二铜表法、法经、中华人民共和国婚姻法的部分镜头，让学生感受到法与政治经济、物质资料生产方式的关系，领悟到法的类型。在引导学生探讨“法的职能”时，让学生比较相似情境、辩论相关议题，在活动实施的过程中，以问答、讨论、小组合作并分享的方式展开，给学生留下足够的活动时间，鼓励学生独立思考，

敢于发表自己的见解，体现了以学生为主体的教学理念，也是“五思”教学中“对话启思”策略在教学中的具体运用。

2. 以情境为载体，引导分析

本课以情境为载体，深入挖掘教材，广泛采用各类典型情境，通过不同时期法的内容展示，特别是展示新中国成立后第一部法律《婚姻法》颁布后人民的反应，渗透情感教育，培养学生正确的政治导向，增进政治认同。在分析的过程中，以学生为主体，以小组为单位，自主探索，老师在关键时候引导，点出新中国法治建设的成就，提升了学生思维品质与合作意识，培养了“科学理性、政治认同”的政治学科核心素养。

3. 教学过程中渗透情感教育

“五思”教学中的“情境拓思”要求我们在应用这一教学策略时，要特别关注学生非智力因素的培养，包括情感因素、意志因素，个性、意识形态、气质、性格等。本堂课关注情感因素，重点围绕“法的作用”的情感主线，引导分析历史上法的共性和社会主义法的个性，尤其是新中国成立后，我国法治建设的成就、法对维护人民当家作主地位、维护人权的重要作用，使学生对法治建设充满信仰和力量。

二、实施效果与预期差距及原因

1. 未充分把握课堂节奏。学生自主学习和小组讨论时间不够充分，在观看视频镜头的时候有点仓促。老师引导学生分析感悟镜头之后，还可以给学生更多的时间来自主分析情境与教材结论的关联。

2. 老师没有完全放手，未将课堂完全还给学生，所以有时候老师引导分析偏多。比如在分析法的社会职能和政治职能时，老师担心学生总结分析不出，指导得多了 。

3. 教学环节的过渡需要一定的技巧。在本节内容中，“规则与秩序”与下一章节的环节衔接不够好。

4. 学生在讨论问题上不够热情，积极互动上有待加强，要想办法增强学生的学习积极主动性，以及探讨问题的主动性。在案例教学中，还应增加生活中的案例解读，让学生贴近生活实际的问题，来解决书中的重难点。

三、教学设计与实施待改进之处

结合教学实际问题，我认为本节课教学设计可以从以下两个方面改进。

第一，采用的视频资料和镜头比较多，要适量删减，增加学生感悟讨论的时间。

第二，增加学生互评的环节。采用“五思”教学中“评价反思”这一策略时要遵循三个原则：①评价主体多元性，生生、师生、生师之间互评；②评价标准多样性；③评价内容多面性。本节课虽然是以学生为主体，但是如果能增加学生互评环节的话，评价才会更加全面。在学生互评的过程中，还可以提高学生的积极性和参与度，一方面可以锻炼学生的表达能力，另一方面也培养了学生批判性思维能力。

附录　学生课堂教学评价反馈表（1）

<table>
<tr><td>姓名</td><td colspan="2">付一菲</td><td>班级</td><td>C2024</td><td>科目</td><td>政治</td><td>授课教师</td><td>马洪亮老师</td></tr>
<tr><td>课题</td><td colspan="4">我国法治建设的历程</td><td>日期</td><td colspan="3">2021 年 5 月 15 日</td></tr>
<tr><td rowspan="21">自我评价</td><td rowspan="4">自主学习</td><td colspan="7">○能充分预习教材，全部完成自学清单的任务</td></tr>
<tr><td colspan="7">⊙部分完成预习内容，部分完成自学清单的任务</td></tr>
<tr><td colspan="7">○不能完成预习内容，没有完成自学清单的任务</td></tr>
<tr><td colspan="7">对于自主学习的自我反思：由于时间有限，没有很好地完成自主学习部分的内容，缺乏相关历史知识，对部分内容理解不透。</td></tr>
<tr><td rowspan="9">小组活动</td><td colspan="7">⊙我能全程积极参与　○我部分时间参与　○我很少参与</td></tr>
<tr><td colspan="7">⊙我能在活动中努力思考、主动发现、探索问题、完成任务</td></tr>
<tr><td colspan="7">⊙我善于倾听，能与他人合作，尊重他人</td></tr>
<tr><td colspan="7">○我能积极地为解决问题去搜集信息、整理资料</td></tr>
<tr><td colspan="7">○我能积极大胆质疑、提出观点、勇于表达</td></tr>
<tr><td rowspan="4">小组整体评价</td><td colspan="6">⊙成员能够积极大胆地发表观点并认真倾听别人的意见，气氛热烈，能及时完成所有活动和任务。</td></tr>
<tr><td colspan="6">○成员团结、协作，有组员发表看法，其余成员做到认倾听，基本完整活动和任务。</td></tr>
<tr><td colspan="6">○小组活动时，很少有人发表观点，各做各的，有的同学完成任务，有的没有，缺乏团结、协作精神。</td></tr>
<tr><td colspan="6">自我：在小组活动中，我能积极思考问题，与小组成员交流看法，但是由于自身历史知识积累不够，不太敢发言。我觉得自己应该自信一点，积极回答问题。
组员：小组讨论激烈，认真思考问题，但是可能由于听课的老师太多，大家普遍比较紧张，不敢举手回答问题。</td></tr>
<tr><td rowspan="6">课堂教学</td><td colspan="4">对课堂内容的兴趣与热情</td><td>⊙高</td><td>○一般</td><td>○无</td></tr>
<tr><td colspan="4">能否理解、掌握老师所授内容</td><td>○能</td><td>⊙部分</td><td>○不能</td></tr>
<tr><td colspan="4">课堂中专注、认真与否</td><td>⊙是</td><td>○有时</td><td>○不能</td></tr>
<tr><td colspan="4">能否努力积极思考、探究</td><td>○能</td><td>⊙有时</td><td>○不能</td></tr>
<tr><td colspan="4">心情平和愉悦、精神饱满</td><td>○是</td><td>⊙一般</td><td>○不是</td></tr>
<tr><td colspan="7">对于课堂学习的自我反思：
在整个课堂中，一步步跟着老师来，积极思考老师的问题，积极参与小组活动，感觉时间过得很快。老师用希沃白板制作的课件精美，采用和剪辑了很多时政新闻镜头与历史影像资料，让我耳目一新。通过这堂课的学习，我对教材的内容，特别是社会主义法律思维有了更深的兴趣，对社会主义法律建设有了更高的企盼。</td></tr>
</table>

续表

<table>
<tr><td>姓名</td><td>付一菲</td><td>班级</td><td>C2024</td><td>科目</td><td>政治</td><td>授课教师</td><td>马洪亮老师</td></tr>
<tr><td>课题</td><td colspan="3">我国法治建设的历程</td><td>日期</td><td colspan="3">2021 年 5 月 15 日</td></tr>
<tr><td rowspan="5">课堂教学评价</td><td colspan="7">整体评价　⊙优秀　○良好　○一般　○不成功</td></tr>
<tr><td colspan="7">1. 课堂中你感受最深的是什么？为什么？
通过案例，了解和理解了法的社会职能与政治职能。法的作用在生活中比较模糊，特别是理论层面的，通过小辩论以及几个典型案例的剖析，同学们讨论激烈，澄清了对知识的误解，更进一步理解了法的作用、法的职能，对法在生活学习工作中的认识也更深刻。</td></tr>
<tr><td colspan="7">2. 哪些教学活动吸引了你而成为有效的教学行为？它们有何价值？
老师提供了大量非常生动的情境材料，通过对这些历史资料、情境资料的整理、梳理，我们更好地理解了法的本质、法的产生、法的作用、法的类型，尤其是新中国成立以来，我国法治建设的成就，感受到没有共产党，就没有中国特色法治建设的成就；感受到没有社会主义法治，就没有我们现在幸福的生活。我们从心底里认识到法对维护人民当家作主地位的重要性。</td></tr>
<tr><td colspan="7">3. 课堂有没有注重启发学生思维和能力培养？在课堂中你有没有思考？思考的情形是怎样的？
课堂中有很多注重启发学生思维和能力培养的设计，比如说通过思维导图归纳总结，通过问答的形式启发学生，通过知识辩论加深学生对教材知识理解，通过小组讨论得出结论等，都能很好地培养学生的思维能力。</td></tr>
<tr><td colspan="7">4. 课堂中不太成功或不成功的地方在哪？你对老师有什么建议？
视频情境资料给得多，有些视觉疲劳；知识辩论的时候学生有点羞涩，没有完全放开，如果给予更多的时间，效果会更好；知识内容多，感觉全面把握难度比较大。</td></tr>
<tr><td>教师评价</td><td colspan="7"></td></tr>
</table>

学生课堂教学评价反馈表（2）

<table>
<tr><td>姓名</td><td>罗亦达</td><td>班级</td><td>2024</td><td>科目</td><td>政治</td><td>授课教师</td><td>马洪亮老师</td></tr>
<tr><td>课题</td><td colspan="3">《我国法治建设的历程》</td><td>日期</td><td colspan="3">2021 年 5 月 15 日</td></tr>
<tr><td rowspan="14">自我评价</td><td rowspan="3">自主学习</td><td colspan="6">⊙能充分预习教材，全部完成自学清单的任务</td></tr>
<tr><td colspan="6">○部分完成预习内容，部分完成自学清单的任务</td></tr>
<tr><td colspan="6">○不能完成预习内容，没有完成自学清单的任务</td></tr>
<tr><td rowspan="4">小组活动</td><td colspan="6">⊙我能全程积极参与　○我部分时间参与　○我很少参与</td></tr>
<tr><td colspan="6">○我能在活动中努力思考、主动发现、探索问题、完成任务</td></tr>
<tr><td colspan="6">⊙我善于倾听，能与他人合作，尊重他人</td></tr>
<tr><td colspan="6">⊙我能积极大胆质疑、提出观点、勇于表达</td></tr>
<tr><td rowspan="6">课堂教学</td><td colspan="3">对课堂内容的兴趣与热情</td><td>⊙高</td><td>○一般</td><td>○无</td></tr>
<tr><td colspan="3">能否理解、掌握老师所授内容</td><td>⊙能</td><td>○部分</td><td>○不能</td></tr>
<tr><td colspan="3">课堂中专注、认真与否</td><td>⊙是</td><td>○有时</td><td>○不能</td></tr>
<tr><td colspan="3">能否努力积极思考、探究</td><td>○能</td><td>⊙有时</td><td>○不能</td></tr>
<tr><td colspan="3">心情平和愉悦、精神饱满</td><td>○是</td><td>⊙一般</td><td>○不是</td></tr>
<tr><td colspan="6">对于课堂学习的自我反思：
我在课堂上能够紧紧跟着老师的思路，积极思考，老师提供的视频、资料特别能够引发我的兴趣，能够让我迅速进入思考状态。但是因为自身知识积累不够深，每次思考得不够深入，比较肤浅，老师和同学们提供的思路让我豁然开朗。</td></tr>
<tr><td></td><td></td><td colspan="6"></td></tr>
<tr><td rowspan="5">课堂教学评价</td><td colspan="7">整体评价　⊙优秀　○良好　○一般　○不成功</td></tr>
<tr><td colspan="7">1. 课堂中你感受最深的是什么？为什么？
课堂的视频播放比较有意思，视频直接形象，让我加深了对本堂课的理解。然后，老师用小专题的形式组织小组讨论，同学们各抒己见，让我们同学之间不同的思维发生碰撞，让我受益匪浅。</td></tr>
<tr><td colspan="7">2. 哪些教学活动吸引了你而成为有效的教学行为？它们有何价值？
马老师提供的视频资料特别吸引我。同学们之间的讨论也特别吸引我，他们的观点让我觉得自己思考能力不够，需要在以后的学习中培养自己的思考能力。</td></tr>
<tr><td colspan="7">3. 课堂有没有注重启发学生思维和能力培养？在课堂中你有没有思考？思考的情形是怎样的？
马老师非常注重启发我们的思考和注重培养我们的能力。同学们之间的辩论、老师精要的点拨都让我有脑洞大开的感觉，课堂虽然容量很大，但我觉得这样的课很过瘾。</td></tr>
<tr><td colspan="7">4. 课堂中不太成功或不成功的地方在哪？你对老师有什么建议？
让同学们阐述观点的时间不够，我觉得同学们还有很多很精彩的观点没说出来，如果时间充分，我相信我们还可以表现得更优秀。</td></tr>
</table>

10 《人口普查引发的思考》教学案例

喻雄辉

《人口普查引发的思考》教学案例

教学设计

一、课型

高考复习课

二、内容分析

（一）知识定位

人口问题涉及社会政治经济的各个方面，是世界各国都关注的一个重点问题。进入21世纪以来，我国人口面临老龄化、廉价劳动力优势逐渐丧失等问题，这日益成为我国社会发展的一个瓶颈。因此，人口问题引发的思考成为这几年高考的热点问题。

（二）知识关联

高中历史涉及人口的知识大概如下：人口增长或减少；人口比例；人口迁移；人口老龄化；人口素质的提高；城镇化问题；自由劳动力的形成等。

（三）自学任务

1. 阅读

自学导学案上相关资料。

2. 思考

根据普查报告，你能看出当前我国人口出现哪些趋势与问题？

依据你所看出的趋势和问题，回顾中外历史是否出现过相似的情况？试总结出现这种情况的原因和影响。

（四）关键问题与历史核心素养培养指向

本课关键问题：如何通过阅读资料和史料得出历史结论？

通过小组合作的课堂环节，引导学生自主合作，通过创设历史情境，引导学生深入思考，使得学生的核心理论（唯物史观）、核心思维（时空观念）、核心方法（史料实证）、核心能力（历史解释）、核心价值观（家国情怀）各种历史学科素养得到提高。

三、学习目标

（一）唯物史观

学习历史唯物主义各种方法，努力做到论从史出，史论结合。

（二）时空观念

通过阅读与思考，加强学生知识的迁移与应用能力。

（三）史料实证

本课学习重点，通过资料与史料得出历史结论。

（四）历史解释和家国情怀

注重专业词汇的解释，培养学生“人类命运共同体”的意识。

四、实现路径

（一）基础性目标

1. 概括人口普查资料中隐含人口发展趋势的数据。
2. 复述与课文有关的历史常识。
3. 识记老龄化、城镇化等概念。

（二）提高性目标

1. 找出人口普查资料中与之相关的其他社会问题。
2. 概括中国古代人口迁移的原因。
3. 归纳评价中国古代人口迁移的影响。

（三）拓展性目标

1. 小组合作，就老师选择的两个历史资料题进行讨论总结。
2. 小组成员各抒己见，由组长归纳总结，将优秀的答案推荐到课堂上展示。

五、课堂流程

流程	时间	教师活动	学生活动
自学存思		发放历史资料，交代学生注意事项	学生预习，阅读资料，整理知识，总结问题答案
任务导入	2 分钟	通过课件展示情境，明确课堂定位	了解课堂情境与课堂定位
问题导思	10 分钟	组织学生，点评学生回答	学生回答问题，其他学生补充评价
情境拓思	15 分钟	组织学生阅读材料并回答点评	小组讨论，代表发言，其他组补充回答
对话启思	15 分钟	充当主持者，点明要点	按内容分小组讨论，总结知识点
课堂小结	3 分钟	总结该课要点，点评学生表现	
评价反思		老师反思	学生回馈

附录　自主学习清单

高三历史自主预习清单

姓名		班次	
课题	《人口普查引发的思考》		
基础性预习清单	1. 概括人口普查资料中隐含人口发展趋势的数据 2. 复述与课文有关的历史常识 3. 识记老龄化、城镇化等概念		

续表

姓名		班次	
提高性预习清单	1. 找出人口普查资料中与之相关的其他社会问题 2. 概括中国古代人口迁移的原因 3. 归纳评价中国古代人口迁移的影响		
拓展性预习清单	1. 小组合作，就老师选择的两个历史资料题进行讨论总结 2. 小组成员各抒己见，由组长归纳总结，将优秀的答案推荐到课堂上展示		
我的问题			

检测性练习

一、基础性目标检测

阅读材料，完成下列要求。

材料一　清朝建都北京后，原居住于白山黑水间的各民族人口大量内迁，东北地区出现“沃野千里，有土无人”的状况。清廷东北地区视为“龙兴之地”，在此设盛京、吉林、黑龙江将军，实施军事化管辖，设置关口，长期禁止关内人口迁居。往来须持有官方颁发的路票。“移民之居住有禁，田地之垦辟有禁，森林矿产之采伐有禁，人参东珠之掘摘有禁”。从乾隆年间开始，山东、河北等地“闯关东”者日盛，“每查办一次，辄增出新来流民”。他们“不但不肯回籍，抑且呼朋引类，日积日多”。清廷对东北地区时开时禁。

——摘编自葛剑雄主编《中国移民史》等

材料二

1689 年的中俄《尼布楚条约》，划定了清朝与俄国的东段边界，但直至 19 世纪初，黑龙江以北数十万平方公里的土地上，居民不足 1 万人。鸦片战争时，清政府被迫与俄国签订《瑷珲条约》和《北京条约》，清政府随即开放了哈尔滨以北的呼兰河平原和吉林西北平原。新来移民与当地满、蒙古等族通婚、建庙、演戏、立会、设学堂、建市铺。仅十余年，呼兰地区已是“三城相望，粮产丰饶，商贾因之糜（群）集，流民居户不下十有余万”。1904 年，清政府全面开放东北各边荒地；1907 年，设奉天、吉林、黑龙江三省。1908 年，仅奉天一省人口已达 1100 万人。1911 年，清政府制定了东三省移民实边章程。

——摘编自白寿彝总主编《中国通史》

【设问角度】

1. 根据材料一、二，并结合所学知识，概括清朝东北地区移民过程的特点。

2. 根据材料一、二，并结合所学知识，简析移民东北的历史作用。

二、提高性目标检测

阅读材料，完成下列要求。

材料一　秦汉北部边疆人口稀少、经济落后。秦始皇首先对新开拓的河南地“徙谪戍（戍）以充之”，又迁内地三万户到北河、榆中等地实边垦殖，拜爵一级。移民迁入后，“服习以成，勿令迁徙”，“具田器、免罪、免赋役、予冬夏衣，廪食，能自给而止”等优惠政策。到武帝时，大规模移民实边，不断加强边防防备，把北部边疆地区纳入统一国家一体化发展的轨道。

——摘编自刘太祥《秦汉北部边防建设》

材料二　七七事变之后，中国华北和华东等地区的工农业生产和文教事业遭到日军严重破坏。1937 年 11 月，国民政府发表迁都重庆宣言，宣布“为适应战况，统筹全局，移驻重庆，以四川地区作为抗战大后方，”东部的工厂企业和文教机关团体纷纷西迁，大批的工人、农民、知识分子乃至官绅为了不做亡国奴，毅然背井离乡，向西部大后方迁徙，形成一次历史上空前规模的人口迁移大潮，迁移总数有 1000 余万人。

——摘编自吴丽华等《抗战初期人口西迁大潮》

材料三　十一届三中全会后，出现了持续且规模庞大的“民工潮”。据算，1987 年，中国人口迁移规模超过 3000 万，到 2000 年，超过 9300 万，并呈现继续增长的态势。“民工潮”体现了鲜明的时代特色。

——摘自刘洪彪等《民工潮促进农村现代化》

【设问角度】

（1）根据材料一并结合所学知识，概括秦汉时期移民的主要特点，并分析其积极作用。

（2）根据材料二并结合所学知识，简述抗战时期人口西迁的背景。

（3）根据材料三并结合所学知识，说明改革开放后“民工潮”出现的意义。

设计依据

一、教学目标设计依据

2017 年，国家出台《普通高中历史课程标准》，其中最核心的是历史核心素养概念的提出。学科核心素养是学科教育价值的概括和专业化表达，是学生在解决实际问题时所表现出来的基本素质和关键能力。历史学科的核心素养是学生在学习历史过程中形成的具有历史学科特点的本质特征和关键能力，它包括五个方面唯物史观、时空观念、史料实证、历史解释、家国情怀。

如何加强学生的历史学科核心素养的培养？我校基于核心素养的高中“五思”学科思维教学进行了有益探索。

首先，要提高历史核心素养，就要加强学生的学科思维训练。历史思维能力大致可分为形象思维能力和逻辑思维能力两大类。形象思维是认识历史的基础，是重构和形成历史表象的必要条件。它是以具体、正确、完整的史料为基础，尽可能通过适当的心理活动，使大脑形成历史的原貌，使那些从未直接接触过历史事实的形象在头脑中进行再现。这种思维是对特定的时空，特定的历史事实（包括历史性质、历史事件、历史现象等）进行重构和还原。历史逻辑思维是一种基于对历史事实的理解、历史表述的形成、抽象历史概念的运用和对历史本质的理解的思维活动，其目的是进一步揭示历史现象的内在联系，探索历史现象的本质，把握历史发展的规律。历史逻辑思维能力具体包含抽象思维能力，比较、分析、论证思维能力，概括思维能力，理解思维能力等。

其次，将学科思维训练落实到课堂教学当中。本堂课以第七次全国人口普查作为出发点，引出高中历史涉及的知识，具体展示课堂学科思维的教学情况。

第一点，培养学生历史形象思维能力。高中历史课堂除了大段的文献外，其实最应该增加的是视频、照片、地图、投影片等，这些素材不仅能增强教学的生动性、直观性和历史感，还能创造一定情境，调动学生的积极性。本课不仅将人口普查数据作为素材，还将人口迁移的地图作为论证来源。

第二点，培养抽象思维能力。本课将人口普查数据作为出发点，扩展到与之相关的全人类类似的历史史实。培养了学生发散思维能力，要求学生可以以一个历史事件为圆心，把自己的思维扩散开来，延伸出去。这是本课的重心之一，即加强学生历史知识的迁移，增强时空观念的形成，同时也培养学生的创造思维能力。本课堂表现为打破惯常思维模式，高度发挥学生主观能动性，从史实的现象及本质中，剖析探索，寻找新切口，得出新的思维结论。

第三点，培养比较、分析、论证思维和概括思维能力。本课程核心训练，这一点通过课前小组的预习、课堂学生的回答、得出总结并予之评价来实现。具体流程即为“自学存思”“问题导思”“情境拓思”“对话启思”“评价反思”的“五思”教学，从而培养学生践行唯物史观，史料实证和历史解释等学科核心素养。

二、关键问题解决路径

1. 根据“五思”教学的要求，本节课致力于历史学科思维教学，抓住教材及课堂给予的史料，通过“自学存思”“情境拓思”培养历史形象思维，通过“问题导思”培养抽象思维，通过“对话启思”培养辩证思维和比较、分析、论证思维和概括思维，通过“评价反思”加强思维的深刻性、批判性。

2. 具体解决路径

（1）课前让学生通过阅读导学案的资料，联系教材，完成自主学习单内容。让学生以学习小组的形式分工合作，核对总结小组的论证结果。最后由学生推选出组员代表展示小组成果。

（2）课上围绕相关史料，通过小组合作，培养学生的团结合作精神，在论证和评价过程中，提升增强学生时空观念，史料实证，唯物史观等核心素养。

（3）课后要求学生根据课堂所学，继续深入本课内容。比如中国现代人口的迁移，人口老龄化趋势等。

三、学生自主合作学习的要求

（1）学生利用自习时间阅读相关资料和教材。

（2）以学习小组为单位，建立“学习共同体”。进行分工，明确各自的任务，分工合作。教师根据小组活动的记录评价书了解各组情况，最后由学生推选组员代表在“五思”教学研讨课上展示小组结论。

（3）课后学生对课堂过程进行反馈，发表自己的见解。

四、《人口普查引发的思考》学习完成任务的时间预设

流程	时间	教师活动	学生活动
自学存思		发放历史资料，交代学生注意事项	学生预习，阅读资料，整理知识，总结问题答案
任务导入	2 分钟	通过课件展示情境，明确课堂定位	了解课堂情境与课堂定位
问题导思	10 分钟	组织学生，点评学生回答	学生回答问题，其他学生补充评价
情境拓思	15 分钟	组织学生阅读材料并回答点评	小组讨论，代表发言，其他组补充回答
对话启思	15 分钟	充当主持者，点明要点	小组讨论，总结知识点，代表发言，其他组补充回答
课堂小结	3 分钟	总结该课要点，点评学生表现	
评价反思		老师反思	学生回馈

五、学习目标达成度分析

学生通过导学案当中的资料，能更直观地看到中国现在人口的发展趋势和部分潜在问题，为小组合作答题打下了良好的基础。通过课前检测练习，也能够有效地加强学生对事件本身的理解。课堂上，小组合作回答与评价的模式极大地调动了学生对学习的兴趣，调动学生从各个角度畅所欲言，形成良好的讨论氛围。

整堂课，对于学生时空观念的培养，应该说取得了不错的效果，学生对于知识的迁移，相关问题的转换，有了更深的体会。对于历史当中常见的总结归纳这一题型，强化的训练效果不错。课堂学习中，通过小组合作答题的方式，彼此评价，调动了学生的积极性，学生也能够提升思维，总结方法规律，真正做到了将课堂还给学生。

● ● ● 教学实录 ● ● ●

【任务导入】

生：起立（敬礼），老师好！

师：同学们好！请坐。人口问题涉及社会政治经济的各个方面，是世界各国都关注的一个重点问题。进入21世纪以来，我国面临人口老龄化、廉价劳动力优势逐渐丧失等问题，这日益成为我国社会发展的一个瓶颈。因此，人口问题引发的思考成为这几年高考的热点问题。

【制定标准，问题导思】

师：导学案上老师给大家留下了一些思考问题——根据普查报告，你能看出当前我国人口出现哪些趋势与问题？依据你所看出的趋势和问题，回顾中外历史是否出现过相似或相近的情况？

请大家根据导学案上的资料，首先找出与之相关的数据。

生：比2000年到2010年的年平均增长率0.57%下降0.04个百分点。数据表明，我国人口10年来继续保持低速增长态势。

师：非常好。（展示相关数据在PPT上）从这些数据中我们得出怎样的结论？从中我们又能联想到哪些问题？

生：——得出人口低速增长。（欧美国家为例）

历史上人口高速增长的时期，原因。历史上人口大量减少的时期，原因。人口增长速度太低带来的社会问题。

生：全国人口中，男性人口为723339956人，占51.24%；女性人口为688438768人，占48.76%。总人口性别比为105.07。

生：——男女比例，男生高于女生。

男女比例失衡带来的社会问题。哪些地区最悬殊，为什么。

生：东部地区人口所占比重上升2.15个百分点，中部地区下降0.79个百分点，西部地区上升0.22个百分点，东北地区下降1.20个百分点。人口向经济发达区域、城市群进一步集聚。

——人口进一步向东部沿海集中，东北人口外流力度最大。

中国历史人口大量迁移的时期，原因，影响。世界历史人口大量迁移的时期，原因，影响。东北地区人口大量外流的原因，影响。

生：与2010年相比，0～14岁、15～59岁、60岁及以上人口的比重分别上升1.35个百分点、下降6.79个百分点、上升5.44个百分点。

生：——人口老龄化趋势。（以日韩，欧美为例）

老龄化的问题的原因，影响。我国应如何应对该问题。

师： 非常好！还有没有补充的？

生： 每 10 万人中具有大学文化程度的由 8930 人上升为 15467 人，15 岁及以上人口的平均受教育年限由 9.08 年提高至 9.91 年，文盲率由 4.08%下降为 2.67%。

生： ——人口素质的提高。

新中国教育的发展状况。中国古代人才选拔制度。

生： 与 2010 年相比，城镇人口增加 23642 万人，乡村人口减少 16436 万人，城镇人口比重上升 14.21 个百分点。

——城镇化速度的提升。我国为促进城镇化的措施，影响。西方世界城镇化的过程，影响。

生： 人户分离人口为 49276 万人，其中，市辖区内人户分离人口为 11694 万人，流动人口为 37582 万人，其中，跨省流动人口为 12484 万人。与 2010 年相比，人户分离人口增长 88.52%，市辖区内人户分离人口增长 192.66%，流动人口增长 69.73%。

生： ——人口流动速度加快。中国古代人身依附关系的变化。西方自由劳动力的形成过程。中国政府对少数民族地区实行的政策。西方世界在殖民扩张中对当地土著人的政策。

生： 各少数民族人口增长 10.26%，少数民族人口比重上升 0.40 个百分点。

生： ——少数民族地区发展。

中国政府对少数民族地区实行的政策。西方世界在殖民扩张中对当地土著人的政策。

师： 从人口问题能引出的这么多的相关知识，由于时间有限，本课先解决一个问题：中国古代人口大量迁移的时期，原因，影响。

【情境拓思】

师：（展示相关资料在 PPT 上）从地图的提示中，找出中国古代人口的迁移方向以及其趋势？

给大家两分钟时间，小组讨论一下。

（学生热烈讨论）

生： 少数民族向中原迁移。

生： 向江南迁：由人口众多的黄河流域迁向人口稀少的长江中下游地区。

师： 还有没有补充的？比如张骞通西域之后，东西方有没有交流？比如现在东南亚如此多的华人是怎么过去的？

生： 外族内流：在长期的中外经济文化交往过程中，不少外国人来华经商定居，形成外族内流。

生： 华人外流：我国古代有很多人由于多方面的原因到海外谋生、居住，形成华人外流。

生： 向边疆迁：大多由政府组织军民迁移，去边境戍守、开发、屯田等。

师： 通过大家的回答，可以得出五大趋势。那么是什么原因促使人口迁移的？（展示相关资料在 PPT 上）

因为战乱，中原地区打仗，北人南迁，还有就是少数民族的内迁。

师：因为什么他们会向南方迁移？

生：中原地区先进的经济文化吸引。

师：还有其他补充的吗？为什么去边疆，为什么下南洋？为什么闯关东？

生：统治阶级出于政治、经济、军事目的组织军民迁移。

生：农民流离失所，导致人口被迫迁移。

师：根据上述的总结和分析，结合材料思考人口迁移的影响。（展示相关资料在PPT上）

生：促进了中华民族的大交融，有利于国家统一，推动统一多民族国家的发展。

生：有利于江南的开发。

生：开发南洋。

【对话启思】

师：（展示相关资料在PPT上）通过刚才的学习，我们大概了解了中国古代人口迁移的基本知识，下面我们通过了解清朝时期的具体情况提升一下。

先看第一问，根据材料一、二并结合所学知识，概括清朝东北地区移民过程的特点。请大家先找出材料相关的关键词句。请结合之前得出的结论。

给大家两分钟时间小组讨论一下。

（学生热烈讨论）

生：根据材料当中1689年的中俄《尼布楚条约》，划定了清朝与俄国的东段边界，但直至19世纪初，黑龙江以北数十万平方公里的土地上，居民不足1万人。鸦片战争时，清政府被迫与俄国签订《瑷珲条约》和《北京条约》，清政府随即开放了哈尔滨以北的呼兰河平原和吉林西北平原。这一描述可知移民受到了外来侵略的影响。

生：从原来的"长期禁止关内人口迁居。往来须持有官方颁发的路票。"到后来的"清政府随即开放了哈尔滨以北的呼兰河平原和吉林西北平原。"可以看出清政府对待开放东北态度的转变。

师：什么转变？

生：由严禁到开放。

师：是不是一步到位？

生：不是，中间有时间是清廷对东北地区时开时禁。

师：所以是分阶段的。

生：由原来的"居民不足1万人"到后来"仅奉天一省人口已达1100万人"。表明规模越来越大，迁移的人口越来越多。

师：还有没有补充的？材料当中"从乾隆年间开始，山东、河北等地'闯关东'者日盛，"表明了什么特点？清政府"设奉天、吉林、黑龙江三省。1911年，清政府制定了东三省移民实边章程。"又说明了什么？

生：为什么不是别的省份，是因为这两个省离得近。

生：制定规章制度，说明政府认可，政府发挥主导作用。

师：非常好，经过我们的讨论，大概可以得出以下特点。（PPT展示）

接着来解决第二问，简析移民东北的历史作用。请结合之前得出的结论。

生：有助于抵御列强侵略。

生：促进东北开发。

生：促进民族融合、文化交流和先进技术的传播。

师：还有没有补充的？开发了东北，人口增加，耕地增加，所以导致什么在增加？

生：财政收入。

师：原来实行军事化管理，荒无人烟，现在填充人口，设立省级行政单位，有利于什么？

生：有利于加强对当地的管理。

师：为什么人民要选择“闯关东”？

生：因为活不下去了……

师：所以改变了他们的生存状况，同时关内的人口压力怎么样了？

生：变小了。

师：非常好，经过我们的讨论，大概可以得出以下影响。（PPT 展示）

【归纳总结】

师：经过这堂课的学习，我们可以得知，中国人口的迁移，不仅带动了本地区的发展，还带动了世界其他地区的发展，为世界文明的共同发展做出了重要贡献。这大概就是习大大讲的“人类命运共同体”吧。人类本身就是一个不可分割的整体，我们讲完中国古代人口迁移，下面，我们还会接着分析中国现代人口迁移，世界人口迁移等一系列问题。如果你还有自己对于这方面的其他见解，欢迎课后再跟老师进行交流。

【评价反思】

通过发放《学生课堂教学评价反馈表》，结合学生自我感受和自己的教学感受，总结课堂教学需要改进的地方：

（1）在课堂教学前，应该给予学生更多的相关资料，因为学生对教材所学的知识缺乏整合。

（2）学生回答问题的准确性还有待提升，究其根本还是在于学生对于主干知识的掌握不够，缺乏发散思维。下一步应加大学生时空观念的训练，加强学生基础知识的巩固。

专家点评

湘潭县一中喻雄辉老师《人口普查引发的思考》研讨课教师点评实录（节选）

时间：2021 年 4 月 20 日

地点：湘潭县一中办公楼三楼会议室

与会人员：湘潭县历史教研员，县一中历史备课组。

主持人（湘潭县一中历史教研组组长颜立山老师）：感谢各位领导、各位老师前来指导高三历史教研组的课堂。

今天活动的主题是如何有效落实新课程核心素养、用好新教材，提升教师对“五思”教学的理解，增强教学的针对性，落实学科核心素养的课堂教学路径。首先我来谈一谈我对这堂课的感受。喻老师的教学设计紧紧围绕“思维发展”这一核心目标，紧扣“五思”来设计课堂。这堂课把学生思维的积极性调动起来了，训练了学生的形象思维能力，同时也训练了归纳、总结等辩证思维能力，但因为时间关系，“评价反思”这一阶段并没有完全展开。当然，这个要求比较高，应该是我们“五思”学科思维教学课题以后要重点深入研讨的方向。老师们，欢迎大家结合自己对思维教学与新教材的教学实践，对喻老师的这堂课提出宝贵的指导意见。

县教研员俞老师：今天这堂课让我耳目一新，感觉非常好：首先是选题好，既有新意，又有热度，而且还有重大意义，人口关系到国家的战略发展，说明选题就经过很好的思考。第二是选材好：确立了主题后，如何选取和整合材料，彰显了他的功底。难得的是他虽然年轻，驾驭课堂的能力很强，整个过程紧凑精彩，实在是一堂好课。第三，氛围好。师生之间的互动，非常顺畅，非常自然，学生演说评都非常真实。总而言之，这堂课积极落实了学科核心素养，激发了学生的思维，给大家带来了享受。同时，也让我感受到了县一中为推广“五思”教学理念作出的努力。

县一中李老师：喻老师的课轻松幽默，注重突出学生的主体意识。课堂中设计的众多问题，让人应接不暇，这些都能够在短短45分钟由他和学生一起完成，真的了不起！我注意到了他的课堂上，学生不是被动地接受，而是非常积极地投入到每一个环节。正是他们的优秀，表现了本堂课的精彩，反映了任课教师的高明！在我们的教学当中，学生积极思考、拓展思维、通过“导思”“拓思”“启思”，真正做到了训练思维落到实处。我也是经常去反思，我们以前的课堂也有思维教学的影子，但如此有意识地去落实、发展历史学科思维素养，确实是我们要学习的地方。

湘潭县一中正高级历史教师何老师：我对本堂课最为深刻的印象是，喻老师能够用一种理性的力量去引导学生，让他们思考，从思考中找出前进的方向；而找出方向又进一步刺激引导他们去探究，一个个阶段成果让他们欲罢不能，把他们牢牢吸引在中心问题上面。思维放飞千里，瞬间却可以收回，这是老师们努力追求想要达到的最佳效果！学校推行“五思”学科思维教学，学科思维教学可以说是抓住了教学改革、新教材学习的关键，学校的思维教学成果斐然，我们看到了课堂上学生思维之花的绽放，整堂课是赏心悦目的，精彩纷呈的。谢谢！

县一中刘老师：大家都知道上课语言的运用非常重要，运用得好，课堂效果就好，反之亦然。喻老师注重了课堂语言的研究：从一开始学生尚处于混沌阶段时，他用的多是鼓励性的语言，调动学生；在解决问题时，他用的更多是专业词语纠正和规范学生的表达；当教学氛围达到很热烈的时候，他的导向性语言无疑起了很大作用。可见他备课是不仅考虑了知识内容的结构，还对意料中的生成性课堂也颇有准备，所以呈现给我们的是他挥洒自如和行云流水，让我佩服。同时，课堂注重对学生思维能力的培养，在启发学生思维方面做足了功课，通过引导辨别、评价等方式加深拓宽学生对问题本质的探讨，精彩地向我们展示了“五思”教学理念的创新性和实用性。

教学反思

一、内容设计方面

因为本课是根据第七次全国人口普查而设计的原创课堂，所以在内容设计上，存在一些问题，第一，引发的思考面很广，学生有熟知的知识点，也有从未接触的知识面，导致学生对熟悉的知识言不能尽，而对陌生的只字不提，也有脱离文本主问题而言其他的现象。第二，因为内容过多，环节太过紧凑，时间太少，导致学生的发言时间有限，应该有更多时间评价学生观点。第三，课堂设计的有些问题难度过大，学生因为自身能力的限制，导致回答时语言不太规范，也不太系统，以后应注意选题时的难度。

二、教学理念方面

第一，以“学生为主体，教师为主导”的素质教育课程理念，在实际教学工作中，不应机械化的认为就是让出讲坛，讲得越少越好，觉得只有这样才能显示“学生为主体”的精神。实际上有些知识，老师不讲，学生就不明白。所以，“学生主体，教师主导”的课堂，并不是要杜绝老师的讲解，恰恰相反，当学生困惑迷茫时，教师的“启”与“发”是必要和必需的，要充分发挥“教师主导”的精神。

第二，“五思”教学法，强调思维教学，注重培养学生学科思维能力。这种教学理念不应被当作僵化的模板而机械推行。因为科目的不同，教材内容的不同，学生具体学情的不同，应具体问题具体分析，每堂课有每堂课的备课方法和执行方法。教师不单单应当成为教学理念的“执行者”，还应当成为其选择者、评估者、检测者和反思完善者。

第三，教师应积极提高自己的个人能力和素质。在传统教学理念和实践中成长起来的老师，想要脱离传统模式之窠臼，不仅需要接受新理念，更应在实际操作中多多实践。比如这堂课，我的问题在于，首先，对学生的学情还缺乏足够的认识，因为他们知识的掌握不够，发散思维的缺乏，导致很多东西对他们来说显得很陌生。所以在平时就应该更加注意学生在时空观念训练和基础知识巩固方面的作为。其次，课堂上，我发现部分问题涉及的内容，包括学生回答时的某些答案，我无法做出更加规范的回应和回答。这就告诫我，在教书育人的同时，应不时地给自己充电，提高自身素质。尤其是在践行“五思”教学的过程中，要引导学生与学生对话，要评价学生这就需要教师自身具有更高的语言能力和思维辨别力，只有加深教师自身的思维能力，才能更好地践行“导思”“拓思”“启思”让学生插上思维的翅膀，在知识的海洋中遨游。

附录　学生课堂教学评价反馈表（1）

<table>
<tr><td>姓名</td><td>蒋星鹏</td><td>班级</td><td>1923</td><td>科目</td><td>历史</td><td>授课教师</td><td>喻雄辉老师</td></tr>
<tr><td>课题</td><td colspan="3">《人口普查引发的思考》</td><td>日期</td><td colspan="3">2021年4月20日</td></tr>
<tr><td rowspan="19">自我评价</td><td rowspan="4">自主学习</td><td colspan="6">⊙能充分预习教材，全部完成自学清单的任务</td></tr>
<tr><td colspan="6">○部分完成预习内容，部分完成自学清单的任务</td></tr>
<tr><td colspan="6">○不能完成预习内容，没有完成自学清单的任务</td></tr>
<tr><td colspan="6">对于自主学习的自我反思：在自主学习部分，我认为还应该更加积极完成，以便更好地深入了解课文，使上课效果更好。</td></tr>
<tr><td rowspan="9">小组活动</td><td colspan="6">⊙我能全程积极参与　○我部分时间参与　○我很少参与</td></tr>
<tr><td colspan="6">○我能在活动中努力思考、主动发现、探索问题、完成任务</td></tr>
<tr><td colspan="6">⊙我善于倾听，能与他人合作，尊重他人</td></tr>
<tr><td colspan="6">○我能积极地为解决问题去搜集信息、整理资料</td></tr>
<tr><td colspan="6">⊙我能积极大胆质疑、提出观点、勇于表达</td></tr>
<tr><td rowspan="4">小组整体评价</td><td colspan="5">○成员能够积极大胆地发表观点并认真倾听别人的意见，气氛热烈，能及时完成所有活动和任务。</td></tr>
<tr><td colspan="5">○成员团结、协作，有组员发表看法，其余成员做到认倾听，基本完整活动和任务。</td></tr>
<tr><td colspan="5">⊙小组活动时，很少有人发表观点，各做各的，有的同学完成任务，有的没有，缺乏团结、协作精神。</td></tr>
<tr><td colspan="5">对于小组活动的反思评价（个人以及全组成员）：
自我：积极思考问题，与小组成员交流看法，认真倾听别人观点，但自己应该调动组员积极回答问题。
组员：组员表达观点的积极性和能力有待加强，有的组员表达观点时讲不到点上，缺乏建设性。</td></tr>
<tr><td rowspan="6">课堂教学</td><td colspan="3">对课堂内容的兴趣与热情</td><td>⊙高</td><td>○一般</td><td>○无</td></tr>
<tr><td colspan="3">能否理解、掌握老师所授内容</td><td>○能</td><td>⊙部分</td><td>○不能</td></tr>
<tr><td colspan="3">课堂中专注、认真与否</td><td>⊙是</td><td>○有时</td><td>○不能</td></tr>
<tr><td colspan="3">能否努力积极思考、探究</td><td>○能</td><td>⊙有时</td><td>○不能</td></tr>
<tr><td colspan="3">心情平和愉悦、精神饱满</td><td>○是</td><td>⊙一般</td><td>○不是</td></tr>
<tr><td colspan="6">对于课堂学习的自我反思：
在整个课堂中，我认真倾听老师授课，积极思考问题，积极参与小组活动，通过这堂课，我对中国历史人口大量迁移的时期，原因，影响的知识有所了解和掌握。
但在人口问题引起的许多问题和知识缺乏足够了解，需要花更多时间进行探讨。</td></tr>
</table>

续表

<table>
<tr><td>姓名</td><td>蒋星鹏</td><td>班级</td><td>1923</td><td>科目</td><td>历史</td><td>授课教师</td><td>喻雄辉老师</td></tr>
<tr><td>课题</td><td colspan="3">《人口普查引发的思考》</td><td>日期</td><td colspan="3">2021 年 4 月 20 日</td></tr>
<tr><td rowspan="5">课堂教学评价</td><td colspan="7">整体评价 ⊙优秀 ○良好 ○一般 ○不成功</td></tr>
<tr><td colspan="7">1. 课堂中你感受最深的是什么？为什么？
通过人口问题可以引出这么多相关的问题。</td></tr>
<tr><td colspan="7">2. 哪些教学活动吸引了你而成为有效的教学行为？它们有何价值？
知识的整合时，对基础知识的巩固有好处。
预习时，我们每想到一个与之相关的问题时，很高兴，同时也锻炼了我们的思维。</td></tr>
<tr><td colspan="7">3. 课堂有没有注重启发学生思维和能力培养？在课堂中你有没有思考？思考的情形是怎样的？
课堂能注重启发思维和能力培养，在课堂中我积极思考问题，将问题落实到教材和资料中，与小组成员进行交流讨论，搜集信息并且整理资料。
在课堂上我进入了思考状态。可能因为自身知识有限，对于有些问题缺乏相应的了解。</td></tr>
<tr><td colspan="7">4. 课堂中不太成功或不成功的地方在哪？你对老师有什么建议？
除少数同学们因为基础较好，回答问题比较踊跃外，有部分学生的积极性不高，可能是预习阶段做得不够好，希望老师在上课前对预习部分的练习加以督促。</td></tr>
<tr><td rowspan="2">他人评价</td><td colspan="7">1. 小组活动或课堂中哪些同学的良好表现让你印象深刻？为什么？
杨睿思在回答问题时涉及的知识面之广，令人叹为观止。</td></tr>
<tr><td colspan="7">2. 小组活动或课堂中你认为需要改进的同学有谁？为什么？有什么建议？
我同组的个别组员（某某），因为他在讨论问题基本保持沉默，我建议可以划分任务。</td></tr>
<tr><td>教师评价</td><td colspan="7"></td></tr>
</table>

学生课堂教学评价反馈表（2）

<table>
<tr><td>姓名</td><td>杨睿思</td><td>班级</td><td>1923</td><td>科目</td><td>历史</td><td>授课教师</td><td>喻雄辉老师</td></tr>
<tr><td>课题</td><td colspan="3">《人口普查引发的思考》</td><td>日期</td><td colspan="3">2021 年 4 月 20 日</td></tr>
<tr><td rowspan="19">自我评价</td><td rowspan="4">自主学习</td><td colspan="6">⊙能充分预习教材，全部完成自学清单的任务</td></tr>
<tr><td colspan="6">○ 部分完成预习内容，部分完成自学清单的任务</td></tr>
<tr><td colspan="6">○ 不能完成预习内容，没有完成自学清单的任务</td></tr>
<tr><td colspan="6">对于自主学习的自我反思：作为本组的负责人，在总结同学们的答案时，没有注意有部分内容的剖析得不够全面。</td></tr>
<tr><td rowspan="9">小组活动</td><td colspan="6">⊙我能全程积极参与　○我部分时间参与　○我很少参与</td></tr>
<tr><td colspan="6">⊙我能在活动中努力思考、主动发现、探索问题、完成任务</td></tr>
<tr><td colspan="6">⊙我善于倾听，能与他人合作，尊重他人</td></tr>
<tr><td colspan="6">⊙我能积极地为解决问题去搜集信息、整理资料</td></tr>
<tr><td colspan="6">⊙我能积极大胆质疑、提出观点、勇于表达</td></tr>
<tr><td rowspan="4">小组整体评价</td><td colspan="5">⊙成员能够积极大胆地发表观点并认真倾听别人的意见，气氛热烈，能及时完成所有活动和任务。</td></tr>
<tr><td colspan="5">○成员团结、协作，有组员发表看法，其余成员做到认倾听，基本完整活动和任务。</td></tr>
<tr><td colspan="5">○小组活动时，很少有人发表观点，各做各的，有的同学完成任务，有的没有，缺乏团结、协作精神。</td></tr>
<tr><td colspan="5">对于小组活动的反思评价（个人以及全组成员）：
自我：积极参与小组讨论，对于问题发表自己的看法，并认真倾听其他组员的观点和建议，对自身进行改正。
组员：小组成员讨论富有激情，对于老师的问题进行积极地讨论，并认真倾听他人的观点；但有部分组员缺乏自我观点，有待加强。</td></tr>
<tr><td rowspan="6">课堂教学</td><td colspan="3">对课堂内容的兴趣与热情</td><td>⊙高</td><td>○一般</td><td>○无</td></tr>
<tr><td colspan="3">能否理解、掌握老师所授内容</td><td>⊙能</td><td>○部分</td><td>○不能</td></tr>
<tr><td colspan="3">课堂中专注、认真与否</td><td>⊙是</td><td>○有时</td><td>○不能</td></tr>
<tr><td colspan="3">能否努力积极思考、探究</td><td>⊙能</td><td>○有时</td><td>○不能</td></tr>
<tr><td colspan="3">心情平和愉悦、精神饱满</td><td>⊙是</td><td>○一般</td><td>○不是</td></tr>
<tr><td colspan="6">对于课堂学习的自我反思：
课堂上对于老师所讲述的知识能快速理解和消化，积极与老师进行互动，对于课堂内容抱有兴趣和热情，能积极主动思考，但思考能力还需加强。</td></tr>
</table>

续表

<table>
<tr><td>姓名</td><td>杨睿思</td><td>班级</td><td>1923</td><td>科目</td><td>历史</td><td>授课教师</td><td>喻雄辉
老　师</td></tr>
<tr><td>课题</td><td colspan="3">《人口普查引发的思考》</td><td>日期</td><td colspan="3">2021 年 4 月 20 日</td></tr>
<tr><td rowspan="5">课堂教学评价</td><td colspan="7">整体评价　⊙优秀　○良好　○一般　○不成功</td></tr>
<tr><td colspan="7">1. 课堂中你感受最深的是什么？为什么？
课堂中，我感受最深的是同学们的热情。因为同学们在全课上下均能对于老师提出的问题进行激烈的讨论，讨论之余，还能向老师提出问题，与老师进行互动，并将自己所学到的知识记录于书上，同学们的热情促成了课堂的成功。</td></tr>
<tr><td colspan="7">2. 哪些教学活动吸引了你而成为有效的教学行为？它们有何价值？
本组成员相当给力，讨论热烈，氛围好。我觉得分组讨论带动了本组成员的积极性。</td></tr>
<tr><td colspan="7">3. 课堂有没有注重启发学生思维和能力培养？在课堂中你有没有思考？思考的情形是怎样的？
课堂注重启发学生思维和能力培养，通过老师的点拨让同学们进行思考，并在自我思考中自我提升；在课堂中我积极地进行了思考，思考时，我先将精力集中在问题和资料上，分析出我所能得到的观点，再将我提炼出来的观点与组员进行讨论，将自己的观点进行分享与修正，最后将小组全体组员淬炼出来的观点与老师进行讨论，进一步深入学习探究。</td></tr>
<tr><td colspan="7">4. 课堂中不太成功或不成功的地方在哪？你对老师有什么建议？
有个别小组的成员不太主动。
希望老师划分小组时，更多的注意人员搭配。</td></tr>
<tr><td rowspan="2">他人评价</td><td colspan="7">1. 小组活动或课堂中哪些同学的良好表现让你印象深刻？为什么？
本组成员都比较优秀，回答问题积极，思路清晰。</td></tr>
<tr><td colspan="7">2. 小组活动或课堂中你认为需要改进的同学有谁？为什么？有什么建议？
我认为有些小组的小组长应更多调动其他组员。建议多给其他同学机会，让每个人都能合作学习，获得知识、充分思考、表达观点。</td></tr>
<tr><td>教师评价</td><td colspan="7"></td></tr>
</table>

11 《热力环流》教学案例

章 平

《热力环流》教学案例

教学设计

一、课型

科学活动课

二、教材分析

本节教学内容为高中《地理》第一册（湘教版新教材）第三章地球上的大气第三节大气热力环流。

（一）内容分析

本节内容共分两部分，第一部分是通过一个探究活动，用文字描述与图片展示的方式引出热气球升空的现象，并且通过问题引导学生思考为什么热气球能升空。

（二）联系生活

结合生活中“点蜡烛切洋葱不流泪”的现象来深化这个问题；第二部分是大气热力环流的形成，即阐释热力环流原理的形成原因与过程。通过文字描述与三幅示意图动态展示热力环流的形成过程。探究活动引入了历史典故与生活经验，既能够引起学生的学习兴趣也丰富了学生的生活经验，如果能在这个基础上增加点学生身边的例子，或者能让学生亲眼看见模拟过程，那无疑更会提高学生的学习热情与兴趣，也会有更好的课堂教学效果。

三、学情分析

热力环流的形成过程涉及物理学、地理学、气象学等学科，是跨学科的综合知识体系，而本节内容概念性强，对刚进入高中的学生而言，在知识的建构上缺乏理论支撑点，如气压的概念，空气垂直运动对同一水平面气压造成的影响，以及等压面弯曲的地理含义等，学生在学习热力环流的过程中，对这些知识点难以深刻理解。其次热力环流中涉及的气温、气压等地理要素的变化存在时间、空间差异，高一学生还未建立地理时空观，综合思维能力薄弱，理解这些问题还存在较大难度。学生缺乏生活经验，对真实复杂的现实情境缺乏地理意义的思考。

四、学习目标

1. 知识与能力：认识现象

结合生活现象和实验，认识热力环流的现象。能绘制理想状态下的热力环流示意图，掌握气温、气压、等压线在结构中的变化规律。

2. 过程与方法：解释现象

运用热力环流示意图，说明热力环流原理，解释海陆风、城市风等成因。

3. 核心价值观：运用现象

运用热力环流原理解释相关现象，树立人地协调观。

五、实现路径

（一）基础性预习目标实现路径

1. 课前

学生自学《热力环流》教材与导学案相关资料，完成导学案上的课前预习与典型案例；教师准备活动所需器材（玻璃缸、冰块、热水）。

2. 课堂

在教师引导下，自主探究，并核对导学案上课前预习的答案。

（二）提高性预习目标实现路径

1. 课前

思考热力环流的成因，根据导学案上的解释掌握基本原理；

2. 课堂

播放火锅的片段视频，观察火锅蒸汽的运动方向。

（三）拓展性预习目标实现路径：

1. 课前

分组研究热力环流成因和过程，进行小组学习。

2. 课堂

小组推选代表上台观察冰块与热水在玻璃缸中气流的运动，并对热力环流的成因和过程进行总结。

六、课堂流程

教学环节	教师活动	学生活动	设计意图
课前导入	这节课来感知地理与生活的密切联系	学生回答对热力环流的课前预习问题	培养学生自主学习与合作探究能力
课上演示一	展示短视频，提出问题： 观察火锅蒸汽的运动方向	学生观察并联系生活实际，思考问题：火锅与周边空气之间是否存在气流运动	创设生活情境，启发学习兴趣
演示二	准备实验有关器材，指导学生演示热力环流实验	小组代表上台参与实验，其余同学观看实验并画出玻璃缸内烟的运动方向	通过实验操作，培养地理实践力
自主学习	播放微课：热力环流的基本原理	观看微课	自学感知，诱导综合思维
直观展示原理	1. 指导学生用磁力贴在黑板上演示热力环流过程 2. 要求学生在演示完成后能准确画出热力环流的过程示意图	动动手： 黑板模拟对流层大气的剖面，磁力贴模拟空气分子 1. 移动磁力贴，模拟近地面冷热不均时空气的垂直运动 2. 比较A、B、C、D四处气压的高低 3. 绘制出地面冷热不均时的等压面，并说出等压面的形态特征 4. 简画热力环流示意图	直观感受热力环流的过程，简画热力环流示意图，培养地理实践力
原理总结	展示热力环流原理图	归纳热力环流相关理论并进行总结填空	学以致用，知识结构化
解决实际问题	提问：结合热力环流原理，思考火锅蒸汽为什么会“升”起来？	利用热力环流示意图在学案中画出火锅蒸汽“升”起来的原因	首尾呼应，解决问题。知行合一，践行拓思

续表

教学环节	教师活动	学生活动	设计意图
拓展学习	1. 分别画出白天和晚上海陆之间的热力环流 2. 易俗河镇濒临湘江沿线住宅的居民，在夏季，常常能享受凉爽的江风		学以致用，知识迁移，训练反思
实际应用	展示长株潭绿心材料，指导学生合作探究	合作探究： 1. 读图说出绿心的位置特征 2. 画出绿心与湘潭城区之间的热力环流示意图 3. 运用热力环流原理，谈谈依法保护绿心的意义	结合真实的情境，将理论知识联系生活实际；启发地理思维思考身边的地理现象，树立人地协调观

设计依据

一、教学目标设计依据

“对学生地理核心素养的提升与发展”，是地理学科重要组成部分。2018 年教育部颁布新课程标准（2017 年版），提出地理核心素养包括人地观念、综合思维、区域认知、地理实践力四个方面，提高学生地理核心素养。在地理教学中，学生思维品质的提升需要教师不断树立“为思维而教”的教学观、教育观、思维观和方法论，善于激思启智，引领学生自觉主动学习和探究，涵养思维品性。

如何在地理课堂学习中，提升与发展学生思维品质？我们认真落实“基于核心素养的高中学科思维‘五思’教学”（以下简称“五思”教学）的教学理念，试图通过运用“五思”教学的五条教学策略来建构地理课堂，培养学生的地理学科思维能力，实现提升学生地理核心素养的最终目标。

“基于核心素养的高中学科思维‘五思’教学”特别强调在学科教学中不仅要培养、发展学生的一般性思维，即分析、推理、综合等思维品质，更要培养、发展学生的学科思维，将两类思维训练融合起来，培养学生的高阶思维，让学生进入深度学习状态。对于地理学科而言，学科思维包含两个层面。首先是一般性思维。教材所选案例素材，章节知识的排列体现优秀思维经验，它们不仅是地理学科的典范更是思维的典范，散发着人地协调观的魅力。地理学习不同于一般学科的学习首先是区域认知，要对自己所面对的事物进行明确的区域定位。这一点与其他科目是不一样的。其次地理是借助地图语言承载内容的学科，能以地理图表信息为载体来培养学生的学科思维能力，地理学科本身特点决定地理思维（区域性思维、空间性思维、社会实践性思维、综合性思维）。地理学科思维教学不仅要利用地理信息承载的内容去训练学生的综合思维，还充分发挥地理学科的学科价值、落实学科教育，培养、发展学生的地理思维，培养学生的地理实践力，即关于“具体区域认知”的思维。在听思学用中，立足自然、人文，明确区域定位，揭示出地理原理与地理规律，结合生活实际学以致用，从而使学生获得直觉思维、形象思维、抽象思维、发散思维、辩证思维以及创造性思维，促进学生思维的批判性、深刻性、灵活性、创新性。

此次“五思”教学研讨课选择的学习篇目是《热力环流》。本节教学内容为高中《地理》第一册（湘教版新教材）第三章地球上的大气第三节大气热力环流。本节内容共分两部分，第一部分是通过一个探究活动，用文字描述与图片展示的方式引出“火锅蒸汽”的现象，并且通过问题引导学生思考为什么热气球能升空，培养学生逻辑思维，再结合生活中“点蜡烛切洋葱不流泪”的现象来深化这个问题，引发学生进一步思考；第二部分是大气热力环流的形成，即阐释热力环流原理的形成原因与过程。通过文字描述与三幅示意图动态展示热力环流的形成过程。探究活动引入了历史典故与生活经验，既能够引起学生的学习兴趣也丰富了学生的生活经验，在培养学生地理实践力的同时，树立人地协调观。在本次研讨课《热力环流》教学中，我们努力树立“为思维而教”的指导思想，落实地理的学科思维特点，通过运用“五思”教学的五条基本教学策略即“自学存思”“问题导思”“情境拓思”“对话启思”“评价反思”来设计课堂。

二、关键问题解决路径

根据“五思”教学的要求，本节课致力于地理学科思维教学，以《热力环流》为切入点，通过课前预习、小组合作、课中演示小组总结、课后拓展，一步步建立学生对该节知识的逻辑体系，从认识问题入手，培养学生分析问题、解决问题的能力，再将所学知识应用于生活实际，培养学生的社会实践性思维。

具体解决路径：

（1）课前让学生通过阅读课本加深对热力环流的整体性了解，让学生对热力环流在逻辑体系上有一个深层次的认识。学生配合教师准备热力环流所需道具（玻璃缸、小杯热水、小杯冰块）。

（2）课上围绕热力环流的形成过程在具体的学习情境中让学生感知，派小组成员上台操作，并阐述现象与原理。

（3）课后要求学生根据课堂所学，研究现实生活中对热力环流的应用以及热力环流对人类生活的影响，全面提升学生的思维品质，培养学生的地理实践力与树立人地协调观。

三、学生自主合作学习的要求

（1）学生分组课前预习《热力环流》完成导学案。

（2）以学习小组为单位，建立“学习共同体”。选出组长，对小组成员进行分工，确定上台演示人员与知识总结人员。

（3）学习小组围绕课堂所学，继续分工合作，将《热力环流》拓展到湘潭市，利用假期搜集湘潭市城市地图、工厂布局方位、城市河流与风向资料，继续深化对热力环流应用的认识，真正做到学以致用。

四、《热力环流》学习完成任务的时间预设

学习过程	任务	预估用时
课前	进行分组，阅读导学案，完成自主学习单内容，小组总结热力环流成因	20 分钟
课中	学生代表对热力环流的课前预习进行回答	4 分钟
	观看火锅的视频小组代表对热力环流成因进行阐述，其他小组进行补充	22 分钟
	小组成员上台观察玻璃缸内气流运动，再对热力环流进行总结，教师对学生总结的原理进行评价与补充。	19 分钟
	课后作业：结合课堂所学，完成课后作业，从热力环流角度进行阐述 湘潭市工业布局原理	

五、学习目标达成度分析

《热力环流》预设教学时长是两个课时，本课作为第一课时，具有承上启下的重要作用，也是最重要的一个课时。在第一课时的分层目标中，要求学生通过自学了解热力环流相关知识，学生通过自主学习导学案能够比较容易地了解热力环流成因，通过课前检测练习，也能够有效地加强学生对该原理的理解。课堂上，通过视频播放与器材演示，将抽象的地理知识呈现在眼前，让学生深入情境，而评价环节更是发起了一场思维风暴，调动同学们从各个角度，畅所欲言，形成良好的讨论氛围。在辨思中求异，在求异中获得进步。

课堂学习中，通过环节设置，真正做到了将课堂还给学生，学生也能够提升思维、培养动手能力，感悟地理与生活的联系，从而高质量完成学习目标。

附录一　自主预习清单

高一地理自主预习清单

姓名		班次	
课题	《热力环流》		
基础性预习清单	1. 预习课本，对热力环流相关原理有一个了解 2. 分析热力环流的成因 3. 列举生活中的热力环流的案例 4. 分析热岛效应形成原因及产生影响 5. 调查湘潭易俗河镇江边夏季的风向		
提高性预习清单	1. 画一画热力环流过程图 2. 总结常见的热力环流类型，并解释其成因		
拓展性预习清单	1. 道具演示，老师对热力环流进行演示，学生分组上台进行观察 2. 分析热力环流在现实生活中的应用，树立人地协调观		
我的问题			

预习检测练习

一、基础性预习检测

读下图（a、b 表示等压面），完成下列要求。

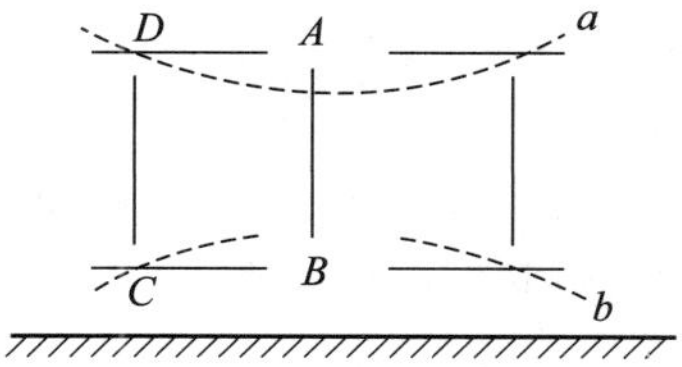

（1）用箭头在图中绘出大气在水平方向和垂直方向的运动方向。（2）图中所示的热力环流形成的过程是：先有________运动，再形成________运动。（垂直或水平）（3）热力环流形成的根本原因__________________。（4）大气水平运动的直接原因是____________________。（5）$ABCD$ 四处气压由高到低的排列正确的是（　　）。

A. $D>A>B>C$　　B. $C>B>A>D$

C. $B>C>D>A$　　D. $B>D>C>A$

（6）图中 A 点气温比 B 点气温________（高或低）。

二、提高性预习检测

1. 读图，下列各点关系正确的是（　　）。

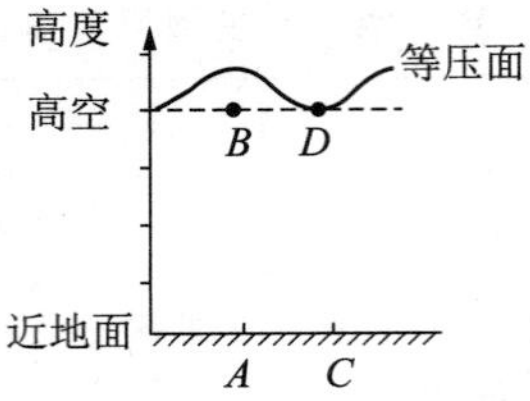

A. 图中四点气压：C>B>A>D

B. 高空中空气由 D 处流向 B 处

C. 近地面 A 处温度高于 C 处

D. A、B、C、D 之间不可能形成热力环流

2. 地面上不同地区的热量差异会引起空气流动。下列示意图中符合热力环流原理的是（　　）。

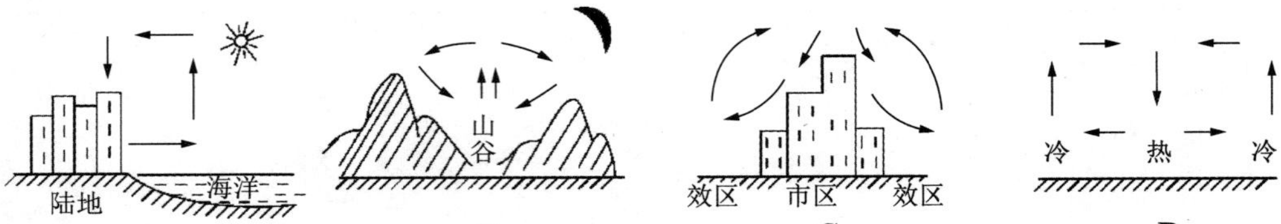

A.　　B.　　C.　　D.

阅读下列材料，回答问题。

材料一　我国某市区、郊区、近郊农村夏季午后气温变化示意图。

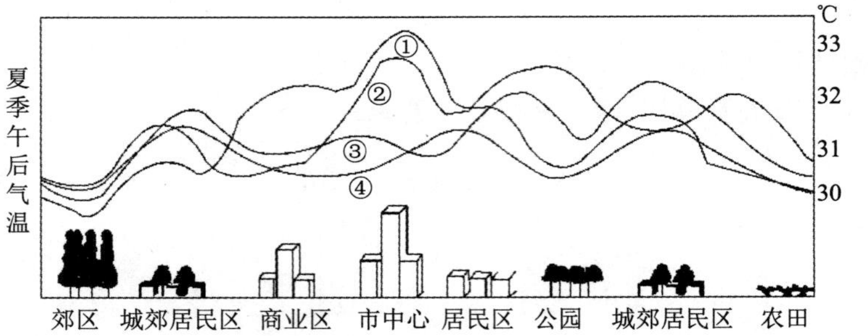

材料二　久居城市的人们都有类似的体验：夏季里市区的气温要比郊区高。为了躲避酷热难耐的暑气，人们不得不跑到绿树成荫、河湖交错的郊区或乡村去享受一份清凉和惬意。为什么在享受现代城市的舒适与便利的同时，市区人要忍受比郊区更炎热的酷暑呢？

（1）如以上主题进行课题研究，请补充完成基本的研究思路。

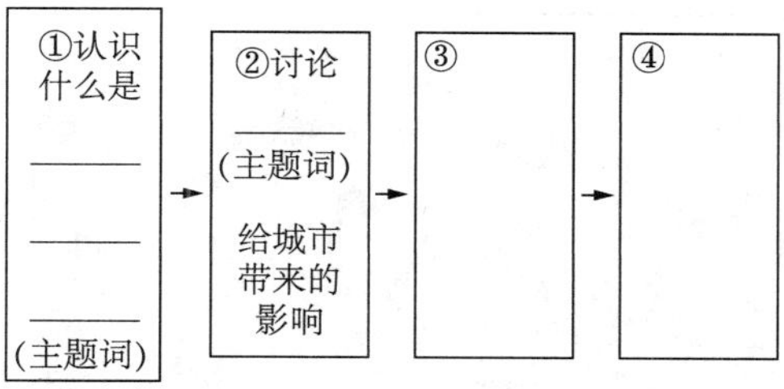

（2）某市于2010年提出构建“绿色城市”的口号，并向市民广泛征集构建措施。一高中生提出可在郊区封山育林，来改善市区绿化面积少、大气质量差的问题。这种做法，你认为可行吗？如认为可行，请说明应首先研究的可能性条件；如认为不可行，请说明理由。（只要合理即可）

（3）该市规定，本市绿化不得再建大型草坪，而要以乔木、灌木树种为主。与林木绿化相比，城市绿化中修建大型草坪有哪些不足？

附录二 课后作业

1. 下图为“某地海岸附近热力环流示意图”。如果该地气压场比较稳定，且等压线分布均匀，则（　　）。

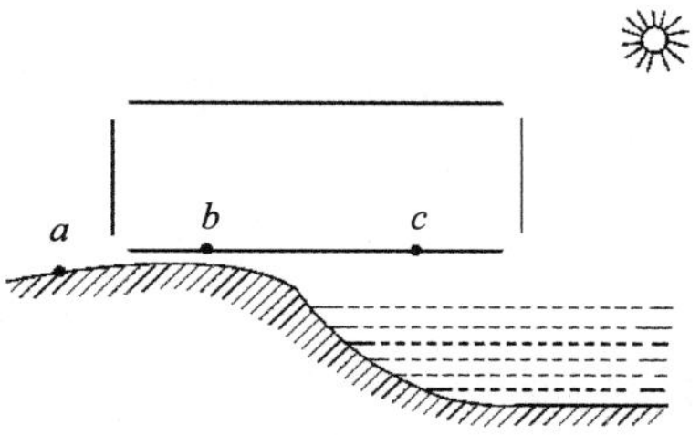

A. 风由 b 吹向 c，b 地风力大于 c 地

B. 风由 b 吹向 c，b 地风力小于 c 地

C. 风由 c 吹向 b，c 地风力大于 b 地

D. 风由 c 吹向 b，c 地风力小于 b 地

山谷风是局地性的大气运动，对小尺度区域的气候、农业影响较大。昆明某中学地理学 习小姮历经一年时间时附近山区进行山风与谷风的观测，从而得出一些结论。下图示意该中 学附近山区某时刻旗子的飘向。据此完成下列2～4小题。

2. 图中旗子的飘向，说明此时该地区(　　)。

A. 山风势力较强　　B. 谷风势力较强

C. 大气对流显著　　D. 受山谷风影响小

3. 若该小组夜间在某山坡观测到的山谷风为西风，则该山坡朝向(　　)。

A. 东　B. 西　C. 南　D. 北

4. 读图回答：

(1) 简答：导致城市气温高于郊区，形成城市热岛的原因？

(2) 在图中用箭头标出城市与郊区之间的热力环流的方向。

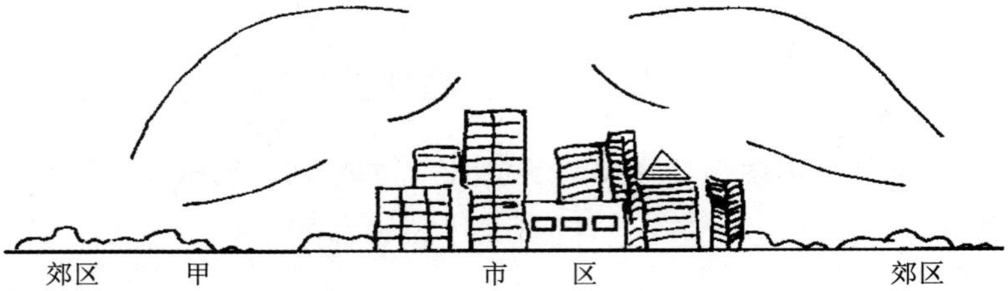

(3) 这种热力环流称城市风。若在郊区甲地建设卫星城或建设有大量排出大气污染物工厂，是否合理？为什么？

(4) 广州市近年来在郊区封山育林，来解决市区因地价高，绿化面积少，大气质量差状况，这种做法可行吗？应着重考虑什么条件？

5. 【学习拓展】

《夜雨寄北》

唐·李商隐

君问归期未有期，巴山夜雨涨秋池。

何当共翦西窗烛，却话巴山夜雨时。

（1）请运用课堂所学的知识解释巴山多夜雨的原因？

（2）用图示意诗句里的势力环流现象。

• • ● 教学实录 ● • •

【任务导入】

生：起立（敬礼），老师好！

师：同学们好！请坐。我们总说地理来源于生活，又用于生活，同学们往往感受不到，今天这堂课我们就来感受一下地理与生活，为此，我为大家准备了一堂科学活动指导课。

【问题导思】

师：导学案上老师给大家留下了一个思考问题：热力环流是什么，又是如何产生的呢？请大家根据导学案上的知识，来对热力环流进行讲解，哪位同学愿意来做先行者呢？（学生纷纷举手）好。请你来说一下。

生：由于地面冷热不均而形成的空气环流成为大气热力环流，是大气运动的一种最简单的形式，简单地说就是空气流动就像我们感受到的风。

师：非常好！这位同学从理论和生活两个角度对热力环流进行了阐述，那老师再问大家，是什么导致了地面冷热不均呢？

生齐答：太阳辐射。

师：非常好。大家的预习工作做得很好，接下来我们就要对热力环流进行深度学习，学习热力环流的成因、分类以及与现实生活的联系。

【一　视频播放】

播放火锅片段

师：请同学们仔细观看视频，说出火锅蒸汽的运动方向。

生：向上。

【二　实验操作】

拿出实验器材

师： 我们有请一组与四组各派两名同学上台观察玻璃缸，并各自由一名同学在黑板上画出烟雾在玻璃缸中是如何运动。

生：（在黑板上画出运动方向）

师： 好，两个同学所画运动方向相同，也是正确的。这是因为什么呢？

生齐答： 热水那一段热空气向上，冰块那一侧冷空气向下。

师： 我们再有请二组与三组各派两名同学以黑板作为对流层大气剖面、以磁力贴模拟空气分子，到讲台上来模拟写运动，每人两个问题，依次完成四个问题：

1. 移动磁力贴，模拟近地面冷热不均时空气的垂直运动。
2. 比较 ABCD 四处的气压高低。
3. 绘制出地面冷热不均时的等压面，并说出等压面的形态特征。
4. 简化热力环流示意图。

其余同学拿出草稿纸，后三个问题，小组之间互相讨论。

实录： 三组同学上来进行摆放时，等后面的绘制出现错误（学生自己描述）。

师：（进行更正）空气分子和原来相比变成低压，相对原来同一水平的气压值要低，要找到和原来一致的气压值就要在垂直方向的近地面找。

【三 评价反思】

师： 同学们，他们两个画的对吗？有没有意见不一致的同学。

生：（第一组一名同学）老师我认为他们对气压的排序是不正确的，总是同一垂直面下方的气压高于上方的气压。

师： 这位同学说得很对，我们对气压高低的判别是针对同一水平面，而对于垂直方向来说，总是越在下方气压越大。

【四 原理总结】

师： 下面我将播放一段微课，请同学们学习并检查自己遗漏的知识点。

生： 学习微课《热力环流》。

师： 学习微课后，咱们进行微课学习的检测，请画出势力环流形成的思维导图。

生： 共同合作代表上台，绘制描述自己的成果。

师： 近地面气温高，气流上升，近地面气温低气流下沉。垂直方向：气流受热上升，高空形成高压；近地面形成低压，气流冷却下沉，高空形成低压；近地面形成高压。水平方向：高压流向低压。注意热力环流中，先有垂直运动，再有水平运动。

【五 热力环流分类学习】

师： 热力环流是大气运动的简单形式，但在生活中热力环流往往以多种具体形式表现出来，我们请两位同学上台完成课件上的图，其余同学在草稿纸上完成。

1. 在图中用箭头表示空气的运动方向（学生上台绘制并简述）。

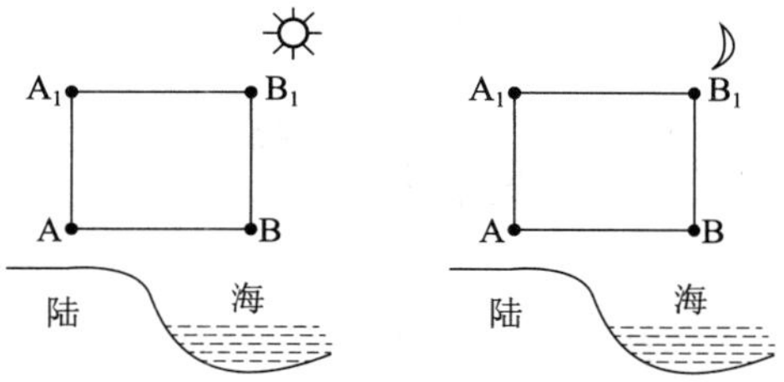

2. 江景房因景美视野广，成为现代城市居民追捧的住宅。易俗河镇濒临湘江沿线住宅的居民，在夏季能享受凉爽的江风。江景房的居民对于江风持有不同的感受，请选取任意一种分析原因

感受一：夏季的白天总能感受到凉爽的江风；

感受二：夏季的晚上能常常感受到江风；

感受三：夏季有时整天感受不到江风。

师：同学们的图都画得非常好，我们学习了书本上的地理知识更多的是要能认识生活中的地理知识，并且能用相关知识对这些现象进行利用与规避。

【合作探究，学以致用】

师：请同学们阅读材料与小组同学交流完成这道题目，由于时间关系，这个题的完成放在课后，下节课开始前我们再讲解。

材料一　2013 年，《湖南省长株潭城市群生态绿心地区保护条例》正式颁布实施，以立法的形式将绿心区域置于法律保护之下。地方立法保护一片绿地，在全国居首例。它不仅是目前国内唯一一个大型城市群绿心，也是世界上最大的城市群绿心。

材料二　下图为长株潭城市群绿心分布图。

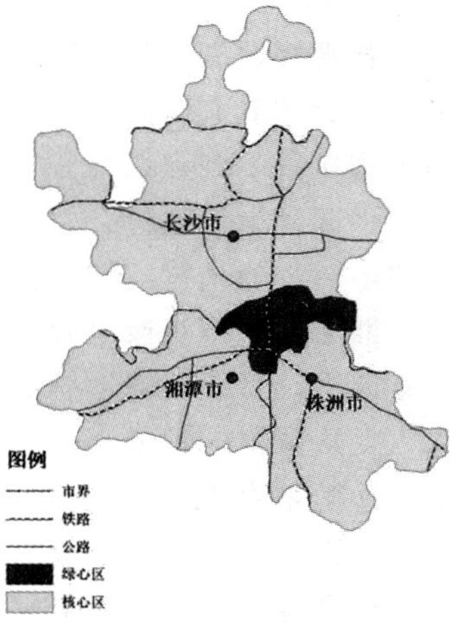

结合材料一和材料二，探究下列问题：

(1) 读图说出绿心的位置特征。

(2) 画出绿心与湘潭城区之间的空气运动方向。

绿心区　　　　　　　　　　湘潭城区

(3) 运用热力环流原理，谈谈依法保护绿心的意义。

专家点评

湘潭县一中章平老师《热力环流》研讨课教师点评

湘潭县地理教研员林爱民老师：章老师的这堂课以简单直观的“火锅”导入高一湘教版新教材《大气热力环流》，通过使用磁力贴突破重难点，最后以江景房问题结束。课堂响应新课改生活中的地理，整堂课“源于生活，高于生活”。在教学过程中，通过实验演示、实验数据的分析，增加学生的感性认识和掌握地理的分析方法，重视学生的参与，落实了“学生本位”的教学，再加上湘潭相关素材的呈现，将地理知识与现实生活紧密联系在一起，既能培养学生的区域认知也能培养学生的地理实践力，从而深化学生的人地协调观。

湘潭市地理教研员夏建龙老师：通过模拟实验，演示实验，增强学生的直观感性认识，适时微课学习，进一步理解热力环流原理，学生再画出热力环流形成的思维导图，增强知识的理解。通过实际案例：引导学生读《长株潭地区地温分布图》分析城市风及其形成原因，通过比较长株潭一体化前后城市高温区范围的变化，结合材料，小组合作探究的学习方式，认识保护绿心的意义，加强学生的可持续发展观。海陆风的学习是采用身边的案例：江景房居民夏季对江风的不同感受，小组合作探究的学习方式，分析其形成原因，培养学生解决实际问题的能力，批判性思维分析问题，达到学以致用的目的。

长郡梅溪湖中学的陈宪老师：章老师这堂课素材的来源贴近生活，强调了地理课改顶层设计“五有”教学思想。从生活中的现象切入，深入挖掘大气热力环流的原理。将知识难点落实到点，知识细化，知识结构整合。科学改造知识重难点，学生参与感很强，强调学生为主体，老师为主导。整堂课从生活出发，最终又回到生活，培养了学生关注生活中的地理习惯，提高运用知识解释生活地理现象的能力。

湘潭县一中肖荣老师：学校开展了对思维课堂的探索，在章平老师《热力环流》这一堂课中，可以清晰地感受到目标明确，整个教学设计围绕培养学生地理核心素养层层深入，从课本知识入手，让学生在课前预习环节梳理热力环流的逻辑思维，通过器材的演示让学生直观的感受热力环流，化抽象为具体。教学过程中注意了教师的引导作用，本节知识点不多，但难度大，以原理的理解为主。

湘潭县一中黄张平老师：作为新教材的研讨课，湘潭县一中推进教学改革，“五思”学科思维教学对落实学生核心素养做了很大努力，《热力环流》这堂课中深刻的体现出地理与生活的密切联系，要培养学生认识地理问题、分析地理问题和解决地理问题的能力，在课堂中，对乡土地理的渗透表现较为明显，体现新课程理念，学习生活中有用的地理，重视学生生活中的知识体验，适当发挥学生主动性，注重学生学习生成的过程。

湘潭县一中胡兴旺老师：这堂课中突破了传统的指导方式，指导学生学习的方式很多样；整个课堂放手于学生，真正培养学生独立自主的学习能力。对于《热力环流》这一课来说以往的教学多是老师苦口婆心的讲解，但效果甚微，对于这种比较抽象的内容，应尽量让学生身临其境，让学生自己去体会思考热力环流的过程，并且通过湘潭系列乡土素材的展示，探究到保护绿心的意义，逐步引导学生对认识热力环流对生活的影响，帮助学生树立人地协调观。

• • ● 教学反思 ● • •

这节课的理论性强，内容较抽象，另外学生必备的空间建构能力还较弱，所以授课时我用实验和必要的多媒体课件解决这两个问题，变抽象为直观，变二维为三维。利用这两个手段不仅降低了知识的难度，更是极大地调动了学生的热情和探究欲望，开启了学生的思维之门。设置一系列探究问题，利用小组合作讨论的方法，多数同学完整地绘制出热力环流示意图，少数同学在我指导下也完成了任务，只有个别同学在讲解完后才完成示意图绘制，从而顺利完成教学重点。

在运用原理分析实际问题时，联系学生身边的地理问题，引导其分析最熟悉的城市风，调动学生学习的主动性，激发学生探究问题的精神，使学生学习对终身发展有用的地理。同时提前让学生利用互联网收集有关城市热岛的地理信息，培养学生在信息时代的信息收集能力。总之，通过三个案例的反复分析，不仅使知识顺利迁移拓展，而且最终突破了本节课难点，也对学生的思维进行了很好的训练，较好地践行了我校“五思”教学理念。

在教学中，设计问题时，注重问题的难易结合，由浅入深，符合教学规律和认识方法。并且在教学过程中，注意及时进行每个环节的小结，强调重点内容，争取使学生当堂记忆消化。

我认为本节课的成功之处，首先是“做实验模拟热力环流”“磁力贴模拟空气分子”，该实验不仅可操作性强、节省时间，而且效果良好。其次，利用三个案例增强了学生理论分析实际的能力，使学生增强关注身边的地理的意识，解释身边的地理的学习习惯，善于思考，实践力得到培养。再次，体现在通过长株谭一体化绿心的建设，体现地理知识源于生活，应用于生活，增强学生的人地协调观和生态文明建设的社会责任感。最后，通过亲身感受的江风进行辨析。既体现地理知识的有用性，又能增强趣味性。同时，风向的辨析及原理的分析，既能将地理知识应用于实际，达到学以致用，提高解决实际问题能力，同时培养学生辩证思维、并培养学生尊重自然规律，积极探索自然的奥秘的品质。

本节课的不足之处：在做实验前准备不充分，时间把握不过好，实验效果不明显，有点手忙脚乱，没有达到预期效果。由于教室太大，音响效果差，致使学习效果与预期存在差异。多媒体运用水平不高，如动画的制作不熟练等，使得教学没有达到自己想要的效果。以后还要加强现代教育手段的学习和运用。

附录一　学生课堂教学评价反馈表（1）

<table>
<tr><td>姓名</td><td colspan="2">胡姊妍</td><td>班级</td><td>2007</td><td>科目</td><td>地理</td><td>授课教师</td><td>章平老师</td></tr>
<tr><td>课题</td><td colspan="4">《热力环流》</td><td>日期</td><td colspan="3">2020年11月8日</td></tr>
<tr><td rowspan="19">自我评价</td><td rowspan="4">自主学习</td><td colspan="7">⊙能充分预习教材，全部完成自学清单的任务</td></tr>
<tr><td colspan="7">○部分完成预习内容，部分完成自学清单的任务</td></tr>
<tr><td colspan="7">○不能完成预习内容，没有完成自学清单的任务</td></tr>
<tr><td colspan="7">○对于自主学习的自我反思：在自主学习部分，我认为还应该更加积极完成，以便更好地深入了解热力环流的原理，使上课效果更好。</td></tr>
<tr><td rowspan="5">小组活动</td><td colspan="7">⊙我能全程积极参与　○我部分时间参与　○我很少参与</td></tr>
<tr><td colspan="7">○我能在活动中努力思考、主动发现、探索问题、完成任务</td></tr>
<tr><td colspan="7">⊙我善于倾听，能与他人合作，尊重他人</td></tr>
<tr><td colspan="7">○我能积极地为解决问题去搜集信息、整理资料</td></tr>
<tr><td colspan="7">⊙我能积极大胆质疑、提出观点、勇于表达</td></tr>
<tr><td rowspan="10">课堂教学</td><td rowspan="4">小组整体评价</td><td colspan="6">○成员能够积极大胆地发表观点并认真倾听别人的意见，气氛热烈，能及时完成所有活动和任务。</td></tr>
<tr><td colspan="6">○成员团结、协作，有组员发表看法，其余成员做到认倾听，基本完整活动和任务。</td></tr>
<tr><td colspan="6">⊙小组活动时，很少有人发表观点，各做各的，有的同学完成任务，有的没有，缺乏团结、协作精神。</td></tr>
<tr><td colspan="6">对于小组活动的反思评价（个人以及全组成员）：
自我：在小组活动中与小组成员一起仔细观察实验积极思考实验现象形成原理。用示意图表达实验现象有条理性，但不完整。
组员：能认真观察实验，积极查阅资料，思考问题，但在讨论问题时条理性不强，解释原理逻辑不强，分析不透彻。</td></tr>
<tr><td colspan="4">对课堂内容的兴趣与热情</td><td>⊙高</td><td>○一般</td><td>○无</td></tr>
<tr><td colspan="4">能否理解、掌握老师所授内容</td><td>○能</td><td>⊙部分</td><td>○不能</td></tr>
<tr><td colspan="4">课堂中专注、认真与否</td><td>○能</td><td>⊙部分</td><td>○不能</td></tr>
<tr><td colspan="4">能否努力积极思考、探究</td><td>○能</td><td>⊙部分</td><td>○不能</td></tr>
<tr><td colspan="4">心情平和愉悦、精神饱满</td><td>○能</td><td>⊙部分</td><td>○不能</td></tr>
<tr><td colspan="7">对于课堂学习的自我反思：
在整个课堂中，我认真倾听老师授课，积极思考问题，积极参与小组活动，通过这堂课，我对《热力环流》有了进一步的了解，能对不同热力环流现象进行解释。</td></tr>
</table>

续表

<table>
<tr><td>姓名</td><td>胡姊妍</td><td>班级</td><td>2007</td><td>科目</td><td>地理</td><td>授课教师</td><td>章　平
老　师</td></tr>
<tr><td>课题</td><td colspan="3">《热力环流》</td><td>日期</td><td colspan="3">2020 年 11 月 8 日</td></tr>
<tr><td rowspan="5">课堂教学评价</td><td colspan="7">整体评价　⊙优秀　○良好　○一般　○不成功</td></tr>
<tr><td colspan="7">1．课堂中你感受最深的是什么？为什么？
冰块与热水在玻璃缸中的演示，课本对于热力环流的描述很是抽象，通过道具演示可以很清晰地看到气流的运动。</td></tr>
<tr><td colspan="7">2．哪些教学活动吸引了你而成为有效的教学行为？它们有何价值？
视频以及道具的演示，小组对于演示的剖析，加深了我对热力环流的认识，比较直观地体会热力环流。</td></tr>
<tr><td colspan="7">3．课堂有没有注重启发学生思维和能力培养？在课堂中你有没有思考？思考的情形是怎样的？
课堂中张洞学生的主体性，让学生发挥自己能动性、上讲台、做实验、简述实验启发地理综合思维和地理探究能力的培养。
思考现实生活中热力环流的现象与生活有什么样的关系，为什么工厂附近会有绿化带。</td></tr>
<tr><td colspan="7">4．课堂中不太成功或不成功的地方在哪？你对老师有什么建议？
玻璃缸的演示没办法让每一个人都看到，要是让每个人都能亲身体会会更好。</td></tr>
<tr><td>教师评价</td><td colspan="7"></td></tr>
</table>

附录二　学生课堂教学评价反馈表（2）

<table>
<tr><td>姓名</td><td>郭澄澄</td><td>班级</td><td>2003</td><td>科目</td><td>地理</td><td>授课教师</td><td>章平老师</td></tr>
<tr><td>课题</td><td colspan="3">《热力环流》</td><td>日期</td><td colspan="3">2020年11月8日</td></tr>
<tr><td rowspan="19">自我评价</td><td rowspan="4">自主学习</td><td colspan="6">○能充分预习教材，全部完成自学清单的任务</td></tr>
<tr><td colspan="6">○部分完成预习内容，部分完成自学清单的任务</td></tr>
<tr><td colspan="6">○不能完成预习内容，没有完成自学清单的任务</td></tr>
<tr><td colspan="6">对于自主学习的自我反思：我应当提前做好预习，本身物理基础不是很好，导致自主学习时有点吃力。</td></tr>
<tr><td rowspan="5">小组活动</td><td colspan="6">⊙我能全程积极参与　○我部分时间参与　○我很少参与</td></tr>
<tr><td colspan="6">○我能在活动中努力思考、主动发现、探索问题、完成任务</td></tr>
<tr><td colspan="6">⊙我善于倾听，能与他人合作，尊重他人</td></tr>
<tr><td colspan="6">○我能积极地为解决问题去搜集信息、整理资料</td></tr>
<tr><td colspan="6">⊙我能积极大胆质疑、提出观点、勇于表达</td></tr>
<tr><td rowspan="10">课堂教学</td><td rowspan="4">小组整体评价</td><td colspan="5">○成员能够积极大胆地发表观点并认真倾听别人的意见，气氛热烈，能及时完成所有活动和任务。</td></tr>
<tr><td colspan="5">○成员团结、协作，有组员发表看法，其余成员做到认倾听，基本完整活动和任务。</td></tr>
<tr><td colspan="5">⊙小组活动时，很少有人发表观点，各做各的，有的同学完成任务，有的没有，缺乏团结、协作精神。</td></tr>
<tr><td colspan="5">对于小组活动的反思评价（个人以及全组成员）：
自我：在小组活动中，我能积极动手进行实验，并绘制示意图，能指导组员完成任务。对模拟实验兴趣浓厚，能合作讨论理解原理。分析问题能力增强，只是表达时语言不简练。
组员：能合作探究，观察仔细，动手能力得到提高，积极思考问题，多角度分析问题善于辨思。但查阅的资料准备不充分，学习效率不佳。</td></tr>
<tr><td colspan="3">对课堂内容的兴趣与热情</td><td>⊙高</td><td>○一般</td><td>○无</td></tr>
<tr><td colspan="3">能否理解、掌握老师所授内容</td><td>○能</td><td>⊙部分</td><td>○不能</td></tr>
<tr><td colspan="3">课堂中专注、认真与否</td><td>⊙是</td><td>○有时</td><td>○不能</td></tr>
<tr><td colspan="3">能否努力积极思考、探究</td><td>○能</td><td>⊙有时</td><td>○不能</td></tr>
<tr><td colspan="3">心情平和愉悦、精神饱满</td><td>○是</td><td>⊙一般</td><td>○不是</td></tr>
<tr><td colspan="6">对于课堂学习的自我反思：课堂中，我认真参与到老师组织的活动，但由于没有提前认真预习，很多新知识学习时有点吃力，但总体上，通过亲眼看到的实验。我对势力环流这一现象有了一定的了解，并且能自主进行解释。</td></tr>
</table>

续表

姓名	郭澄澄	班级	2003	科目	地理	授课教师	章平老师
课题	《热力环流》			日期	2020年11月8日		
课堂教学评价	整体评价 ⊙优秀 ○良好 ○一般 ○不成功						
	1. 课堂中你感受最深的是什么？为什么？ 我对于这部分知识理解上有很大困难，在小组互动中，小组成员积极帮我解惑，使我很多看书不明白的问题得到了解决。						
	2. 哪些教学活动吸引了你而成为有效的教学行为？它们有何价值？ 同学在黑板上的画图，我自己的图与他们对比能够看出自己明显的错误。						
	3. 课堂有没有注重启发学生思维和能力培养？在课堂中你有没有思考？思考的情形是怎样的？ 课堂中我参与到实验中，自己在草稿纸上画错误了，就在想等后面到底怎么绘制以及模拟空气分子近地面更多的情形。						
	4. 课堂中不太成功或不成功的地方在哪？你对老师有什么建议？ 小组讨论的时间有点短，希望延长小组讨论时间。						
教师评价							

后　记

一所优秀的学校最重要、最核心的工作是培养一支有高度教育自觉的教师队伍，教育高质量发展最终取决于教师教育教学水平的提升。

而在中国人才培养战略转型的大背景下，传统的以理解、记忆、模仿为目的的人才培养模式已经不能适应新时代国家人才强国的战略要求。打破传统的以传授知识为唯一目标的教育模式，提升学生思维品质，培养学生高阶思维能力和原创性能力，是建立创新型人才培养模式的必由之路。对于广大一线教师而言，冲破“知识本位”教学观的围栏，走出“死记硬背”和“解题套路”的传统教学模式，汇入“素养本位”教学的时代洪流，培养学生的核心素养、提升学生的思维品质是高考综合改革背景下教育教学的首要任务。为适应国家人才培养战略转型的要求，为提升我校的教育教学水平，为打造一支高水平的教师队伍，湘潭县一中从2018年下学期开始选拔优秀教师坚持各学科思维教学的研究，经过长期的优化与提炼，形成了独具特色的“五思”学科思维教学。

在此书的成书过程中，每位参与者都付出了艰辛的努力。尤其是提供分享案例的老师江腾、曹莉、周章金、胡星、李贵、马文亮、吴朝菊、姜爱军、胡鹏、姚胜、丁益民、欧璐萍、罗放粮、马洪亮、喻雄辉、章平等，他们为统一文风，表达精准，最真实地呈现出自己在“五思”思维教学课堂中的课堂生态、最大程度地分享自己对所在学科的学科思维教学的理解与思考，反复琢磨、不断切磋，逐字逐句修改，凭着自身对教学改革的一腔情怀，呕心沥血、数易其稿，不讲条件、无私工作，在规定的时间内，出色地完成了各自的任务，这种葆有热爱、奔赴山海的精神令人感佩不已！

在这里，特别感谢我校曹莉老师在“五思”学科思维教学理论的研究与提炼方面作出的工作，还要特别感谢华南师范大学左璜教授和湖南科技大学李炳煌教授对我们课题的悉心指导。

当然，此书的出版不是一件事的结束，而是一件事的开始。我希望以此为契机，继续努力推进思维教学的研究，让全校所有老师理解、接受、践行思维教学，从而培养一批优秀的老师，提升我校的办学水平。我们深知任重道远，前路坎坷，唯有踔厉奋发，砥砺深耕，方不负初心。

心之所向，身之所往，行而不辍，终至所归，与诸君共勉！

齐学军

2021 年 9 月 10 日

图书在版编目（CIP）数据

思维至上 ： 高中“五思”学科思维教学案例 / 齐学军，杨红，谭立新主编． -- 湘潭 ： 湘潭大学出版社，2021.10
ISBN 978-7-5687-0670-4

Ⅰ．①思… Ⅱ．①齐… ②杨… ③谭… Ⅲ．①中学数学课－教案（教育）－高中 Ⅳ．①G633.602

中国版本图书馆 CIP 数据核字（2021）第 238704 号

思维至上：高中“五思”学科思维教学案例
SIWEIZHISHANG GAOZHONG WUSI XUEKE SIWEI JIAOXUE ANLI

齐学军 杨红 谭立新 编

责任编辑：丁立松 夏 露
封面设计：张丽莉
出版发行：湘潭大学出版社
社 址：湖南省湘潭大学工程训练大楼
电 话：0731-58298960 0731-58298966（传真）
邮 编：411105
网 址：http://press.xtu.edu.cn/
印 刷：长沙鸿和印务有限公司
经 销：湖南省新华书店
开 本：787 mm×1092 mm 1/16
印 张：14
字 数：350 千字
版 次：2021 年 10 月第 1 版
印 次：2021 年 10 月第 1 次印刷
书 号：ISBN 978-7-5687-0670-4
定 价：49.80 元